John Givens

·

The Image of Christ In Russian Literature

Dostoevsky, Tolstoy, Bulgakov, Pasternak

Northern Illinois University Press

2018

Джон Гивенс

Образ Христа в русской литературе

Достоевский, Толстой, Булгаков, Пастернак

Academic Studies Press
Библиороссика
Бостон / Санкт-Петербург
2021

УДК 791.43.03
ББК 85.373(2)
Г46

Перевод с английского Ольги Бараш

Серийное оформление и оформление обложки Ивана Граве

Гивенс Дж.
Г46 Образ Христа в русской литературе: Достоевский, Толстой, Булгаков, Пастернак / Джон Гивенс ; [пер. с англ. О. Бараш]. — Санкт-Петербург: Academic Studies Press / Библиороссика, 2021. — 351 с. — (Серия «Современная западная русистика» = «Contemporary Western Rusistika»).

ISBN 978-1-6446973-8-2 (Academic Studies Press)
ISBN 978-5-6046148-7-7 (Библиороссика)

Исследование Джона Гивенса рассматривает образ Христа — который не есть Христос — в произведениях четырех классиков русской литературы, в каждом случае анализируя культурный, социальный, политический и богословский контекст, необходимый для понимания эволюции восприятия Христа. В понимании автора, этих писателей объединяет литературный апофатизм как богословский метод, принятый и модифицированный в качестве инструмента литературного анализа, призванного заново открыть Христа обществу.

УДК 791.43.03
ББК 85.373(2)

© John Givens, text, 2018
© Northern Illinois University Press, 2018
© О. Я. Бараш, перевод с английского, 2021
© Academic Studies Press, 2021
© Оформление и макет ООО «Библиороссика», 2021

ISBN 978-1-6446973-8-2
ISBN 978-5-6046148-7-7

Анне и Уиллу
Памяти Мэриан и Келвина Швенк

Слова благодарности

На эту книгу меня вдохновили беседы с бывшим католическим священником о связи между поисками исторического Иисуса и Христом веры в романе М. А. Булгакова «Мастер и Маргарита», когда я впервые разбирал этот роман со студентами в рамках своего курса советской литературы. Хотя в основном наши разговоры вращались вокруг исторической школы библейской критики и аспектов Западной и Восточной христологии, диалог мы начали с одного из первых вопросов, которые Воланд задает двум своим собеседникам-атеистам на скамейке в сквере у Патриарших прудов, — вопроса о пяти доказательствах существования Бога. Как ни странно, в примечаниях к двум последним, хорошо себя зарекомендовавшим переводам романа не было сказано ни слова о том, что это за доказательства, хотя едва ли многие читатели знали, кто их автор, или вообще помнили их. Мой собеседник знал, помнил и говорил о них подробно и охотно, безо всяких понуканий с моей стороны. Этим священником был мой отчим. Слушая его рассказы о «Пяти путях» Фомы Аквинского и обсуждая с ним, зачем Булгаков заставил дьявола отстаивать существование не только Бога, но и Иисуса, я понял, что нашел бесконечно увлекательную тему. Келвин Швенк, «священник вовек по чину Мелхиседека», стал таким образом главным вдохновителем и путеводной звездой этого исследования, хотя и не дожил до того момента, как я его закончил. Я посвящаю эту книгу его памяти и памяти моей матери.

Есть и многие другие, перед кем я в той или иной степени в долгу. Моя коллега Анна Александровна Масленникова, ранее работавшая в Санкт-Петербургском государственном университете, внимательно прочитала каждую страницу моей рукописи и обогатила ее множеством ценных идей и предположений, а кроме того, оказывала мне постоянную поддержку в процессе написания. Ее замечания и комментарии моих анонимных читателей-рецензентов были исключительно важны: они заставляли меня с максимальной убедительностью обосновывать свои аргументы и спасали меня от ошибок. Я благодарю их всех за ценное критическое вмешательство. Также важным для меня было то, что рукопись читали Гэри Сол Морсон и Кэтлин Парте, чьи комментарии на разных этапах моей работы были проницательными и полезными. Благодаря вкладу всех моих вдумчивых комментаторов книга стала лучше, и если в ней остались ошибки, то они целиком на моей совести.

Все тематические исследования, вошедшие в книгу, были в той или иной форме представлены на ежегодных славистических конференциях Среднего Запада или съездах участников Ассоциации славянских, восточноевропейских и евразийских исследований (ASEEES), и я благодарю эти организации за создание таких благоприятных условий для распространения научных идей. Я также благодарю всех тех участников этих конференций, которые интересовались моими идеями и помогали мне их развивать. Одним из первых и весьма плодотворных собраний, продвинувших мою работу в этой области, стал однодневный симпозиум в Мемориальной художественной галерее Рочестерского университета, прошедший в ноябре 2008 года и посвященный значимости зрительного образа в русской и советской культуре. Я благодарен директору учебных программ галереи Марлен Хаманн-Уитмор и куратору отдела европейского искусства Нэнси Норвуд за то, что пригласили меня участвовать. Моя бывшая докторантка, а ныне коллега из Рочестерского института технологий Елена Рахимова-Соммерс также организовала в апреле 2013 года однодневный симпозиум по русской культуре, где я представил фрагменты своей книги в самой понимающей и вдохновляющей академической среде, за что очень признателен Елене.

Я также благодарю Питера Ленни, проректора по работе с профессорско-преподавательским составом Рочестерского университета, который поддержал мою просьбу об академическом отпуске весной 2009 года, что дало хороший старт этой книге, и моего научного ассистента Катарину Шандер за тщательную и профессиональную помощь в последний год работы над рукописью. Мои студенты-литературоведы в Рочестерском университете, особенно слушатели моего учебного курса «Образ Христа», стали для меня вдумчивыми собеседниками по многим вопросам, которые я исследую в этой книге, и я благодарен им за энтузиазм и интерес. Особого упоминания заслуживает одна из этих студенток, Меган Де Уотерс. В 2011 году Меган написала впечатляющую 187-страничную курсовую работу о «патологическом верующем» в художественной прозе Достоевского. Ее интерес к взаимодействию болезни и апофатизма в метафизических исследованиях писателя был основой для нашего плодотворного диалога о богатстве апофатического подхода к духовности — ключевого элемента в моем собственном подходе к этой теме. Райан Прендергаст с моего родного факультета в Рочестерском университете и Майкл Рулинг из Рочестерского института технологий обеспечивали мне поддержку и вели интеллектуальный диалог на протяжении всего процесса создания книги, и я благодарю их за проницательность, профессиональную солидарность и дружбу.

Я признателен сотрудникам издательства Northern Illinois University Press — внутреннему рецензенту Эми Фарранто и редактору серии православных исследований Рою Робсону за их щедрую поддержку и помощь на протяжении всего процесса рецензирования. Также выражаю искреннюю благодарность превосходному редактору моей рукописи, чей острый глаз и абсолютный слух существенно улучшили окончательный вариант моей книги, и главному редактору Нейтану Холмсу, который провел меня через этап редактирования и следил за всеми аспектами подготовки книги к печати. Под их коллективным руководством моя рукопись стала неизмеримо лучше, я не мог бы и мечтать о более профессиональном и чутком издательском процессе. Я также хотел бы поблагодарить переводчика Ольгу Бараш и редактора Юлию Исакову за их отличную работу над русской версией моей рукописи. Кроме того, я также очень благодарен сотрудникам издательства Academic Studies Press за то, что они выбрали мою книгу для своей серии «Современная западная русистика», а также за их профессионализм и поддержку.

Мой брат-близнец Джим всегда был для меня надежным оплотом, моей поддержкой и опорой, как сказал бы Тургенев. На протяжении многих лет он интересовался моей работой и всячески меня подбадривал. Моя жена Лора, хотя и не сшила мне шапочку с буквой «М», как Маргарита для своего любимого автора, была самой ярой защитницей и ревностной сторонницей этой рукописи. Она сделала наш подвальный кабинет — совсем как подвальную квартиру Мастера — прибежищем творчества, и в этом сюжете она, как Маргарита, гораздо важнее его автора. Я посвящаю эту книгу нашим детям, Анне и Уиллу, которые выросли, наблюдая, как их отец сидит за компьютером, пишет и переписывает. Они удерживали меня в реальном мире и постоянно напоминали, что кроме книг в моей жизни есть и другие радости.

Некоторые фрагменты этой книги уже издавались в других вариантах. Отрывки из глав 2 и 5 вышли в виде работы «Христос Толстого против Христа Достоевского: повесть о двух христологиях» (Tolstoy's Jesus versus Dostoevsky's Christ: A Tale of Two Christologies) в сборнике *From Russia, with Love Symposium Proceedings* (Рочестер, Рочестерский институт технологий, 2014. С. 13–26). Главы 3 и 4 в других версиях — это соответственно "A Narrow Escape into Faith? Dostoevsky's *Idiot* and the Christology of Comedy" (*Russian Review* 70. 2011. № 1. С. 95–117) и "Divine Love in *War and Peace* and *Anna Karenina*" (*Записки русской академической группы в США // Transactions of the Association of Russian American Scholars in the USA* 34. 2010. С. 165–190). Они перепечатаны здесь с любезного разрешения этих журналов.

Введение
Образ Христа
и русская литература

> Образ Христов храним, и воссияет как драгоценный алмаз всему миру... Буди, буди!
>
> *Ф. М. Достоевский. Братья Карамазовы*

Если бы из всего творчества Ф. М. Достоевского мы знали только произведения, написанные после сибирской ссылки, а из Л. Н. Толстого — только созданные им в последние тридцать лет жизни, мы бы наверняка решили, что вся русская литература только и вращается вокруг образа Иисуса Христа, настолько важными в жизни и творчестве этих писателей предстают Христос и его учение. На самом деле, конечно, это не так. Русская литература двух последних столетий имеет не менее светский характер, чем любая из литератур европейских соседей России. И в то же время русская литература, как и европейская, формировалась и развивалась внутри культуры, в искусстве, духовности и мысли которой на протяжении веков господствовали образ Иисуса, христианская вера и религиозная практика. Что до русской литературы, мы даже можем утверждать, что в самых ранних формах — многочисленных проповедях и житиях святых — она и не существовала помимо Иисуса, так как в этих произведениях речь шла едва ли не исключительно о жизни в согласии со словами и делами Христа.

Конечно, мы можем говорить, что в России есть христианская литература, так же как в Англии, где проза предполагает наличие единой национальной веры, общих ценностей и общего религиозного наследия; все это отражается в повседневной жизни и представлениях литературных героев и героинь. Это общее духовное наследие и общенациональная религия, однако порожденные ими обычаи и нравы представляют собой в романах главным образом общий культурный фон, а основные проблемы преимущественно касаются других сфер. В первую очередь мы вспоминаем британскую прозу XIX века, например романы Дж. Остин, Дж. Элиот, сестер Бронте и большую часть произведений Ч. Диккенса, в которых англиканская вера — лишь одна из граней мира, где обитают персонажи, созданные этими авторами. Как мы увидим в главе 1, то же касается и русской литературы.

С другой стороны, классические произведения откровенно христианского характера в обеих культурах занимают значительное место. В Британии это в первую очередь «Потерянный рай» Дж. Мильтона (1667), «Путь паломника» Дж. Беньяна (1678), «Рождественская песнь» Ч. Диккенса (1843) или «Письма Баламута» К. С. Льюиса (1942). В России выдающиеся примеры такой литературы — «Житие протоиерея Аввакума, им самим написанное» (1672–1675, впервые опубликовано в России в 1861 году), «Выбранные места из переписки с друзьями» Н. В. Гоголя (1847), «Соборяне» Н. А. Лескова (1872) или «Братья Карамазовы» Достоевского (1880). Однако в данной книге меня интересует не собственно христианская литература России, а выраженная в ней тревога за свое христианское наследие, в частности по поводу значения Иисуса Христа.

Начиная с XIX века, одновременно с возникновением в Европе исторической школы библейской критики, русская интеллигенция все более скептически относилась к традиционным утверждениям православной церкви о мироустройстве и роли Христа в нем. В начале XIX века, на протяжении 1800-х годов в русской интеллектуальной жизни преобладал растущий секуляризм — отчасти как следствие реакции России на Просвещение XVIII века, отчасти как реакция на религиозное возрождение в период царствования Александра I. Он достиг своего пика как раз тогда, когда романтизм в русской литературе сменился реализмом. В это время Д. Ф. Штраус опубликовал свою книгу «Жизнь Иисуса, критически обработанная Д. Ф. Штраусом» (1835) — первый из двух чрезвычайно влиятельных в России трудов, в которых значение Христа переосмысливалось в немистическом свете. Другой труд, «Жизнь Иисуса» Э. Ренана, вышел в 1863 году и был переведен на русский язык годом позже, именно в тот период, когда во взглядах русской интеллигенции усиливался радикальный материализм. Таким образом, вопрос о вере, о роли церкви в российском обществе, о личности и историческом значении Иисуса Христа стал частью борьбы, которая велась между прогрессистами, верившими в разум, науку и правительственные реформы, и их противниками, во многом исповедовавшими традиционные религиозные ценности и взгляды.

Достоевский, в свою очередь, противостоял секуляристам не только из соображений веры, но и потому, что не соглашался с ними в том, что совершенное общество может быть построено на основе разума, науки и эгалитарных идей. Представление, что стоит только накормить людей, обеспечить им физические удобства и разъяснить им, что для них хорошо, и на земле тут же воцарится Новый Иерусалим, казалось Достоевскому смешным. Недаром рассказчик в «Записках из подполья» восклицает:

> О, скажите, кто это первый объявил, кто первый провозгласил, что человек потому только делает пакости, что не знает настоящих своих интересов, а что если б его просветить, открыть ему глаза на его настоящие, нормальные интересы, то человек тотчас же перестал бы делать пакости, тотчас же стал бы добрым и благородным, потому что, будучи просвещенным и понимая настоящие свои выгоды, именно увидел бы в добре собственную свою выгоду, а известно, что ни один человек не может действовать зазнамо против собственных своих выгод <...>, следовательно, так сказать, по необходимости стал бы делать добро? О младенец! о чистое, невинное дитя! [Достоевский ПСС 5: 110].

Но, как мы увидим в главах 2 и 3, даже Достоевский ни в «Записках из подполья», ни позже, в зрелых романах, не решался противопоставить материалистическим представлениям о дивном новом мире прямую апологию Христа. Так, в переизданиях «Записок» он никогда не пытался восстановить главу 10 части 1, где во фрагментах, парадоксальным образом запрещенных цензурой, он обосновывает необходимость веры во Христа. Как будто Достоевский боялся, что искренняя, горячая защита Христа в век скептицизма уже невозможна, что апология Христа может иметь успех, лишь если она окажется подспудной, представленной косвенно или замаскированной под нечто другое, например бунт против Бога или исповедание атеизма.

В то же время Достоевский не мог не подпасть под влияние того же атеизма, против которого выступал: в знаменитом письме он признает, что он «дитя неверия и сомнения» и останется таким «до гробовой крышки» [Достоевский ПСС 28, 1: 176]. Сомнение пронизывает христологические представления всех авторов, о которых идет речь в данном исследовании; каждый из них признает как спорность веры, так и неубедительность фундаменталистских исповеданий веры или неверия. Их теологическая позиция скорее находится где-то посередине между верой и скептицизмом, в области, которую Ч. Тейлор называет пространством культурных «перекрестных давлений», где позиции веры, с одной стороны, становятся шаткими под давлением науки, разума и прогрессивных социальных установок, а с другой стороны, укрепляются благодаря ощущению неадекватности этих «нарративов закрытой имманентности» [Тейлор 2007: 731; см. также 732–758].

Толстой, так же как Достоевский, всей душой противостоящий радикальному материализму своего времени, в собственном подходе к вере страдает от того же конфликта перекрестных давлений в культуре. Во второй части эпилога к «Войне и миру» он жалуется на уверенность, с которой материалисты покончили с идеей человеческой души: «В наше время большинство так называемых передовых людей, т. е. толпа невежд, приняла работы естествоиспытателей, занимающихся одною стороной вопроса, за разрешение всего вопроса». «Естествоиспытателей и их поклонников» Толстой далее уподобляет «штукатурам, которых бы приставили заштукатурить одну сторону стены церкви и которые, пользуясь отсутствием главного распорядителя работ, в порыве усердия, замазывали бы своею штукатуркой и окна, и образа, и леса, и неутвержденные еще стены и радовались бы на то, как с их штукатурной точки зрения все выходит ровно и гладко» [Толстой ПСС, 12: 326–327]. При этом, как и Достоевский, Толстой, защищая веру, делает секуляристскую оговорку, признавая, что сам нарратив христианской религии требует коррективов. Толстой защищает христианство, переизобретая его, и тем самым пытается спасти христианство от самого себя. Разделяя мнение секуляристов о том, что Иисус был не более чем смертным человеком, Толстой тем не менее ругает современных ему радикалов за неспособность понять, что учение Иисуса само по себе было более революционным планом установления истинной справедливости на земле, чем любые из провозглашаемых материалистами. Таким образом, Толстой заступался не за Иисуса, а за его учение. Первый не был божественным, но было второе. Толстой, таким образом, отрицал Иисуса, чтобы упрочить его учение.

С этого я и начинаю свое исследование: с парадоксального отношения этих двух русских писателей к образу Христа и того, как в нем раскрывается тревога, которую вызывает в русской литературе само упоминание об Иисусе. Необходимость говорить о Христе в эпоху неверия и в то же время утверждать его личность или его учение с помощью непрямых, даже отрицающих средств поразила меня как увлекательная и важная общая черта двух писателей. Перейдя к XX веку, я заметил, что эта же тревога сохраняется, хотя и видоизменяется, в двух великих пасхальных романах советского периода — «Мастере и Маргарите» М. А. Булгакова и «Докторе Живаго» Б. Л. Пастернака. Булгаков и Пастернак, работавшие в новую эпоху квазирелигиозной веры в советскую идеологию, также описывают путь ко Христу через отрицание, отчасти потому, что одобрительные изображения Иисуса едва ли могли быть опубликованы в Советском Союзе, но также и потому, что оба писателя были полны решимости защитить образ Христа как от пропагандистской карикатурности, так и от незыблемости религиозных догм. Так же, как ранее Достоевский и Толстой, Булгаков и Пастернак много говорят нам о том, чем Иисус не является, чтобы лучше раскрыть, каким должен быть истинный Иисус, и в то же время избегать высказываний о нем, которые умаляют, классифицируют или иным образом очерчивают границы Божества. «О Сый, которого пером, / Ни бренным зрением, ни слухом, / Ниже витийства языком / Не можно описать» — говорится в стихотворении Г. Р. Державина «Христос» (1814)[1]. Отсюда необходимость апофатического подхода к Божеству.

Существенный компонент православия, апофатическое богословие, подчеркивает невыразимость Божества и предполагает, что, поскольку Бог не может быть понят через утверждения, следует приблизиться к Богу путем отрицания, полностью освобождаясь от концептуального языка, так как Бог находится за пределами любого понимания, доступного человеческому разуму. Как пишет христианский богослов V века Псевдо-Дионисий Ареопагит,

> Бог как Причина всего сущего запределен всему сущему <...>; Он ни знание, ни истина, ни царство, ни премудрость, ни единое, ни единство, ни божество, ни благость, ни дух — в том смысле как мы его представляем, ни сыновство, ни отцовство, ни вообще что-либо из того, что нами или другими (разумными) существами может быть познано. <...> Для Него не существует ни слов, ни наименований, ни знаний; Он ни тьма, ни свет, ни заблуждение, ни истина; по отношению к Нему совершенно невозможны ни положительные, ни отрицательные суждения [Ареопагит 1991: 224–226].

В ныне утраченных «Богословских представлениях» и трактате «О Божественных именах» Псевдо-Дионисий рассматривает вопрос о том, как мы понимаем Бога, сначала утверждая, чем является Бог, а потом, в трактате «Мистическое богословие»,

---

[1] В. Казак называет эту оду одним из самых потрясающих стихотворений о Христе в русской литературе [Kasack 1999: 25].

отрицая те же самые утверждения, говорит, чем Бог не является. Таким образом он исследует противоречие между катафатической теологией (выражающей то, чем является Бог, посредством аффирмаций) и апофатической теологией (которая избегает формирования понятий вообще). В восточном христианстве апофатическое богословие часто признаётся более совершенным из двух способов познания Бога. Как объясняет В. Н. Лосский,

> Бог же вне пределов всего существующего. Чтобы приблизиться к Нему, надо отвергнуть все, что ниже Его, то есть все существующее. Если, видя Бога, мы познаём то, что видим, то не Бога самого по себе мы видим, а нечто умопостижимое, нечто Ему низлежащее. Только путем неведения (αγνωσια) можно познать Того, Кто превыше всех возможных объектов познания. Идя путем отрицания, мы подымаемся от низших ступеней бытия до его вершин, постепенно отстраняя все, что может быть познано, чтобы во мраке полного неведения приблизиться к Неведомому. Ибо, подобно тому, как свет — в особенности свет обильный — рассеивает мрак, так и знание вещей тварных — в особенности же знание излишнее — уничтожает незнание, которое и есть единственный путь постижения Бога в Нем Самом [Лосский, Успенский, 2014: 33].

Цель апофатики — приблизиться к Божеству, достичь экстатического единения с Богом путем обретения «полного неведения», которое апофатически освобождает разум и чувства от любых убеждений и предубеждений о том, «Кто превосходит всякое бытие и всякое познание». И лишь тогда, пишет Лосский, «проникаешь в тот мрак, в котором пребывает Тот, Кто за пределом всяческого» (Там же: 34).

Литературный апофатизм, который, как я утверждаю, действует в произведениях героев всех четырех моих тематических исследований, основывается на сходном понимании того, как следует представлять Бога, в данном случае Бога, воплощенного в образе Иисуса Христа. Утверждая Христа слишком прямо, мы парадоксальным образом рискуем умалить его — либо применяя толкования веры, ставшие неубедительными в век скептицизма, либо сводя Христа к простому аргументу в идеологическом споре. Эти писатели понимали, что для того, чтобы переосмыслить, защитить или реабилитировать Христа для своего времени, они должны изобразить его косвенными, даже отрицающими средствами, чтобы сказанное ими о нем не было ошибочно воспринято как штамп, доктрина, модная интерпретация или наивная апологетика. Таким образом, их христология полемична, оппозиционна и осознанна. Их подход к Христу апофатичен, потому что они избегают декларативных и определяющих описаний и изображений. Иными словами, они избегают катафатического подхода к описанию Божества.

Таким образом, через все христологические штудии, предпринятые в этом исследовании, апофатизм проходит красной нитью как богословский метод, принятый и модифицированный в качестве инструмента литературного анализа, Иисус у этих четырех писателей утверждается через отрицание, но это не богословское, а литературное упражнение, всякий раз предпринимаемое лишь ради более верного различения. Это потаенный Христос, иногда неузнаваемый или, как представляется, вовсе отсутствующий, подобно воскресшему Иисусу на дороге в Эммаус, которого спутники-апостолы узнают только после того, как он покидает их[2]. Исследуемые мною авторы изображают этого таинственного Иисуса по-разному, раскрывая его либо через проблематичные и неправдоподобные фигуры Христа, либо через средства противоречия, отрицания или радикальной теологической реконфигурации. Он носит маску, отсутствует, скрыт, даже искажен. Если он утверждается, то чаще всего отрицательными средствами, с помощью мнимого отвержения, но такого, которое каждый раз служит проявлению истинного Иисуса, как его понимал каждый из авторов. Таким образом, можно сказать, что эти писатели следуют *via negativa*, или дорогой отрицания, ко Христу, который в основном создается посредством их вымысла. Притом что цель у литературного и теологического апофатизма одна и та

---

[2] Согласно В. Казаку, этот евангельский эпизод особенно часто цитируется в русской литературе. См. [Kasack 1999: 8–9].

же — более верное различение Божества, — применение мной апофатизма как литературного подхода должно пониматься в более широком смысле: речь идет не только о развертывании отрицательных утверждений о Боге, но и об использовании дискурсивного подхода, который подвергает сомнению, усложняет и делает противоречивым и таинственным то, что мы знаем о Христе, чтобы заново открыть Христа обществу, для которого он стал невидимым.

Для Достоевского этот «апофатический» Иисус — это Христос, являемый атеистами или скрытый за внешне нелепым фасадом уникальной комической христологии; Христос веры, но остраненный, как будто мы видим его в первый раз. Это Христос, обнаруженный средствами отрицания; Христос, явленный с помощью введения в заблуждение и намеков, потому что прямое его утверждение несет в себе риск изречения лжи. Таким образом, это двусмысленный или парадоксальный Христос. Литературный апофатизм Толстого, напротив, так же взыскателен в своей отрицательной христологии, как и апофатизм мистического богословия. Однако выводы, к которым приводит Толстого апофатическая христология, поразительны, если не кощунственны — по крайней мере, с точки зрения церкви. Христос веры и объект поклонения — всего лишь препятствие, отвлекающее нас от исполнения воли Божьей, открытой нам Иисусом. Поэтому мы должны отрицать этого Христа и искать божественность только в учении Иисуса. Только действуя согласно этому учению, мы можем исполнять повеления непознаваемого Бога.

Как у Достоевского, так и у Толстого апофатическая христология служит выражением веры в век неверия, хотя каждая из них ведет нас в своем направлении: у Достоевского это утверждение красоты и совершенства Христа как необходимой действующей силы в спасении человечества; у Толстого — прочь от Иисуса как такового: корректирующая мера, необходимая для того, чтобы обрести по-настоящему важное: учение Иисуса. И Толстой, и Достоевский своей критической христологией подготовили почву для знаменитых пасхальных романов Булгакова и Пастернака, каждый из которых исповедует собственный литературный апофатизм. Образы Христа, явленные нам этими четырьмя авторами, оказались самыми устойчивыми и значимыми в русской литературе последних двух столетий. Эти уникальные образы служат отражением своего времени, с одной стороны, и универсально привлекательны — с другой. Кроме того, каждый из них в отдельности представляет интересное христологическое решение.

В прочтении этих четырех писателей я руководствуюсь объединяющим их литературным апофатизмом, следуя за тем, куда ведет их негативная христология. Кроме того, я прокомментирую еще две общие христологические проблемы в их произведениях; обе они берут начало в Евангелиях и православном богословии. Это противоречие между двумя преобладающими видами любви — эросом (физической любовью) и агапе (любовью духовной)[3] — и тема личности, выраженная в творчестве каждого из авторов: мысль, что человек, созданный по образу Божьему, обладает нерушимым достоинством, ценностью и уникальностью, которые навеки подтвердило воплощение Христа.

Подобно проблеме личности, противоречие между физической и духовной любовью — достаточно распространенная тема в литературе — имеет повышенную значимость в христологических романах, о которых пойдет речь. В «Анне Карениной» эту тему заявляет Константин Дмитриевич Лёвин, когда объясняет Стиве (Степану Аркадьевичу) Облонскому, что два вида любви, которые определяет Платон в своем «Пире», — земная, плотская любовь в противовес небесной, духовной любви — «служат пробным камнем для людей» [Толстой ПСС, 18: 46]. Притом что реплика Лёвина безусловно важна для понимания романа, это всего лишь ранняя формулировка фундаментального различия между духом и телом, которое будет преобладать в мысли Тол-

---

[3] В соответствии с целями моего исследования агапе понимается здесь в широком смысле, как безоговорочная, бескорыстная, действенная любовь. Ее часто считают синонимом божественной любви, любви Бога к человечеству. Под эросом здесь понимается романтическая, страстная, половая любовь. Энциклопедическое исследование агапе в русской религиозной мысли можно найти в [Oravecz 2014].

стого на протяжении следующей четверти века и достигнет кульминации в повторном провозглашении в «Воскресении», из которого явствует степень этого различия для Толстого.

Это же противопоставление видов любви (эроса и агапе) в «Идиоте» ставит в тупик князя Льва Николаевича Мышкина, который хочет, чтобы ему позволялось любить обоими способами, то есть и Аглаю Епанчину, и Настасью Филипповну, испытывая эрос к первой и агапе ко второй. Его соперник за руку и сердце Аглаи, Евгений Радомский, высмеивает это странное желание. Достоевский видит в мнимой несовместимости этих двух видов любви главное препятствие для нашей способности понимать Христа и любить так, как любит он. Собственно, размышление об этих двух видах любви служит темой важной дневниковой записи, сделанной Достоевским в апреле 1864 года в ожидании похорон его первой жены Маши. Семейная любовь и любовь между мужем и женой вступают в конфликт с агапе, что проповедовал и сам Христос[4]. «Семейство, то есть закон природы, — пишет Достоевский, — но все-таки ненормальное, эгоистическое в полном смысле состояние от человека <...>. В то же время человек по закону же природы, во имя окончательного идеала своей цели [т. е. христоподобной любви], должен беспрерывно отрицать его» [Достоевский ПСС, 20: 176]. «Идиот», роман, который Достоевский начал писать тремя годами позже, представляет собой одну из попыток автора разрешить этот парадокс.

Притом что апофатизм, персонализм и контраст между эросом и агапе составляют основу всех четырех моих исследований предмета, я также обращаюсь к другим вопросам, таким как значение божественной любви в христологических формулировках этих писателей — вопрос, связанный с вопросом эроса / агапе, — а также проблемы и природа веры в их судьбе и в их

---

[4] См., например, Лк 14: 25–26: «Если кто приходит ко Мне и не возненавидит отца своего и матери, и жены и детей, и братьев и сестер, а притом и самой жизни своей, тот не может быть Моим учеником». Также Мф 10: 37: «Кто любит отца или мать более, нежели Меня, не достоин Меня; и кто любит сына или дочь более, нежели Меня, не достоин Меня».

время. В центре моего исследования — интригующий феномен двухвековой озабоченности русских писателей идеей Христа и возникающее в результате этой озабоченности переплетение религиозных и нравственных тем в их произведениях.

Следует сказать несколько слов о заглавии моей книги. В эпиграфе к данному предисловию старец Зосима из «Братьев Карамазовых» призывает нас «образ Христов хранить» [Достоевский ПСС, 14: 287]. «Образ» понимается здесь как подобие, воспроизведение, мысль или понятие. Кроме того, словом «образ» по-русски называют икону — от греческого εἰκών (eikōn), что само по себе означает «образ». Следовательно, говорить об «образе» Христа уже означает вызывать в памяти изображения Христа на русских православных иконах, со всеми сопутствующими культурными и богословскими ассоциациями. В соответствии с целями моего исследования понятие «образ Христа» будет в значительной степени пониматься как толкование, подобие или концепция Христа, не обязательно его визуальное изображение на иконах или в живописи. Хотя я и говорю о значении русских икон для православного понимания Иисуса и личности, вопрос о том, каким именно представал Иисус в русском изобразительном искусстве, — интересный и важный сам по себе — я оставляю другим исследователям, как прошлым, так и будущим[5]. На протяжении всей моей книги я рассматриваю главным образом литературные воплощения Христа, причем ограничиваюсь по преимуществу теми, что встречаются в прозе.

Использование имени Христос в заглавии и остальном тексте моей книги также требует пояснения. Христос (по-гречески Χριστός) — это перевод древнееврейского מָשִׁיחַ, *Машиах*, или «Мессия» — буквально «помазанный». Помазанным назывался тот, чью голову обливали маслом в знак божественного одобрения предстоявшей ему миссии. Помазанными бывали священники и иногда пророки, но это действие (помазание) и слово («пома-

---

[5] Из недавних работ см. [Gatrall 2014]. В книге Гатрелла содержится блестящий анализ визуальных интерпретаций Христа, описанных в европейской и американской литературе XIX века, в том числе Толстым и Достоевским.

занник») относились в первую очередь к царям. Таким образом, Иисус Христос — это Иисус-мессия или Иисус-царь. Так что использование слова «Христос» в отношении Иисуса может пониматься как подчеркивание его мессианских качеств. Собственно, с появлением историко-критической школы библеистики некоторые начали проводить различие между «Иисусом истории» и «Христом веры», чтобы было яснее, о ком идет речь: об иудейском проповеднике-человеке первого века или о Сыне Божием. Однако различие это не такое четкое, каким может показаться, поскольку Иисус — также очень символичное имя. Иисус происходит от греческого Iesous (Ἰησοῦς), что в свою очередь служит переводом еврейского Йешуа (также Йошуа, Иешуа и Иегошуа), что означает «Яхве спасает». Таким образом, независимо от того, назовем мы его Иисусом, Христом или Иисусом Христом, полностью избежать определенных теологических или христологических ассоциаций невозможно. Упоминая Иисуса в произведениях рассматриваемых русских авторов, я наравне использую оба наименования. Я поступаю так отчасти потому, что ни одно из имен не может быть полностью отделено от его богословских обертонов, а также исходя из того, что на протяжении веков слово «Христос» в повседневной речи стало чем-то вроде второго имени Иисуса. Я должен также упомянуть, что слово «христология» я использую в двояком смысле: как термин, обозначающий и изучение Христа, и богословское истолкование личности и миссии Христа.

И последнее методологическое замечание. Хотя мое исследование посвящено фигурам Христа, использование здесь этого термина очень специфично[6]. Фигуры Христа в моем анализе выполняют апофатическую функцию. Фигура Христа по определению не является Христом. Однако, не будучи Христом, она тем не менее указывает на него, хотя в моем исследовании это происходит в сугубо отрицательном плане. Как нелепый Мышкин

---

[6] Одна из лучших трактовок понятия «фигура Христа» и различных способов, которыми жизнь и личность Христа рассматривались в мировой литературе, содержится в [Ziolkowski 1972].

в «Идиоте» Достоевского или полигамный Юрий Живаго в одноименном романе Пастернака, фигуры Христа, к которым я обращаюсь, обладают такими недостатками, которые ставят под вопрос их статус маркеров Христа или противоречат позитивным в остальном ассоциациям, связывающим персонажа с Иисусом. В то же время, однако, они воплощают узнаваемые черты или идеи Христа. Обращаясь к понятию библейской типологии, мы можем сказать, что эти персонажи служат типами Христа в том смысле, что их поведение тем или иным образом соответствует характеру или действиям Иисуса в Новом Завете. Цель моего исследования, однако, не в том, чтобы идентифицировать фигуры Христа в русской литературе или объяснить каждое упоминание Иисуса или связанный с ним художественный вымысел[7]. Скорее, я стремлюсь понять, почему крупнейшие русские писатели за последние двести с лишним лет, пытаясь изобразить Христа, предпочитали утверждать его с помощью стратегии отрицания или через слабые либо неудачливые фигуры Христа.

Структура книги прямолинейна. Я рассматриваю образ Христа у каждого из четырех авторов, дополняя каждый тематический раздел главами, проясняющими контекст — культурный, социальный, политический и богословский, — необходимый для понимания эволюции и форм восприятия Христа русской литературой. В главе 1 описывается различие между Иисусом истории и Христом веры, показывается растущий секуляризм русской культуры и общества XIX века, который я называю «веком неверия». Я прослеживаю рост секуляризма в жизни и творчестве крупнейших писателей того времени, в растущей популярности и влиятельности трудов исторической школы библейской критики и в возникновении радикального материализма. Я утверждаю, что, столкнувшись с этим секуляризмом, такие писатели, как Достоевский и Толстой, приняли квазиапофатический подход к вопросу веры как дискурсивную стратегию, которая позволила

---

[7] Это уже было сделано в [Kasack 1999].

им отстаивать свои религиозные позиции по методу *via negativa*, в соответствии с тем, что Достоевский назвал «наш отрицательный век»[8]. Этот подход подробно разъясняется в последующих тематических главах.

Рассмотрению Достоевского и Толстого я посвящаю по две главы, поскольку их интерес к Иисусу Христу охватывает несколько десятилетий и выражен во множестве произведений. В главах 2 и 3 предлагается подробный анализ апофатической христологии Достоевского, истоки которой можно найти в парадоксальном кредо писателя из письма 1854 года, где он выражает желание «оставаться с Христом», даже если Христос окажется «вне истины», — это отрицательное утверждение веры, которое вновь появляется в романе «Бесы». В первой из глав о Достоевском я сравниваю романы «Бесы» и «Братья Карамазовы» как апофатический дискурс, подтверждающий, насколько трудно верить даже для приверженцев веры. Оба романа демонстрируют, что упражнение в апофатизме может одинаково легко привести и к неверию, и к вере. В главе 3, напротив, я утверждаю, что в одном из самых мрачных повествований о вере, романе «Идиот», Достоевский развертывает как апофатический прием комедию, раскрывая в поступках комической фигуры Христа, князя Мышкина, возможность веры даже перед лицом смерти и трагедии, которыми завершается роман. Исследование Достоевским «смешного человека» Мышкина — это упражнение в отрицательной христологии par excellence, где наша комическая фигура Христа представляет собой все то, чем Христос не является, утверждая тем самым то, чем Христос должен быть. Комизм — неотъемлемый прием в творчестве писателя — неожиданно становится в «Идиоте» средством для совершенно серьезного исследования природы и испытаний веры.

В основе уникальной христологии Толстого, как и у Достоевского, также лежит отрицательная формулировка, а именно отрицание божественных атрибутов Христа, — но, кроме того,

---

[8] См. «Записки из подполья», ч. 1, гл. 6.

и идея божественной любви, понимаемой в «Войне и мире» и «Анне Карениной» как способность любить своих ненавистников. Это определение божественной любви, впервые сформулированное в заповеди Христа из Нагорной проповеди, выдвигает на первый план ненависть как парадоксальное отрицательное средство измерения нашей способности к божественной любви. Эта до сих пор недостаточно исследованная концепция, лежащая в основе религиозных и философских исканий каждого из романов, представляет первостепенную важность для личного радикального представления их авторов о Христе. В главе 4 утверждается, что рассмотрение Толстым божественной любви как любви к врагам служит в этих романах решительным первым шагом к его собственному своеобразному пониманию Христа.

В следующей главе рассматривается крайняя степень апофатических упражнений Толстого: полное отрицание им божественных свойств Иисуса, вывод из впервые сформулированной в дневниковой записи 1855 года мысли об основании «религии Христа, но очищенной от веры и таинственности» [ПСС 47: 37]. Об этом начинании Толстой написал ряд работ, где утверждение Толстым небожественности Христа и акцент на разуме рассматриваются как новая форма христианской духовности. Единственную серьезную попытку драматически развить в художественной прозе принципы этого нового мировоззрения с его отрицательной христологией Толстой предпринял в последнем романе «Воскресение» — предмете тематического анализа данной главы. Центром социальной и христологической критики Толстого в этом романе оказывается его повышенный интерес к телесности. Поскольку плоть — источник столь многих зол в мире, Бог, воплотившийся в образе Иисуса Христа, не может быть приемлем. Но это ниспровержение плоти и использование его в христологических целях влекут за собой непредвиденные последствия, грозящие уничтожить толстовский проект радикального Христа, — результат, который я рассматриваю в своем анализе романа.

Глава 6 обрисовывает контекст двух тематических исследований писателей XX века. В этой главе я, в отличие от XIX века, рассматриваю советскую эпоху, насколько бы иронично это ни звучало, как век веры, результат движения от реализма к символизму в литературе и от материалистического мировоззрения секулярного столетия в сторону обновленного интереса к духовности в fin de siècle. Я обращаюсь, в частности, к двум символистским стихотворениям — «Христос воскрес» А. Белого и «Двенадцать» А. А. Блока, — которые вызывающим образом помещают Иисуса в контекст большевистской революции и подтверждают две важные истины: что русские радикалы издавна воспринимали Иисуса как своего рода отца-основателя социалистической идеологии и что революционное движение всегда носило псевдорелигиозный характер. По правде говоря, трудно представить себе людей, верующих более истово, чем строители нового советского порядка, в чьих глазах революция придала квазибожественный статус жизни, идеям и историческому значению Ленина и Сталина. Эти особенности советской общественной жизни, таким образом, подготовили почву для столетия, в котором вера как таковая поистине носилась в воздухе, несмотря на все старания искоренить религию. Я обращаюсь к провокационным описаниям Христа у ранних советских авторов и в заключение помещаю Булгакова и Пастернака в контекст советского века веры — времени, когда атеизм фактически обеспечил пространство отрицания для обновления веры.

В следующей главе я анализирую первый пример романа о вере, рожденного в отрицательном пространстве насаждаемого государством атеизма, — «Мастер и Маргарита» М. А. Булгакова, где радикально остраненное изображение Иисуса служит самым разительным примером отрицательной христологии в советской литературе. В частности, я пытаюсь показать, как Булгаков заново открывает Христа, противопоставляя категорически небожественного Иешуа из вставного романа Мастера безусловно сверхъестественному Иешуа, который является в атеистической России Сталина, чтобы даровать мир Мастеру и Маргарите и простить Понтия Пилата. В диалектическом противоречии между квазибожественным и небожественным Иешуа Булгаков предлагает нам *via negativa* к различению Христа и Божества, путь, осложненный неопределенностью самого текста романа, парадоксы и дизъюнкции которого обращают в прах попытки прийти к окончательным выводам, и освещенный сказочной историей любви главных героев, где нам обещают показать, как выглядит «настоящая, верная, вечная любовь» — и действительно показывают, но не без подвоха.

Б. Л. Пастернак, так же как и Булгаков, раскрывает Христа через текст в тексте — это стихи героя романа Юрия Живаго, которые появляются в последней главе книги и подкрепляют статус Живаго как сомнительной фигуры Христа. Как и стихи, в которых сочетаются эротические, метеорологические и христологические темы, Юрий воплощает собой поразительное противоречие — образ Христа, который спит с тремя женщинами и зачинает пятерых детей. В этой главе я ищу объяснение указанному противоречию в последовательной персоналистской философии Юрия (его кажущейся неспособности не любить тех, кто рядом с ним) и в том, как этот персонализм подпитывает ярко выраженную в романе оппозицию эрос / агапе (представленную тремя любовными связями Живаго), одновременно отрицающую возможность прочтения Юрия как фигуры Христа и раскрывающую ее. Это апофатическое действие, которое в конечном счете заново вписывает библейского Христа в советский век веры.

Завершают книгу некоторые наблюдения по поводу образа Христа в произведениях, опубликованных после смерти Сталина и в период упадка Советского Союза. В частности, нарратив Страстной недели, столь заметный в романах Булгакова и Пастернака, продолжал резонировать и воспроизводиться в таких произведениях, как «Москва — Петушки» В. В. Ерофеева (1969, возможно, роман собственно о Христе), «Факультет ненужных вещей» Ю. О. Домбровского (1978) и «Плаха» Ч. Т. Айтматова (1986). Я кратко анализирую эти произведения в контексте четырех моих тематических исследований, рассматриваю современный литературный интерес к Христу и христианским темам и высказываю несколько заключительных замечаний о значении Христа в русской литературе.

Образ Христа в русской литературе — богатая и пока еще недостаточно изученная тема, очень важная и интересная[9]. Я надеюсь, что, диалогически связав друг с другом образы Христа у перечисленных авторов и выявив сходства и различия в их поисках Иисуса истории или Христа веры, мы сможем лучше понять, как в русской литературе меняется облик того, кто «вчера и сегодня и вовеки Тот же» (Евр 13: 8). Когда Иисус спрашивал учеников: «За кого почитают Меня люди?», ответы были сами разными: «Одни отвечали: за Иоанна Крестителя; другие же — за Илию; а иные — за одного из пророков. Он говорит им: а вы за кого почитаете Меня? Петр сказал Ему в ответ: Ты Христос» (Мк 8: 27–29). Писатели, рассмотренные в этой книге, также задавались этим вопросом. Ответы, которые они на него давали, и служат предметом данного исследования.

---

[9] Самая значительная работа по этой теме на данный момент — хронологически построенный справочник [Kasack 1999]. В 2013 году вышла двухтомная антология русской поэзии, посвященной Христу и его учению [Молчанова 2013]. Этот труд носит скорее религиозный характер и содержит лишь краткие пояснительные заметки, но анализ разработки русской поэзией образа Христа в ней отсутствует.

Глава 1
Век неверия
Христос в русской литературе XIX века

> Поверьте же, что ваш Христос, если бы родился в наше время, был бы самым незаметным и обыкновенным человеком; так и стушевался бы при нынешней науке и при нынешних двигателях человечества.
>
> В. Г. Белинский в цитате Ф. М. Достоевского, «Старые люди» («Дневник писателя»)

Вера и неверие в российском обществе

Называя XIX век в России «веком неверия», я вовсе не утверждаю, что между 1800 и 1900 годами на страну обрушился такой мощный секуляризм, что все перестали верить в Бога. Напротив, православие в России жило и процветало: к 1914 году в стране насчитывалось 55 173 церкви и 29 593 часовни [Holtrop, Slechte 2007: 2], а также 550 монастырей, 112 629 священников и дьяконов и 95 259 монахов и монахинь. Россия была настоящей христианской страной, которую объединяла единая вера, в которой календарь церковных праздников и постов регулировал повседневную жизнь миллионов крестьян, купцов и дворян. В крестьянских избах и барских домах почетное место в красных углах занимали иконы, а православные обычаи и верования составляли общую культурную ткань, окутывавшую все слои русского общества. Но в то же время в обществе, особенно среди образованных слоев, росло убеждение, что религиозная вера — это некий культурный атавизм, место которого в человеческом обществе давно занято науками, а главным руководящим принципом стал рационализм.

Это, разумеется, было кульминационной точкой на пути к обмирщению — пути, начавшемся с вестернизации России Петром Великим и продолженном сторонницей идей Просвещения Екатериной II, так что основы неверия в России, по меньшей мере в ее интеллектуальной жизни, были заложены еще в XVII–XVIII веках. Но в XIX веке в русскую культуру особенно активно проникали различные формы материализма, породившие агрессивный секуляризм, который стал характерной чертой прогрессивной интеллигенции и достиг апогея в революции, положившей начало первому в мире официально атеистическому государству. Таким образом, XIX век больше заслуживает статуса «века неверия», чем предшествовавшие ему столетия.

Одним из самых красноречивых поборников светского мировоззрения в России XIX века был А. И. Герцен, ярый противник церкви, считавший, что религия, как и другие институты царского общества, угрожает свободе личности. При этом Герцен утверждал, что в жизни людей образованного класса религия утратила всякое значение. В «Былом и думах» он отмечал, что «нигде религия не играет такой скромной роли в деле воспитания, как в России» [Герцен СС, 8: 53–54]. Здесь, как напоминает нам Дж. Франк, Герцен «говорит о воспитании детей помещиков и аристократов, несколько поколений предков которых воспитывались на культуре французского Просвещения и для которых Вольтер был кем-то вроде святого покровителя» [Frank 1976: 42]. Нападки других русских интеллектуалов на религию были гораздо радикальнее. Так, друг и соратник Герцена, социалист-визионер В. Г. Белинский в своем знаменитом письме Н. В. Гоголю 1847 года утверждает, что крестьян тоже едва ли можно назвать настоящими христианами: «А русский человек произносит имя божие, почесывая себе задницу. Он говорит об образе: *годится — молиться, не годится — горшки покрывать*. Приглядитесь пристальнее, и Вы увидите, что это по натуре своей глубоко атеистический народ. В нем еще много суеверия, но нет и следа религиозности» [Белинский 1953: 246].

Белинский, конечно, ради красного словца преувеличивает атеизм простого народа, но он прав в том, что православие далеко не всегда правильно понималось и практиковалось в Российской империи. Белинский на самом деле поднимает вопрос о том, что православие можно скорее считать не духовным, а культурным явлением в русской жизни, то есть религией, последователи которой соблюдают обрядную сторону — постятся, причащаются, посещают службы и т. п., — не понимая ее смысла и не чувствуя при этом особой веры. Этот вид православного христианства в лучшем случае сводится к набору общепринятых этических норм и ритуальных жестов. Именно такое впечатление создает и рассказ А. П. Чехова «Мужики» (1897), который произвел сенсацию своим изображением невежества, грязи и пьянства, царящих в деревне, хотя опубликован был в цензурированном виде (Московская цензурная комиссия сочла, что произведение написано «слишком мрачными красками» и слишком явно намекает, что положение крестьян «в настоящее время хуже, чем то, в каком они находились в крепостное время» [Simmons 1962: 392]). Белинский узнал бы собственные замечания о религиозности крестьян в следующем отрывке из повести:

> Марья и Фекла крестились, говели каждый год, но ничего не понимали. Детей не учили молиться, ничего не говорили им о боге, не внушали никаких правил и только запрещали в пост есть скоромное. В прочих семьях было почти то же: мало кто верил, мало кто понимал. В то же время все любили священное писание, любили нежно, благоговейно, но не было книг, некому было читать и объяснять, и за то, что Ольга иногда читала евангелие, ее уважали и все говорили ей и Саше «вы» [Чехов ПСС, 9: 306].

Герцен в «Былом и думах» описывает подобную ситуацию в собственной семье в конце 1820-х, когда ему было пятнадцать. Он пишет, что его отец, богатый дворянин из старинной русской семьи, «немного верил, по привычке, из приличия и на всякий случай», но «не исполнял никаких церковных постановлений» и принимал у себя дома приходского священника «больше из светско-правительственных целей, нежели из богобоязненных» [Герцен СС, 8: 54]. Юному Герцену внушали, «что надобно исполнять обряды той религии, в которой родился, не вдаваясь, впрочем, в излишнюю набожность, которая идет старым женщинам, а мужчинам неприлична» (Там же). Он должен был соблюдать предписания Великого поста, «побаивался исповеди», а церковная обстановка «поражала» и «пугала» его. Причастие вызывало у него «истинный страх», но этот страх не был «религиозным чувством» (Там же). После заутрени на Святой неделе он объедался «красных яиц, пасхи и кулича», а потом «целый год больше не думал о религии» (Там же: 55). Но, как и крестьяне в повести Чехова, Герцен испытывал «искреннее и глубокое уважение» (Там же) к Евангелию:

> В первой молодости моей я часто увлекался вольтерианизмом, любил иронию и насмешку, но не помню, чтоб когда-нибудь я взял в руки евангелие с холодным чувством, это меня проводило через всю жизнь; во все возрасты, при разных событиях я возвращался к чтению евангелия, и всякий раз его содержание низводило мир и кротость на душу (Там же).

Евангелие привлекало Герцена в основном темой социальной справедливости, понятием, ставшим для него «религией другого рода» (Там же).

Для прогрессивных мыслителей, подобных Герцену и Белинскому, другой веры не существовало. Христос, может быть, и был замечательным учителем нравственности, но религия, основанная в его честь, уже была полностью дискредитирована в глазах многих интеллектуалов. Достаточно послушать не по годам развитого подростка Колю Красоткина в «Братьях Карамазовых», чтобы понять, насколько модно было в России середины и конца XIX века осуждать религию, даже испытывая при этом невольное восхищение фигурой Иисуса. Коля объясняет Алеше Карамазову, что он «не против Христа», так как «это была вполне гуманная личность», но как «неисправимый социалист» он полагает, что «христианская вера послужила лишь богатым и знатным, чтобы держать в рабстве низший класс». Коля далее заявляет (вслед за Белинским[1]), что Христос, «живи он в наше время, он бы прямо примкнул к революционерам и, может быть, играл бы видную роль» [Достоевский ПСС, 14: 500]. Озадаченный Алеша может только удивиться вслух, как подросток сумел приобрести такие убеждения так быстро. И вправду, секуляризация образованных классов в России шла быстрыми темпами не только среди православных христиан, но и среди еврейского населения России[2].

Еще в 1861 году консервативный критик М. Н. Катков заявил на страницах журнала «Русский вестник», что на сцену уже вышла новая «религия» [Катков 1861]. Этой религией был материализм, и такие писатели, как Н. Г. Чернышевский, Н. А. Добролюбов, М. А. Антонович и Д. И. Писарев, проповедовали ее со страниц ведущих радикальных изданий эпохи — журналов «Современник» и «Русское слово» [Frede 2010: 69]. Хотя материализм как объект страстных дебатов и идейной преданности достиг своего пика в 1860-е годы, его устойчивое влияние ощущалось и на протяжении последних десятилетий XIX века, когда Г. В. Плеханов, а вслед за ним и В. И. Ленин провозглашали марксистский «диалектический материализм» — идеологию революционных движений, которые должны были свергнуть монархию. Как и обращение в социалистическую веру Коли Красоткина, рост материалистического мировоззрения в России XIX века был стремительным, что привело к единственному важнейшему сдвигу парадигмы в русской культуре XIX века: от веры в Бога к вере в человечество.

---

[1] В «Дневнике писателя» 1873 года Достоевский вспоминает, как Белинский утверждал, что Христос, «если б родился в наше время, был бы самым незаметным и обыкновенным человеком» и «примкнул к социалистам и пошел за ними» [Достоевский ПСС 21: 11].

[2] Н. де Ланж пишет: "Секулярным иудаизмом" называется современное явление, состоящее в том, что евреи отождествляют себя с иудаизмом, но отвергают его религиозное измерение. Эта тенденция, корни которой уходят в Россию XIX века, стала устоявшейся чертой современного еврейства» [De Lange 1986: 33].

Век неверия в России, от детского скептицизма Герцена до чеховских крестьян-полуязычников, конечно, не следует понимать без оговорок. Хотя русские церковные чины XIX века беспокоились об упадке религиозных привычек среди русского народа, приходы и религиозные общины при этом процветали, крупные писатели и мыслители славянофильских кругов поддерживали православие, дети по-прежнему учились читать по житиям святых, и в каждом доме имелись личные экземпляры Нового Завета (а после 1876 года — и всей Библии в русском переводе) (см. [Medzhibovskaya 2008: 3–28]). Многие из наиболее выдающихся писателей того времени — Н. В. Гоголь, Ф. М. Достоевский, Л. Н. Толстой, Н. А. Лесков и даже будущие атеисты Н. Г. Чернышевский и Н. А. Добролюбов (оба дети церковников) — выросли в традиционно благочестивых и соблюдавших религиозные обряды семьях. Толстой, хотя и не был поклонником православия, сообщает в «Исповеди», что жития святых были его излюбленным чтением [Толстой ПСС, 23: 52]. Но, напоминает нам тот же Толстой, религиозное наследие, на основе которого человек воспитывается, легко утратить «под влиянием знаний и опытов жизни, противоположных вероучению». «Человек, — продолжает Толстой, — очень часто долго живет, воображая, что в нем цело то вероучение, которое сообщено было ему с детства, тогда как его давно уже нет и следа» (Там же: 2).

То же можно сказать о русской культуре XIX века, по крайней мере о русской литературе. Хотя В. Н. Захаров утверждает, что «на протяжении длительного периода вплоть до XX века [в России] была не столько литература, сколько христианская словесность» [Захаров 1994а: 37], достаточно взглянуть на канонические литературные произведения XIX века, чтобы понять: русская литература по тематике и содержанию была не более религиозна, чем любая из ее европейских соседок, а может быть, даже и менее. За исключением романов Толстого и Достоевского главные прозаические произведения XIX века не затрагивают вопросов христианской метафизики и лишь мимоходом касаются аспектов христианства или христианской культуры, если вообще это делают. Сами же писатели по преимуществу так же противоречиво относились к вере, как и к традиционной православной Церкви.

Русские писатели в век неверия

Яркий пример — родоначальник современной русской литературы А. С. Пушкин, чье детство прошло в «атмосфере фривольной и поверхностной культуры французского XVIII века» [Мирский 2005: 159]. Пушкин был изначально далек от религии, а в юности колебался между агностицизмом и атеизмом. Безусловно, он не был благочестив. Достаточно взглянуть на несколько его ранних стихотворений на религиозные темы. Стихотворение 1821 года «Христос Воскрес, моя Ревекка...» адресовано молодой еврейке, с которой он целуется на Пасху, следуя «закону бога-человека», Иисуса Христа; в дальнейших непристойных строках речь идет о том, что за другой поцелуй он готов «приступить» «к вере Моисея» и даже вручить ей то, «чем можно верного еврея / от православных отличить». В послании «В. Л. Давыдову», написанном в тот же день, что «Христос воскрес, моя Ревекка...», Пушкин шутит, что его «ненабожный желудок» не приемлет евхаристии, — иное дело, «...когда бы кровь Христова / Была хоть, например, лафит». В том же году Пушкин написал свою богохульную пародию на Благовещение, «Гавриилиаду», в которой Марию в один день посещают сатана, архангел Гавриил и Бог, с каждым из которых она вступает в сексуальную связь.

Хотя эти стихи не обязательно означают метафизический бунт молодого поэта, они отражают глубоко укоренившийся скептицизм по отношению к религиозным догмам. Этот скептицизм, однако, не помешал Пушкину впоследствии превозносить христианство как «величайший духовный и политический переворот на нашей планете» [Пушкин ПСС, 7: 100] или восхищаться нравственной силой христианства в мировом масштабе. Более того, как отмечает Ф. А. Раскольников в статье «Пушкин и религия», в стихах поэта о смерти, написанных в 1830-е годы, количество религиозных мотивов возрастает, что дает повод некоторым критикам представлять Пушкина как христианского писателя [Раскольников 2004][3]. Однако, если смотреть с этой точки зрения, в «Евгении Онегине» (1823–1831), шедевре, который он писал почти десять лет, вообще отсутствуют какие-либо существенные отсылки к христианству. Наоборот, его героиня Татьяна в начале романа больше руководствуется в своих действиях суевериями и народными верованиями, чем христианством, и, хотя в конце концов она предпочитает остаться верной своему немолодому мужу и отвергает признание Евгения в любви, ее нравственный поступок не основан на явных религиозных убеждениях. Собственно, самый понятный вид бессмертия, о котором говорит роман, — это бессмертие, обретенное не верой и молитвами, а искусством. Однако одно из последних стихотворений Пушкина «Отцы пустынники и жены непорочны...» (1836) — поэтическое переложение одной из самых известных молитв великопостной литургии, молитвы Ефрема Сирина — часто цитируется как свидетельство того, что в последние годы жизни Пушкин обратился к вере[4].

Очевидный наследник Пушкина, М. Ю. Лермонтов демонстрирует такие же колебания в отношении веры. Его бесспорным вкладом в русскую литературу служит знаменитый психологический портрет первого в русской прозе истинного материалиста (прямо названного так в середине романа)[5] — Григория Печорина из романа «Герой нашего времени» (1840). Красивый, загадочный, манипулятивный и жестокий, Печорин, помимо прочего, — пресыщенный циник, в жизни и мировоззрении которого место

---

[3] См. также подробный обзор относительно не столь давних православных прочтений Пушкина [Evdokimova, Golstein 2005: 618–619]. А. Труайя считает, что к концу жизни «вера Пушкина была очень туманной, безусловно, далекой от каких-либо догм, религии и церкви; он просто верил в Бога» (см. [Труайя 2006]).

[4] Д. С. Лихачев полагает, что границами пути Пушкина от безверия к вере были «Гавриилиада» и это стихотворение. См. [Lichachev 1998: 53–54].

[5] Эту «кличку» дает Печорину его соперник Грушницкий: «Ты во всем видишь худую сторону... матерьялист!» [Лермонтов 1962: 73].

веры занимает скептицизм. Он смотрит на звездное небо и дивится, что человечеству когда-то приходило в голову искать помощи у небес, тогда как его собственное поколение, в отличие от предыдущих, равнодушно переходит «от сомнения к сомнению, как наши предки бросались от одного заблуждения к другому» [Лермонтов 1962: 115].

В эпоху, когда вера уже не выдерживала критики, Печорин одним из первых в русской литературе ощутил бремя своего экзистенциального одиночества и невозможности дать ясные ответы на главные вопросы бытия. «Но кто знает наверное, убежден ли он в чем или нет? — вопрошает он, — и как часто мы принимаем за убеждение обман чувств или промах рассудка!..» (Там же: 117). Будучи сплавом романтических штампов и иронических инверсий того же романтизма, Печорин предстает вполне современной фигурой. Он сомневается во всем, не доверяет ни чувству, ни холодному расчету, и как человек, который «вступил в эту жизнь, пережив ее уже мысленно» (Там же: 115), задается вопросом, что можно считать подлинным опытом, а что, напротив, иллюзорным — искаженной копией реальности, выведенной из искусственных построений культуры и пропущенной через наши ожидания и заблуждения. Появление на литературной сцене Печорина задало тон подобным вопросам, которые два десятилетия спустя стали задавать герои Достоевского и Толстого.

Современник Пушкина и Лермонтова Н. В. Гоголь, похоже, представляет собой первое исключение в нашем списке авторов, произведения которых отмечены равнодушием к религии и церкви. Гоголь, чья литературная карьера началась со сборника рассказов о том, как добрые христиане сражаются с чертом и его злыми силами («Вечера на хуторе близ Диканьки», 1831–1832), а завершилась сборником очерков, проповедующих верность православной Церкви, доброе христианское поведение и воскресение Христа («Выбранные места из переписки с друзьями», 1847), был самым выдающимся автором первой половины XIX века, писавшим на религиозные темы. Однако такая характеристика слишком растяжима. Не будучи автором «романов идей» в духе Толстого и Достоевского, Гоголь в своих произведениях не касается непосредственно вечных метафизических вопросов, а скорее разоблачает повседневное мелкое зло с помощью гротескного изображения. Его шедевр «Мертвые души» целиком построен на идее, что тривиальные пошлости — не «широкая страсть, но ничтожная страстишка к чему-нибудь мелкому» — заставляют человечество «позабывать великие и святые обязанности и в ничтожных побрякушках видеть великое и святое» [Гоголь ПСС 7, 1: 227]. Главный прием Гоголя — искажение масштабов. Если в роман и вписано христианское содержание, его следует искать именно здесь, в гоголевском описании убивающих душу свойств мира, тонущего в банальности. Хотя все эти разоблачения имели более дальний нравственный прицел, желание Гоголя развить «Мертвые души» в более масштабное произведение назидательной христианской литературы — своего рода русскую «Божественную комедию» — так и не было реализовано.

Когда Гоголь обратился непосредственно к религиозной теме, результат оказался катастрофическим. Гоголю всегда хотелось служить для своих читателей духовным наставником, и его разочаровывало то, что это стремление не может в полной мере выразиться в художественной прозе. Под конец жизни он опубликовал «Выбранные места» как своего рода «религиозно-этический трактат» [Erlich 1969: 194]. Неуспех книги как у консервативных, так и у либеральных читателей объяснялся не только ее реакционным содержанием, но и несвоевременностью: Гоголь шел не в ногу со временем. Благочестивые наставления писателя скорее годились бы для более ранней эпохи, и уж конечно, были далеко не так занимательны, как его художественная проза. В 1830–40-е годы в российском обществе уже преобладали более светские интересы, и религиозные наставления уступили место социальной этике и политической философии (Там же: 198).

Это смещение интересов отразилось и в русской литературе, где православие отошло на роль исключительно культурной или фоновой черты. Лучший пример этого явления — «Обломов» И. А. Гончарова. Тематический и эстетический центр романа, «Сон Обломова», опубликованный за десять лет до самого романа, в 1849 году, показывает, что православие в жизни, описанной в романе, сводится к сугубо культурным аспектам. Центральное место в сновидении занимает «комико-эпическое» описание жизни в глубинке российской провинции, в родовом имении Обломовых, где ход времени отсчитывается православными праздниками (упоминаются Ильин день, Троица, петровки, Прохор, Никанор). Слуги и хозяева живут во взаимном согласии, никто ни в чем не нуждается; они «никогда не смущали себя никакими туманными умственными или нравственными вопросами; оттого всегда и цвели здоровьем и весельем, оттого там жили долго» [Гончаров 1987: 97]. Это самый настоящий райский сад, только здесь никто не вспоминает о Боге, разве что упоминая разнообразные церковные праздники. На самом деле текст не имеет отношения к богословию: скорее это комическое мифотворчество, включающее библейские и классические аллюзии, плюс мимолетный намек на «гомеровский список»[6]. Таким образом, сон не описывает рай, а скорее комически искажает его на манер Гоголя.

«Сон Обломова» служит также философским центром книги: здесь формулируется основной вопрос романа о том, что в жизни имеет истинный смысл — деятельность и достижения или же покой, еда и друзья. В романе предлагаются два ответа на этот вопрос, состоящие в описании двух браков, заключенных в конце книги: друг детства Ильи Ильича Обломова Андрей Штольц женится на Ольге Ильинской (бывшей невесте Обломова), сам же Илья Ильич — на Агафье Матвеевне, хозяйке его квартиры на Выборгской стороне. Ольга и Штольц — идеальное сочетание ума и трудолюбия, красоты и деловитости. Обломов и Агафья, напротив, представляют собой уход в обломовскую идиллию, но только лишенную поэзии, которой обладала ее реконструкция в мечтах Обломова. Домашний уклад Агафьи, как в Обломовке, состоит в переходе от одной обильной трапезы к другой, а время

---

[6] «Надо перо другого Гомера, чтоб исчислить с полнотой и подробностью всё, что скоплено было во всех углах, на всех полках этого маленького ковчега домашней жизни» (Там же: 364). — *Примеч. пер.*

отсчитывается сменой времен года и чередой церковных праздников (упоминаются заговенье, Пасха, Троица, Иванов день и Ильинская пятница), пока в эрзац-рай Обломова не вторгается смерть. Смерть, как выясняется, очень важная тема в романе, так как, хотя в обеих парах между супругами царит общность интересов и согласие, ни брак, ни взгляды, которые они воплощают, в конечном счете не в состоянии ответить на единственную метафизическую проблему романа: как признать ожидающий все живое конец, не впадая в отчаяние.

В этом отношении больше всех склонна к сомнениям Ольга: при мысли об «общем недуге человечества» (Там же: 358) на нее накатывают приступы тоски. Штольц называет это «расплатой за Прометеев огонь», но в ответ может предложить Ольге только банальные слова о том, что такие мысли «с большей любовью заставляют опять глядеть на жизнь» (Там же). В свою очередь Обломов, ослабевший здоровьем от безделья и чревоугодия, боится своей неминуемой смерти, а перед тем как скончаться в постели от удара, даже временами плачет. Таким образом, роман, в котором церковные праздники представлены как важная черта повседневной жизни России, полностью умалчивает о том, что христианская вера способна предложить ответ на поставленные в нем вопросы о смысле жизни и смерти. Ясно, что для Гончарова русское православие — это просто часть мира, в котором живут его герои, а не средство, с помощью которого они справляются с жизненными испытаниями.

Учитывая литературный контекст того времени, в этом парадоксальном выводе нет ничего удивительного. Писателей занимала не христианская теология, а прогрессивная идеология, и произведения оценивались по степени их соответствия текущей социально-политической полемике. Так читали и «Обломова». В знаменитой статье «Что такое обломовщина?» (1859) Н. А. Добролюбов рассматривал роман как диагноз болезни, которой заражено русское общество: бездействия и пассивности. Обломов, по утверждению Добролюбова, лишь один из череды героев, от Онегина и Печорина до тургеневского Рудина, не сумевших применить свои таланты на благо общества. В этом контексте христианская среда романа была не чем иным, как текстовым маркером культурной отсталости. У христианства не было ответов на проблемы общества, у нового социализма они были.

В свою очередь, И. С. Тургенев очень хорошо понимал новую роль литературы и в череде романов «Рудин» (1856), «Накануне» (1860), «Отцы и дети» (1862), «Дым» (1867) и «Новь» (1877) описывал как конфликт поколений в русском обществе, так и меняющиеся повседневные политические реалии, что создало ему репутацию прозаика, обращающегося к социальным, а не духовным вопросам. Подобно Белинскому, Герцену и другим интеллектуалам своего поколения, Тургенев был человеком мирским до мозга костей. Хотя в юности он был верующим христианином, с возрастом Тургенев утратил веру, хотя, по-видимому, восхищался искренней религиозной верой и иногда сожалел о своей неспособности верить. Не будучи откровенным атеистом, он оставался агностиком на протяжении всей жизни. Однако он посещал церковь вместе со своей незаконнорожденной дочерью Полинет и даже защищался от обвинений в том, что «отнял Бога у нее». «Я бы себе не позволил такого посягательства на ее свободу — и если я не христианин — это мое личное дело — пожалуй, мое личное несчастье», — писал он в 1862 году [Тургенев ПСС, 17: 129].

Агностицизм Тургенева, однако, не помешал ему описывать в своих произведениях религиозные чувства. Так, сильными религиозными мотивами пронизано «Дворянское гнездо» (1859), героиня которого, Лиза, в конце романа принимает постриг, чтобы искупить несчастную любовь. Но Лиза, как и сам роман «Дворянское гнездо», скорее исключение, подтверждающее правило. Как почти все сильные духом героини Тургенева, она ведет жизнь жертвенную и самоотверженную, но, как отмечает А. Ярмолинский, «она поступает так из религиозных соображений», при том что героини последовавших произведений «мыслят светски» [Yarmolinsky 1961: 161]. Светское мышление — характерная черта мировоззрения Тургенева как писателя и пропагандиста западных ценностей в России. Тургенев не одобрял «внешние атрибуты религии, крепостное право и сентенциональную привязанность к традиционным "древнерусским обычаям"» [Schapiro 1982: 21], и эти взгляды отражены в его романах.

Таким образом, по взглядам и мировоззрению Тургенев предвосхищает А. П. Чехова, чьи рассказы и пьесы ознаменовали конец реализма в России fin de siècle. Внук крепостного крестьянина, сумевшего купить себе и своей семье свободу, Чехов имел достаточно оснований верить в прогресс и, будучи врачом с естественнонаучной подготовкой, прекрасно понимал ценность образования и важность всесторонних знаний. Как и Тургенев, он относился к религии настороженно, возможно, из-за того, что в детстве ему приходилось поневоле принимать участие в семейных молитвах и петь в церковном хоре своего отца. В то же время он на всю жизнь сохранил любовь к церковной музыке и литургии, и во многих его рассказах фигурируют православная служба, иконы, Священное Писание, праздники и жития святых — обычно как часть окружения его персонажей, но, как утверждают некоторые критики, порой и как важные христианские подтексты[7]. Чехова также восхищало то, как в два последних десятилетия века переосмыслил христианскую веру Толстой — как веру, представляющую собой набор нравственных предписаний, без обрядов, догм и священников. «Я человек неверующий, — писал Чехов в письме М. О. Меньшикову в январе 1900 года, — но из всех вер считаю наиболее близкой и подходящей для себя именно его веру» [Чехов ПСС, 9: 273].

Хотя отношение писателя к вере было более сложным, чем можно понять из его признания в собственном неверии, основой нравственности для Чехова служила не одна лишь религия. «Я не либерал, не консерватор, не постепеновец, не монах, не индифферентист, — писал Чехов А. Н. Плещееву в 1888 году в письме, которое впоследствии будут считать «символом веры» писателя. — Мое святая святых — это человеческое тело, здоровье, ум, талант, вдохновение, любовь и абсолютнейшая свобода, свобода от силы и лжи, в чем бы последние две ни выражались» [Чехов

---

[7] Подробное рассмотрение отношения Чехова к вере, а также темы православия в его произведениях см. в [DeSherbinin 1997: 285–99].

ПСС, 3: 11]. Чтобы верить в эти добродетели, не обязательно верить в Бога, поэтому неудивительно, что Чехова не беспокоил упадок религии в России. В 1902 году Чехов писал С. П. Дягилеву, что образованная часть русского общества «ушла от религии и уходит от нее все дальше и дальше, что бы там ни говорили и какие бы философско-религиозные общества ни собирались» [Чехов ПСС, 11: 106].

Растущий упадок веры среди образованных классов не был ни для кого секретом. Так или иначе на него откликаются все произведения Достоевского, написанные после сибирской ссылки; эта тема также занимает видное место в «Соборянах» Н. А. Лескова (1872) и «Анне Карениной» Толстого (1875–1877), где вера в Бога и Иисуса Христа рассматривается как нечто несовместимое с мировоззрением современного образованного человека. Отец Савелий в «Соборянах» жалуется на «общее равнодушие к распространяющемуся повсеместно в России убеждению, что развитому человеку "стыдно веровать"» [Лесков СС, 4: 201]. В «Анне Карениной» Лёвин на протяжении всего романа борется с верой в Бога, а художник Михайлов, трудясь над картиной «Христос перед судом Пилата», категорически заявляет, что по вопросу, Бог Иисус или не Бог, «для образованных людей ... спора уже не может существовать» [Толстой ПСС, 19: 43]. Для многих персонажей романа «религия есть только узда для варварской части населения» и никак не предназначена для прочих членов общества, таких как брат Анны Стива Облонский, который «не мог вынести без боли в ногах даже короткого молебна и не мог понять, к чему все эти страшные и высокопарные слова о том свете, когда и на этом жить было бы очень весело» [Толстой ПСС, 19: 9].

Позиция Степана Аркадьевича типична для высших классов России, многие представители которых, как отмечает Хью Маклин в биографии Лескова, «утратили всякую связь с церковью, кроме разве что случайной». Маклин считает, что в то время «распространенное повсеместно равнодушие к религии» высших классов и гражданских властей представляло «более серьезную угрозу для церкви, чем откровенный атеизм радикалов» [McLean

1977: 202]. Лесков — в меньшей степени в «Соборянах», более открыто в последующих произведениях — также утверждает, что угрозой подлинной вере в России служат недостатки самого православия, начиная с малообразованных продажных священников и жесткой иерархии, заканчивая православными литургическими обрядами и таинствами, похожими на магические заклинания и оторванными от более прагматичной и здоровой духовности, подобной той, которую провозглашали некоторые направления протестантизма и личное своеобразное христианство Толстого. Последние глубоко восхищали Лескова.

Утрата православной веры, однако, не обязательно означает утрату желания верить. Восхищение Лескова неправославными и неортодоксальными христианами напоминает нам о том, что нередко недовольство Церковью заставляло людей искать ей альтернативу[8]. Достаточно вспомнить заигрывание Пьера Безухова с масонством в «Войне и мире», описание Толстым интереса к столоверчению, спиритизму, медиумам и пиетизму в «Анне Карениной» или растущий интерес к евангельскому протестантизму в «Воскресении» (1899), чтобы получить представление о меняющемся ландшафте веры в России XIX века. Православие — все еще господствующая религия — сталкивалось с вызовами как растущей неортодоксальности, так и постоянно углубляющейся секуляризации.

Однако если Толстой был прав, утверждая в «Воскресении», что не только образованная элита, но и большинство верующих русских не задумывались над предметом своей веры и просто «верили, что непременно надо верить в эту веру» [Толстой ПСС, 32: 139], то нет ничего удивительного в том, с какой легкостью большевикам после революции удалось дискредитировать и маргинализировать православие. Но определение XIX века как эпохи неверия — все же скорее полемический аргумент, чем

---

[8] Как утверждает М. Стейнберг, в России «отчуждение от традиционной церкви [...] и даже кризисы веры часто вели не к секуляризму и атеизму, а к альтернативным формам религиозной веры и устремлений» [Steinberg 2002: 227].

констатация факта, отчасти потому, что историческая реальность довольно сложна, а отчасти из-за того, что называть писателей «светскими» или «религиозными» — несколько сомнительное занятие, которое может завести нас слишком далеко. В конце концов, авторы пишут не только то, к чему их подталкивает эпоха, но и то, что диктуют им личные предпочтения. Речь о другом — об особой тревоге, которую вызывали у русских писателей взаимосвязанные вопросы о вере и о смысле и значении Иисуса. Именно эта тревога важна для настоящего исследования, и именно ее помогает объяснить идея «эпохи неверия». Назвать XIX век эпохой неверия — один из способов дать имя этой тревоге.

Христос веры в век неверия

Если век неверия в России — продукт эпохи Просвещения, то корни связанной с верой в Иисуса тревоги, о которой здесь идет речь, можно найти в историко-критической школе библеистики, сформировавшейся под непосредственным влиянием просветительских идей. Чтобы в полной мере понять эту тревогу, необходимо прежде всего рассмотреть два образа, с которыми имели дело русские писатели в век неверия: Иисуса истории и Христа веры[9].

Христос веры в России XIX века был вездесущ: он смотрел с домашних и церковных икон, он был объектом поклонения во время церковных служб. Это был Пантократор, Вседержитель, владыка вселенной, чье суровое лицо смотрело вниз из-под самого высокого купола русских церквей. Это также был милосердный Спаситель, который умалил себя, приняв человеческий облик. Это был униженный Бог, распятый на кресте. Иисус истории, напротив, был совершенно иным, во всяком случае, так утвер-

---

[9] Эта формулировка приписывается немецкому теологу М. Келеру, автору очерка «Der sogenannte historische Jesus und der geschichtliche, biblische Christus» («Так называемый исторический Иисус и библейский Христос истории», 1896).

ждалось в двух самых влиятельных трудах историко-критической школы библеистики, появившихся в России в XIX веке и ставших известными во всей Европе. Согласно «Жизни Иисуса» Д. Ф. Штрауса (1835) он был «создателем религии человечества»[10], который, хотя сам и не был божественным, раскрыл божественность, присущую человеческому роду. Согласно «Жизни Иисуса» Э. Ренана (1863) он был «возвышенным человеком», провинциальным, смертным, не чудотворным, грешником, как и все мы, — но «благодаря ему человеческий род сделал величайший шаг к божественному» [Ренан 1906: 295]. Влияние двух этих работ на эпоху неверия в России сложно переоценить. Собственно, историко-критический метод в XIX веке изменил представление об Иисусе не меньше, чем вселенские соборы — Никейский (325 г. н. э.), Константинопольский (381 г. н. э.), Эфесский (431 г. н. э.) и Халкидонский (451 г. н. э.) в раннем христианстве.

Как соборы, так и ученые историко-критической школы стремились разрешить вопрос об истинной личности Иисуса; те и другие стремились доказать, в частности, одно: что Иисус был целиком и полностью человеком. Историко-критическая школа утверждала, что Иисус был всего лишь смертным человеком. Соборы постановили, что абсолютными были и божественность Христа, и его человеческая природа. Это утверждение имеет огромное значение для понимания не только Иисуса, но и природы нашей личности и наших отношений с Богом. Ранние церковные соборы боролись с альтернативными представлениями о связи между божественной и человеческой природой Иисуса, опровергая и отбрасывая одни идеи (впоследствии названные ересями) и утверждая другие. Ереси, конечно же, получили ярлыки: докетизм (человечность Иисуса была просто иллюзией, маскирующей его божественную природу); арианство (Иисус был сотворенным существом, подчиненным Богу, несколько меньшим, чем Бог, но большим, чем человек); несторианство (Иисус был просто человеком, соединенным с божественной личностью Сына Божьего);

---

[10] Так характеризует Иисуса в трактовке Штрауса А. Швейцер (см. [Schweitzer 1981: 80]).

и монофизитство (человеческая природа Иисуса была полностью вытеснена его божественным единением с Сыном). Эти запрещенные представления об Иисусе давали ценные проясняющие моменты для ранней церкви, которая, хотя и исповедовала божественного Христа, тем не менее не хотела отрицать или преуменьшать его человеческую природу. Борясь с недостатками каждой из отвергнутых христологий, соборы пришли к выводу, и сегодня доминирующему в исповедании Христа, что Иисус был «истинным человеком и истинным Богом», полностью человеческим и полностью божественным существом, и его человеческая и божественная природа проявлялись в равной степени во всем, даже в страданиях и смерти Иисуса.

Такого Иисуса знали все русские писатели. Богочеловека Иисуса Христа как сочетание человеческого и божественного можно было увидеть не только на иконах, в окружении которых росли русские писатели, но и в самой конструкции любой русской церкви. Каждая церковь была пограничным пространством, где соприкасались земная и божественная реальности, отграниченные друг от друга иконостасом: земной неф с одной стороны, святой алтарь — с другой. Вход в русскую православную церковь был не только праздником чувств, но и богословским уроком, где каждая архитектурная и ритуальная деталь рассказывала историю воплощения Бога. Особенно важную роль в этом рассказе играли иконы, неотъемлемая часть русских храмов.

Икона — это в первую очередь зримый образ самого Бога, абсолютно человеческий и абсолютно божественный. Как напоминает нам Л. Успенский, «образ изначала присущ самой сущности христианства, ибо христианство есть откровение не только Слова Божия, но и Образа Божия, явленного Богочеловеком» [Лосский, Успенский 2014: 32]. «Видевший Меня видел Отца», сказал Иисус (Ин 14: 9). Об этом недвусмысленно говорят греческие буквы в нимбе, окружающем голову Христа. В верхней части нимба находится буква омикрон, греческий определенный артикль. Слева от головы Христа — омега, которая сочетается с буквой «ню» с противоположной стороны. Вместе они образуют слово «[Я есмь] Сущий» — так Бог назвал себя Моисею из

Неопалимой купины (Исх 3: 14). Из этого можно сделать только один вывод: фигура, которую мы видим перед собой, — то же самое, что Бог.

Однако будучи пограничным пространством, икона есть маркер разделения в той же степени, что и примирения. В этом она подобна иконостасу, преграде, «отделяющей мир божественный от мира человеческого», которая в контексте самого церковного интерьера «объединяет их в одно целое в образе, отражающем такое состояние вселенной, в котором преодолено всякое разделение, где осуществлено примирение между Богом и тварью и в самой твари» (Там же: 103). Верующий, стремящийся к примирению, должен участвовать в реальности, которую видит в образах иконостаса. Глядя на икону Христа, он должен делать то же, что ранее делали святые: следовать по пути Богочеловека, указывающего путь к единению с Богом.

Я останавливаюсь на этих аспектах иконографии, поскольку они помогают прояснить понимание русскими писателями образа Христа как Богочеловека. В конце концов, иконы учат своеобразному подражанию Христу, отличному от типичной западной практики. Если на Западе *imitatio Christi* (подражание Христу) обычно толкуется как поведение, подобное поведению Христа[11], то на Востоке верующие подражают Христу, стремясь уподобиться Христу не только мыслями и поступками, но и телом. Подобно Христу, прославленному в Преображении и Воскресении, они тоже должны преобразиться, одухотвориться, обожествиться. Именно к этому одухотворению тела стремится Восточная Церковь, и именно этому призваны помочь и показать пример иконы. Иисус Христос — не только Сын Божий и второе лицо Троицы, но и «обоготворенный первообраз», которому верующие стремятся подражать и который напоминает им, что они созданы по образу и подобию Божьему (Там же: 53).

При этом важно отметить, что, как указывают отцы Восточной Церкви, слова «образ» и «подобие» означают не одно и то же;

---

[11] Вспомним, к примеру, браслеты с надписью WWJD (What would Jesus do? — «Что бы сделал Иисус?»), распространенные у евангельских христиан.

различие подразумевается в Книге Бытия, где Бог намеревается «сотворить человека по образу Нашему и подобию», но создает его только «по образу Божию» — о подобии Божием далее не упоминается (Быт 1: 26, 27). Согласно православной традиции, образ и подобие — в самом деле две разные вещи. Образ Божий, по словам П. В. Флоренского, составляет «духовную основу каждого человека как такового» [Флоренский 1993: 27]. Это неотъемлемая часть нашей личности: «как бы ни были мы грешны, мы никогда не утрачиваем образ Божий» [Уэр 2012: 227]. Однако подобие Богу — это «способность духовного совершенства» [Флоренский 1993: 27], которая достигается «действием благодати Святого Духа при свободном участии самого человека» [Лосский, Успенский 2014: 50]. Собственно, воплощение Иисуса представляет собой главное подтверждение этой стороны наших отношений с Богом. Как сказал святой Ириней, «Бог стал человеком, чтобы человек стал Богом».

Поэтому понимать образ Христа на иконах означает также признавать свое призвание «уподобиться», чтобы наше человеческое состояние — тело и личность — могли одухотвориться. Этот процесс, называемый теозисом, или обожением, стоит в центре богословия иконы и учения Православной церкви. «Красота иконы — красота стяжанного подобия Богу, и потому ценность ее не в том, что она красива сама по себе, что она является красивым предметом, а в том, что она изображает Красоту», — пишет Успенский [Лосский, Успенский 2014: 52]. Красота здесь приобретает богословское значение, поскольку Красота — это эпитет, описывающий Бога. А икона — это не только изображение Красоты, но и средство ее достижения. Таким образом, роль иконы заключается не в статическом изображении, а в динамическом творении.

Учитывая важность теозиса в православной духовности, неудивительно, что русская религиозная мысль, а вместе с ней русская философия и литература так сильно персонализированы. Призыв к обожению — это приглашение принять участие в божественной жизни Христа и вступить в «личностное и органическое единение» с Богом, тема, постоянно звучащая в Евангелии от Иоанна и посланиях апостола Павла. Однако, становясь «причастниками Божеского естества» (2 Пет 1: 4), мы сохраняем «полную личную целостность» [Уэр 2012: 241]. Люди не сливаются с Богом, но остаются отличными от него, ибо откровение Христа как Воплощенного Бога утверждает абсолютную ценность человеческой личности, создавая онтологическую общность между человечеством и Богом.

Влиятельный русский религиозный философ В. С. Соловьев, чьи знаменитые лекции о богочеловечестве посещали в 1878 году и Достоевский, и Толстой, утверждает, что союз с Богом был бы невозможен, «если бы божественное начало было чисто внешним для человека, если бы оно не коренилось в самой человеческой личности; в таком случае человек мог бы находиться относительно божественного начала только в невольном, роковом подчинении» [Соловьев 1989: 20]. Таким образом, личность является ключевым концептом для понимания как человека, так и Бога. Человеческая личность «имеет безусловное, божественное значение», отмечает Соловьев, ибо она «может свободно, извнутри соединяться с божественным началом» и таким образом «причастна Божеству». С другой стороны, божественное начало, «будучи личностью, или обладая личным бытием... вместе с тем есть и безусловное содержание, или идея, наполняющая это личное бытие» (Там же).

Эти концепции, вытекающие из православного учения об иконах, теозисе и Троице и далее разработанные Соловьевым, развиваются в полномасштабную теорию персонализма русскими религиозными философами XX века Н. А. Бердяевым и С. Н. Булгаковым. В книге «Экзистенциальная диалектика божественного и человеческого» (1947) Бердяев вслед за Соловьевым утверждает, что в воплощении раскрывается не только «человеческое в Боге», но и «божественное в человеке» [Бердяев 1952: 27], таким образом возвышая понятия «человечества» и «человечности». «Человечность не есть то, что называют гуманизмом или гуманитаризмом, она есть богочеловечность человека», утверждает Бердяев (Там же: 139). Это не «самодостаточность» или «самообоготворение» (Там же: 143), но «признание высшей ценности всякой человеческой личности» (Там же: 144). А высшей ценностью она является только потому, что личностное начало неразрывно связано с образом и подобием Бога, который подтверждает эту связь между божественным и человеческим с помощью воплощения Христа и встраивает личностное начало в тайну Троицы. Таким образом, согласно Бердяеву, «человечность есть раскрытие полноты человеческой природы», потому что «человечность божественна, не человек божествен, а человечность божественна» (Там же: 155).

Такое понимание личности в конечном счете вытекает из троичной природы Бога, которую, как утверждал С. Н. Булгаков, следует понимать как персоналистическое явление. Триединый Бог, каждое из лиц которого — Отец, Сын и Святой Дух — «пребывает в двух других силою вечного движения любви» [Уэр 2012: 219], формирует релятивный аспект личностного начала и несводимость личности к понятию индивидуума. Индивидуум — это всего лишь отдельная единица общества, объект, не являющийся в религиозном или философском смысле субъектом. Таким образом личность — это богословское понятие, поскольку оно неразрывно связано с образом и подобием Божьим. Полное осознание нашего личностного начала — не то же самое, что полное осознание нашей индивидуальности, поскольку личность включает радикальный поворот к Богу и окончательное преодоление разделения и разъединения. Людям свойственна соотносительность, пишет Булгаков, как внутри себя, так и между собой: «Откровение через Другого, знание Себя как Другого... такое отношение, в котором Каждый существует только для Другого и в Другом, Себя с Ним отожествляет, такая жизнь в Другом и есть Любовь. ...субстанциальное отношение Триединого Субъекта есть любовь, как взаимность и взаимоотречение, как жертвенная любовь» [Булгаков 1928: 65].

Персонализм, вытекающий из православного учения о теозисе, оказал влияние на формирование не только русской религиозной мысли, но европейского гуманизма. Греческие святоотеческие представления о теозисе проникли в Европу, где повлияли на ренессансные концепции человеческой личности, а в середине XIX века вернулись в Россию в общедоступных переводах, выполненных четырьмя духовными академиями империи [Hamburg, Poole 2010: 8–9]. Таким образом, эти идеи проложили путь от религиозных источников к светским, оставив на этом пути свой след и оказав влияние на ведущих писателей и мыслителей XIX века, как славянофилов, так и западников, каждый из которых подчеркивал центральную роль человеческой личности (Там же: 10–11). Д. С. Мирский отмечает в русской литературе XIX века выраженную «гуманность» мышления, породившую «сочувственное отношение к человеку, независимо не только от его классовой принадлежности, но и от его моральной значимости» [Мирский 2005: 299]. Это отношение стало «основной чертой русского реализма», особенно в произведениях Достоевского, где «муки неловкости — это муки конечной и абсолютной ценности человеческой личности, раненной, непризнанной и униженной другими человеческими личностями» (Там же: 471). Персонализм Достоевского, в свою очередь, повлиял на более поздних религиозных мыслителей, а также на М. А. Булгакова и Б. Л. Пастернака.

Опасность здесь, конечно, в том, что четко сформулированная идея персонализма, сопровождающая православную концепцию теозиса, может привести к неожиданным выводам. Если, например, идея святости личности сводится к обычному гуманизму, то достаточно легко вообще исключить какую-либо потребность во Христе, то есть превознести человека над Богом. Именно это и произошло в России в середине XIX века, когда такие интеллектуалы, как А. Н. Герцен и В. Г. Белинский, проповедовали радикальную философию личности, не основанную, однако, на представлении, что человеческая личность создана по образу и подобию Божию. Напротив, это была сугубо материалистическая философия, для которой и источником, и вершиной достоинства и ценности был человек.

«Судьба субъекта, индивидуума, личности важнее судеб всего мира», — объявил в 1841 году Белинский [Белинский ПСС, 12: 22]. Однако, чтобы защитить индивидуальную личность и возвысить ее с помощью разума и науки, первой и самой необходимой задачей было противодействие христианству, которое, как пишет Герцен в книге «С того берега» (1850), признавало «бесконечное достоинство лица, как будто для того, чтоб еще торжественнее погубить его перед искуплением, церковью, отцом небесным» [Герцен СС, 6: 125]. Поэтому «учение Христово» любой материалист, говоря словами Достоевского, «необходимо должен был разрушать, называть его ложным и невежественным человеколюбием, осужденным современною наукой и экономическими началами» [Достоевский ПСС, 21: 10]. Богочеловек должен был быть низложен, чтобы освободить место для новых ролевых моделей.

Иисус истории и новый прототип

В отречении от Христа русский светский гуманизм следует Штраусу и методу исторической критики. В своем труде «Жизнь Иисуса» Штраус отрицает божественность Иисуса как нечто неправдоподобное, да и ненужное для подтверждения божественности человечества. Он пишет: «В человеке, Богочеловеке, свойства и функции, которые Церковь приписывает Христу, противоречат друг другу; в идее рода они полностью согласованны. Человечество есть соединение двух природ — Бог становится человеком, бесконечное проявляется в конечном». Индивидуум не может быть совершенным или божественным, но человечество может, ведь «скверна пристает только к индивидууму и не касается рода или его истории». Взгляды Штрауса последовательно антропоцентричны: это именно человечество «умирает, воскресает и возносится на небеса» в сменяющих друг друга поколениях, постоянно двигаясь вперед, «к высшей, духовной жизни», «единению с бесконечным духом и небесами». Таким образом, заключает Штраус, «тепля в себе идею Человечества», «индивидуум участвует в божественно человеческой жизни всего вида» [Strauss 1993: 780].

Книга Штрауса, распространившаяся в России вскоре после ее выхода, оказалась невероятно популярной. Ее быстро перевели на основные европейские языки; глубокое влияние она оказала на Белинского, в кругу которого, по словам Достоевского, «о Штраусе говорилось с благоговением» [Достоевский ПСС, 21: 11]. «Жизнь Иисуса» — не первое произведение, написанное с позиций исторической школы библейской критики, но, наряду с вышедшей тридцать лет спустя «Жизнью Иисуса» Э. Ренана, самое главное в России — появилось в переломный для русской культуры момент. Заимствованные с Запада идеологии, до тех пор преобладавшие в России, такие как немецкий романтизм или французский утопический социализм, начали терять влиятельность. Штраус и другие мыслители левогегельянского толка (например, Л. Фейербах в книге «Сущность христианства», 1841) подчеркивали «антропологическую сущность религии», провозглашая, что спасение человека — дело рук самого человека, и помочь ему в этом может опора на опыт и разум. Люди должны были ориентироваться, как отмечает П. Л. Майкельсон, «не на сверхъестественный или трансцендентальный авторитет», а, напротив, «на антропологический идеал "разумного человека" и "очищенной личности". Человечество могло достичь подлинной свободы, лишь осознав всемирно-исторический факт, что человек сам себе высшее существо» [Michelson 2010: 252].

Историко-критическая школа сыграла особенно важную роль в этом процессе свержения Христа, поскольку оспаривала бесспорность самих евангельских текстов [Bailey 2008: 17]. Наряду с тем, что Ч. Тейлор называет современным «космическим воображаемым» [Тейлор 2017: 410] — возникшим в XIX веке благодаря достижениям науки пониманием, что Вселенная слишком обширна, чтобы христианский нарратив мог охватить или объяснить ее, — историко-критическая школа поставила под сомнение объяснительный авторитет самого христианства. В России ни один труд историко-критической школы не справился с этой задачей лучше, чем биография Иисуса, проанализированная Э. Ренаном. Ренановская «Жизнь Иисуса», опубликованная в 1863 году, была почти сразу переведена более чем на десяток языков, в том числе на русский, и в первые же два года выдержала тринадцать переизданий [Ziolkowski 1972: 37]. Важнее всего то, что «Жизнь Иисуса» появилась в десятилетия, когда материалистические взгляды проложили себе широкий путь в сознание среднего класса [Bailey 2008: 16]. Поскольку в книге Ренана открытия историко-критического метода были изложены и доступно, и увлекательно, она стала особенно авторитетной. Ренан подвел итоги напряженным интеллектуальным дебатам ревизионистской академической христологии, изложив ясную, лирическую и простую историю обаятельного галилейского проповедника, который ввел новый способ культа и изображения Бога в Иудее I века. Таким образом, по словам А. Швейцера, он суммировал «в одной книге результаты, полученные целым процессом немецкого критицизма» [Schweitzer 1981: 181], радикально изменив представления о Христе везде, где бы эту книгу ни читали.

Ренан выводит биографию Иисуса из четырех Евангелий, каждое из которых признает «подлинным», хотя все они «отчасти легендарны» [Ренан 1906: 9][12]. В соответствии с историко-критическим методом Ренан отвергает чудесное происхождение и деяния Иисуса, временами предлагая собственные рациональные толкования невероятных событий. Так, Ренан предполагает, что воскрешение Иисусом Лазаря могло быть просто трюком, придуманным больным и двумя его сестрами, чтобы обратить неверующих: «Может, горячее желание заставить замолчать всех дерзавших отрицать божественное посланничество их друга побудило этих людей перейти все границы» (240). Что касается многочисленных исцелений, безусловно, составляющих большинство чудес Иисуса, Ренан предлагает историческое объяснение:

> У Иисуса, как у большей части его соотечественников, не было представления о рациональной врачебной науке; подобно всем, он верил, что главное средство исцеления — в религиозных действиях, и эта вера была очень последовательна. <...> Исцеление считалось нравственным актом; Иисус, сознававший свою нравственную силу, должен был считать себя особо одержанным силой исцеления. Убежден-

---

[12] Далее цитируется с указанием страниц в скобках.

ный, что прикосновение к его одежде, возложение рук, помазание слюной приносит пользу больным, он был бы жесток, если бы отказал страждущим в облегчении, предоставить которое было в его власти (185–186).

Малообразованный провинциал, Иисус «ничего не знал вне иудейства» (58). Чтение книг Ветхого Завета «произвело на него большое впечатление» (59), пищей его фантазии были видения мессианской судьбы еврейского народа, что способствовало формированию апокалиптического мировоззрения (60). С ранних лет Иисус был проникнут «глубоким пониманием тесных сношений между человеком и Богом» (62). Поэтому суть его теологии — «Бог, непосредственно понятый как отец» (82). Бог — уже «не пристрастный деспот, избравший Израиля Своим народом» — напротив, это «Бог человечества» (83), общаться с которым позволяет «чистый культ, религия без священства и внешних обрядов, покоящаяся на сердечном чувстве, на последовании Богу, на непосредственном общении совести с Отцом Небесным» (86–87). Такие верования привели Иисуса к конфликту с иудейской религиозной иерархией в Иерусалиме, а потом и к гибели — распятию на кресте. Его тело было похоронено, а затем исчезло, что привело к появлению слухов о его воскресении, в чем, по мнению Ренана, «играла видную роль сильная фантазия Марии Магдалины» (280). Возможно, рассуждает Ренан, «энтузиазм, всегда легковерный» его опечаленных последователей и положил начало историям «воскресшего Бога» (280).

В результате Иисусу, которого Ренан предлагает поставить «на высшую вершину человеческого величия» (289), принадлежит «основание истинной религии», которую нам остается «только развивать и оплодотворять» (287). Его до сих пор не понимают до конца, и его толкователи, желая возвеличить его с помощью христологии божественного сыновства, на самом деле лишь умаляют его (290), поскольку «никогда он не выражал кощунственной мысли, будто он Бог» (81). В этом смысле он остается в некотором роде незнакомцем, встречаться с которым нужно за пределами традиционного христианского исповедания, — здесь все четыре субъекта исследования моей книги солидарны в своих подходах к изображению Христа. В одном, однако, Ренан согласен с православным христианским учением: «что среди сынов человеческих никогда не рождалось более великого, нежели Иисус» (296). Этими словами он завершает свою небольшую книгу.

В России книга Ренана была принята бурно. Русский перевод «Жизни Иисуса», изданный в Дрездене в 1864 году, был запрещен министром внутренних дел П. А. Валуевым за богохульное и еретическое содержание. Этот запрет, как и следовало ожидать, только усилил тягу к книге. «Не запрещали бы Страуса и Ренана, и кто бы знал про них у нас, например?» [Достоевский ПСС, 24: 95], — сокрушался Достоевский. Книга широко распространялась в печатной версии и в списках, читалась и в интеллигентских, и в народных кругах. Для интеллигенции это было практически обязательным чтением, и вскоре «Жизнь Иисуса», наряду с трудами западных материалистов и русских радикалов, заняла свое место в минимальной «учебной программе» для начинающих прогрессистов, особенно после 1905 года, когда цензура была ослаблена и книга могла быть опубликована в России легально.

С идеальной своевременностью «Жизнь Иисуса» Ренана вышла в том же году, что и другой влиятельнейший текст русского светского гуманизма XIX века — роман Н. Г. Чернышевского «Что делать?». В совокупности эти два произведения нанесли двойной удар в пользу русского секуляризма: Ренан заменил богочеловека Христа смертным Иисусом, а Чернышевский предложил новый образец человечества — идеальных «новых людей» (определение Чернышевского), которые совершенствуются не для того, чтобы уподобиться Христу, а чтобы создать новое общество, основанное на разуме и научном знании. Вокруг Чернышевского объединилось целое поколение образованных простолюдинов-разночинцев, бескомпромиссных, жаждущих действия и готовых жертвовать собой во имя дела. Вслед за Чернышевским они утверждали, что к нравственным вопросам возможен научный подход.

Чтобы шире распространить свои идеи, Чернышевский, сидя в Петропавловской крепости и ожидая суда за подстрекательство к беспорядкам, написал роман «Что делать?» (1863). Тенденциозный политический трактат, кое-как замаскированный под роман, «Что делать?» сыграл исключительную роль как произведение, вдохновившее революционное движение в России, давшее голос и указавшее направление тысячам адептов нового дела — революционного действия и материалистической философии. Роман также ознаменовал собой решающий момент в движении от сакральной иконографии к светской, провозглашающий новый, небожественный образец для подражания. Самым главным персонажем «Что делать?», которому, правда, уделено мало текстового пространства, выступает, безусловно, загадочный революционер Рахметов, первый из «новых людей», поднявшийся на более высокий уровень политической целеустремленности, идеологической верности, личного самопожертвования и плотского смирения. Глава, где впервые появляется Рахметов, называется «Особенный человек», и обе посвященные этому «особенному человеку» главы романа представляют собой нечто вроде жития святого и одновременно словесной иконы, к подобию которой должны были, по замыслу, стремиться читатели романа в собственной жизни.

Биография Рахметова излагается в благоговейном тоне, раскрывая факты, которых «никто не знал, пока он жил между нами» [Чернышевский 1975: 203]. Как и Христос, он имеет почтенную родословную — происходит из семьи, «одной из древнейших не только у нас, а и в целой Европе» (202). В юности Рахметов посвятил себя учебе и физической подготовке, трудясь чернорабочим, чтобы укреплять физическую силу. С этой же целью он «кормит себя» бифштексом, «почти сырым», и странствует по России, работая бурлаком, пахарем, плотником и «чернорабочим по работам, требующим силы» (204). Во время этих странствий он встречает одного из «новых людей» и переживает квазирелигиозное обращение в революционную веру. Он читает политическую литературу восемьдесят два часа подряд, проклинает женщин и вино, отказывается есть то, что недоступно простому народу, и начинает жить спартанской жизнью, спит на войлочной подстилке и посвящает все свои часы бодрствования делу. Так, в семнадцать лет он превосходит своих учителей, которые начинают называть его «особенным человеком». Он оказывает материальную поддержку бедным студентам, занимается подпольной политической агитацией в Петербурге, а потом уезжает в Европу, где продолжает свою революционную деятельность. Повествователь намекает на таинственные пробелы в его биографии и рассказывает о нем удивительные истории, например о том, как Рахметов, испытывая собственную физическую выдержку, проспал ночь на кровати, утыканной гвоздями. Он представляет собой невероятную смесь уверенности в себе, нравственной чистоты, высоких ожиданий и стальной решимости, и единственная его слабость — любовь к сигарам.

При всей неправдоподобности этого портрета и ходульности повествования, в которое он вписан, роман был восторженно принят русской публикой. Сама его публикация, ставшая возможной из-за ряда ошибок цензоров, была своего рода чудом. Вскоре он превратился в светский Новый Завет, позитивистское «новое Евангелие» [Паперно 1996: 166][13]. Притом что Рахметов и «новые люди» вдохновили целое поколение революционеров, никто не воплотил в себе идеалы Чернышевского полнее, чем сам вождь революции В. И. Ленин, взявший Рахметова себе за образец.

Ленин перечитал «Что делать?» после того, как его брат был повешен за участие в заговоре против Александра III; роман оказал на него воспитательное воздействие. «Он меня всего глубоко перепахал»[14], — вспоминал он впоследствии, в 1904 году. В знак уважения он назвал именем романа свою работу 1902 года о роли и организации большевистской партии. Он и в поведении напоминал Рахметова пренебрежением к личному комфорту, скромностью, уверенностью в себе, целеустремленной преданностью революции, трудовой этикой и ожиданием, что все будут следовать его примеру.

---

[13] Вопрос о Рахметове как фигуре Христа рассматривается в [Сердюченко 2001].

[14] Известная фраза из воспоминаний «Встречи с Лениным» (1953) публициста, российского социал-демократа, меньшевика Н. В. Валентинова (псевдоним Н. В. Вольского, 1879–1964) [Валентинов 1981: 103].

И Чернышевский, и Ренан предложили своим читателям светский образец для подражания, и каждый из этих образцов, в свою очередь, отражает одну из двух главных проблем, вызывавших тревогу в России в век неверия. Убедительный портрет Иисуса у Ренана представляет собой рационалистическое ниспровержение Богочеловека. «Житие Рахметова» у Чернышевского возвещает о пришествии нового Человекобога научного материализма. Отныне все христологические битвы в России должны были вестись на два фронта: с исторической критикой, низводившей Иисуса до статуса обычного человека; и с материалистами, которые и вовсе сбросили Иисуса с парохода современности и заменили его другим сакральным прообразом — истовым революционером, которому предназначено возвестить эру справедливости под знаменем науки и прогресса. Именно на этих двух полях сражений предстояло вести свои «священные войны» величайшим русским романистам-христологам — Ф. М. Достоевскому и Л. Н. Толстому.

Достоевский, Толстой и тревога о вере

И Достоевский, и Толстой отреагировали на Чернышевского и Ренана парадоксально. Ответом Достоевского на «Что делать?» стал подпольный человек с его бунтом, полным своеволия и злобы, — иррациональное противоядие от рациональных эксцессов утилитарной утопии Чернышевского, но, как ни странно, без прямых упоминаний Иисуса Христа. На «Жизнь Иисуса» — книгу, «полную безверия» [Достоевский ПСС, 23: 10], — Достоевский ответил романом «Идиот», написанным непосредственно в годы после первого знакомства с Ренаном. Но и здесь критики отмечают парадокс, ибо князь Мышкин явно разделяет многие черты, характерные для ренановского Иисуса:

> Его кроткий, поэтичный характер <...> Его наивность, притягательную силу Его взгляда и улыбки, незнакомство с науками, незнание жизни высших слоев общества, любовь

к общению с детьми и женщинами, которые лучше других понимали и ценили Его, Его собственную детскость, Его слабости и сомнения, борьбу с «демоном, который живет в сердце каждого человека» [Степанян 2004: 145][15].

Как будто, отвечая Ренану, Достоевский невольно поддался его чарам.

Толстой тоже разделяет основные взгляды как Чернышевского, так и Ренана, хотя и отвергает то, что они отстаивают. Всегда оставаясь дуалистом, Толстой не соглашался с Чернышевским в том, что тот подчеркивал исключительную силу человеческого разума и разумный эгоизм, считая их и сущностной природой человека, и единственным путем к улучшению жизни общества. Как напоминает нам Д. Орвин, Толстой «верил в существование как разумного эгоизма, так и внутреннего духовного принципа, позволявшего управлять им и даже противостоять ему» [Orwin 1993: 21]. Его пьеса 1864 года «Зараженное семейство» служит слегка завуалированным ответом на роман Чернышевского, где Толстой противопоставляет эмоциональность и естественность героини с говорящим именем Любовь мелкому эгоизму ее поклонников-нигилистов, неспособных по-настоящему любить ее в силу их рационализма. В то же время, как указывает А. Н. Уилсон, Толстой «в значительной степени впитал в себя крайний радикализм Чернышевского, Герцена и Прудона» (Там же: 20), влияние которых можно заметить в том, какие позиции в последующие годы занимал Толстой по вопросам землевладения и правительства. Что касается «Жизни Иисуса», то, хотя Толстой, как известно, высмеивал мнимый интерес Ренана к биологическим функциям Иисуса, он и сам, подобно Ренану, в своих исследованиях Евангелий и христианской веры выступал за небожественного Иисуса.

В противостоянии обоих писателей человекобогу и небогочеловеку центральное место занимали два фактора: убежденность

---

[15] К. А. Степанян цитирует работу Д. Л. Соркиной «Об одном из источников образа Льва Николаевича Мышкина» [Соркина 1964].

в неправоте Чернышевского и Ренана, но также и отчетливая тревога по поводу того, как правильно на них реагировать. Очевидно, что для Толстого и Достоевского проблемы, которые создавал Иисус Христос их эпохе и благополучию человечества, имели первостепенную важность. Собственно, последние десятилетия жизни каждого из писателей были почти целиком посвящены тому, чтобы донести свое понимание Иисуса и его учения до читателя, чья враждебность или безразличие к нему только росли. В век неверия каждый из писателей был подобен гласу, вопиющему в пустыне: «Приготовьте путь Господу». И подобно Иоанну Крестителю, каждый из них по-своему указывает на Христа, пусть и собственного изготовления.

Какой образ Христа они нам раскрывают, увидим в следующих главах.

Глава 2
Христос вне истины
Отрицательная христология в «Бесах» и «Братьях Карамазовых»

> Совершенный атеист стоит на предпоследней верхней ступени до совершеннейшей веры.
>
> «Бесы», глава «У Тихона»

Символ веры Достоевского

Парадоксальность — краеугольный камень отношения Достоевского не только ко Христу, но и к вопросам веры на протяжении всей его литературной жизни. В известном письме к жене декабриста Н. Д. Фонвизиной (конец января — 20-е числа февраля 1854 года) он заявляет: «Я скажу Вам про себя, что я — дитя века, дитя неверия и сомнения до сих пор и даже (я знаю это) до гробовой крышки». Однако он тут же сообщает, что «сложил для себя символ веры», в котором все для него «ясно и свято», и поясняет: «Этот символ очень прост, вот он: верить, что нет ничего прекраснее, глубже, симпа<ти>чнее, разумнее, мужественнее и совершеннее Христа, и не только нет, но с ревнивою любовью говорю себе, что и не может быть. Мало того, если б кто мне доказал, что Христос вне истины, и *действительно* было бы, что истина вне Христа, то мне лучше хотелось бы оставаться со Христом, нежели с истиной» [Достоевский ПСС, 28: 176][1].

Здесь в полной мере проявляется будущий художественный метод писателя: любовь к гиперболам и противоречиям, склон-

---

[1] Далее указываются том и страницы данного издания. — *Примеч. пер.*

ность к утверждению через отрицание, допущение неожиданных последствий и, возможно, самое главное, — нежелание прямо и всерьез заявлять о своей вере. В конце концов, провозглашение веры во Христа «вне истины» едва ли можно назвать свидетельством веры православного христианина: ведь если Христос не есть истина, то что же тогда православие? Может быть, кредо Достоевского служит по меньшей мере молчаливым признанием его возможного атеизма? Или он, напротив, использует неверие как парадоксальный способ утверждения веры, заставляя отрицательную формулировку служить цели утверждения? Или, наконец, не призван ли символ веры Достоевского продемонстрировать неразрешимое противоречие, допускающее оба убеждения — веру и неверие — одновременно, подобно метафизическим гамбитам поздних произведений писателя, где читатель может отыскать столько же оправданий неверия, сколько и веры? «Каких страшных мучений стоила и стоит мне теперь эта жажда верить, — пишет в том же письме Достоевский, — которая тем сильнее в душе моей, чем более во мне доводов противных» (Там же).

Если сомнение — постоянный спутник веры, то для Достоевского оно также служит своеобразным стимулом, опасным, но необходимым. По сути, неверие так сильно и убедительно выражено в его произведениях именно потому, что через него может драматично раскрываться и вера. Чаще всего читатель произведений Достоевского узнаёт из них о вере апофатически, то есть открывая для себя то, чем она не является. Письмо Достоевского к Фонвизиной предупреждает нас, что, говоря о вере, писатель склонен к подобным парадоксам. Письмо, таким образом, важно не только потому, что в нем говорится о религиозных воззрениях Достоевского, но и тем, что предвосхищает его будущий творческий метод: это одна из его первых письменных провокаций, где он рассматривает общепринятые истины и ищет подтверждения в мнимом опровержении. Но служит ли любое открытое опровержение Достоевским веры ее скрытым утверждением? Или, подобно его высказыванию о Христе «вне истины», апофатический посыл его романов так же легко приводит к неверию, как и к вере? Почему во многих произведениях

Достоевского неверие затмевает веру? Эти вопросы лежат в основе двух главных христологических романов писателя: «Бесы», где Достоевский фактически цитирует свое парадоксальное кредо из письма 1854 года, и «Братья Карамазовы», где апофатический подход писателя выражен отчетливее, чем во всех прочих романах.

Человекобог против богочеловека: Христос «вне истины» в «Бесах»

Хотя «Бесы» были задуманы как «роман-памфлет», в котором Достоевский намеревался «погорячее» и «до последнего слова» (29, 1: 116) высказать все свои взгляды на политическую реальность своего времени, метафизические тревоги писателя занимают в нем не меньшее место, чем политические. На самом деле они тесно взаимосвязаны. В статье 1873 года, отвечая на критику «Бесов», Достоевский связывает свою причастность к радикальному политическому обществу — кружку Петрашевского — с вопросами веры в Бога. Сначала он дает понять, что, хотя в основе «Бесов» лежала история революционера и заговорщика С. Г. Нечаева (см. [Lantz 2004: 271–272]), безжалостное убийство которым одного из его соратников, И. И. Иванова, и последующий арест в 1869 году получили сенсационное освещение в русской прессе, его истинной целью было не «буквальное воспроизведение нечаевской истории» в романе, а попытка «объяснить возможность [подобного явления] в нашем обществе» (21: 123)[2]. Опровергая навязываемое прессой представление, будто столь радикальной может быть только «праздная и недоразвитая» молодежь, Достоевский, ссылаясь на собственную биографию, утверждает как раз обратное: «Нечаевыми» и «нечаевцами» становится «молодежь прилежная, горячая, именно учащаяся и даже с хорошим сердцем» (128, 129). Собственно, это и произошло с ним самим, объясняет Достоевский: «Я сам старый "нечаевец", я тоже стоял на эшафоте,

---

[2] Далее указываются страницы в скобках. — *Примеч. пер.*

приговоренный к смертной казни, и уверяю вас, что стоял в компании людей образованных» (129).

По мнению Достоевского, если распространенный во времена его юности утопический социализм в духе Ш. Фурье смог породить радикальных материалистов своего времени, то и любой идеал может подвергнуться внезапным и радикальным изменениям — именно эта тема недвусмысленно раскрывается в «Бесах». Как бы подчеркивая этот момент, Достоевский сообщает, что он происходит из «семьи русской и благочестивой», в которой «знали Евангелие чуть ли не с первого детства» (134). Хотя он и считает что современную образованную молодежь сбили с пути своим откровенным секуляризмом «все эти Милли, Дарвины и Штраусы» (132), разглагольствующие о том, что «отвергнув Христа, ум человеческий может дойти до удивительных результатов» (133), факт остается фактом: Достоевский сам был живым доказательством того, что «старым нечаевцем» может стать и человек, благочестиво воспитанный на Евангелиях. Тем самым подтверждается центральная идея его произведений: самая пламенная вера может внезапно и резко обернуться самым страстным атеизмом.

В главе «Бесов», которую запретила цензура, Достоевский формулирует именно это соотношение, хотя и вывернутое наизнанку. «Совершенный атеист стоит на предпоследней верхней ступени до совершеннейшей веры» (11: 10), говорит Николаю Ставрогину православный епископ Тихон, выражая таким образом квазиапофатическое убеждение, что чем тверже человек уверен в невозможности существования божественного, тем надежнее та позиция отрицателя, которая может развернуть его к Богу. «Там перешагнет ли ее, нет ли» (11: 10), признает Тихон, но обрести полную веру все же в его силах. На первый взгляд именно это происходит в «Бесах». Притом что политические заговорщики Достоевского составляют свои заговоры не только против русского самодержавия, но и против Бога, полностью обойтись без Бога они все же не могут, что явствует из убеждений Ставрогина, Алексея Кириллова и Ивана Шатова. На практике же вера в романе, похоже, лишь порождает неверие, тем самым выворачивая наизнанку апофатическую формулировку Тихона и сводя Бога к некой призрачной сущности, мелькающей лишь на периферии метафизического дискурса романа.

Представляющий собой лоскутное одеяло из разных жанров — то политической сатиры, то готического гротеска, то метафизической драмы, — роман «Бесы» строится на мистификациях, инверсиях, удвоениях и заблуждениях в плане как сюжета, так и христологии. По замыслу Достоевского, в центре повествования стоит главный герой Ставрогин[3], он же служит центром метафизических изысканий, предпринятых в романе. Христологические ассоциации приданы как Ставрогину, так и двум его «апостолам», Кириллову и Шатову. Его фамилия несет в себе греческое слово «крест» (ставрос); в одном из рукописных вариантов неопубликованной главы «У Тихона» рассказчик определяет исповедь Ставрогина как «потребность креста... в человеке, не верующем в крест» (12: 108). Он служит объектом восхищения, благоговейного обожания и крайнего отвращения. Кириллов и Шатов — его мимолетные пылкие поклонники — существуют почти исключительно как воплощение отброшенных им идеологий. Петр Верховенский тоже благоговеет перед ним и стремится сделать его вождем своей революции: «Вы предводитель, вы солнце, а я ваш червяк...» — восторженно восклицает он (10: 324).

Однако в конечном счете интерес Верховенского к Ставрогину корыстен: Ставрогин должен стать его «Иваном-царевичем», самозванцем, который поможет ему осуществить анархические планы. Отношения Ставрогина с Кирилловым и Шатовым гораздо глубже и сложнее. Ставрогин для них своего рода божество, которое породило их. Именно так Шатов отзывается о Кириллове: «Это ваше создание» (10: 197), — говорит он Ставрогину. Со своей стороны, Шатов испытывает почти религиозную веру в Ставрогина, восклицая: «Ставрогин, для чего я осужден в вас верить во веки веков?» (10: 200). Оба персонажа привязаны

---

[3] В черновых заметках к роману Достоевский написал: «ВЕСЬ ПАФОС РОМАНА В КНЯЗЕ, ОН ГЕРОЙ. Все остальное движется около него, как калейдоскоп» [12: 136].

к Ставрогину и своими убеждениями, и самой своей личностью. Р. Пис называет их «двумя половинами его раздвоенного "я"» [Peace 1971: 184][4]. И действительно, когда в длинной, двухчастной главе «Ночь» Ставрогин посещает того и другого, он как будто посещает две стороны своего прежнего «я». Это его двойники, и к тому же полные антиподы по отношению друг к другу. Но сами эти удвоения и отражения имеют дьявольскую природу: все они оборачиваются против самих себя. Их главная черта — ничтожность, и таким образом они способствуют описанию пустоты в центре романа — самого Ставрогина.

«Ночь» — одна из ключевых глав для христологии романа: в ней Ставрогин по очереди навещает каждого из своих протеже, что не составляет труда, так как они живут по соседству. Предлог прихода Ставрогина к Кириллову — просьба выступить секундантом в его дуэли с Артемием Павловичем Гагановым, что само по себе намекает на их двойническую природу. Разговор быстро принимает философский оборот: Ставрогин спрашивает, по-прежнему ли Кириллов намерен покончить с собой — план, входящий в правила метафизической «игры в труса», в которую Кириллов играет с идеей Бога. Как он позже объяснит Петру Верховенскому, он хочет «заявить своеволие, в самом полном пункте» как способ доказательства несуществования Бога: «Если бог есть, то вся воля его, и из воли его я не могу. Если нет, то вся воля моя, и я обязан заявить своеволие» (10: 470). Самоубийство Кириллова продемонстрировало бы, что нет ничего выше человеческой воли, освобождающей человечество от необходимости верить в Бога.

Поступок Кириллова приобретает квазимессианский характер (см., например, [Уильямс 2013: 122; Peace 1971: 216]). «Я начну, и кончу, и дверь отворю. И спасу», — говорит он Верховенскому (10: 472), ни дать ни взять Христос в Откровении[5]. Это замечает

---

[4] Похожее наблюдение делает Э. Васиолек, называя Кириллова и Шатова «созданиями — близнецами Ставрогина» [Wasiolek 1964: 119].

[5] См., например, Откр 1: 8: «Я есмь Альфа и Омега, начало и конец, говорит Господь, Который есть и был и грядет, Вседержитель», а также Откр 22: 13.

и Ставрогин в разговоре с Кирилловым. Когда Кириллов провозглашает, что все люди хороши, хотя и совершают самые гнусные преступления, Ставрогин бросает в ответ: «Кто учил, того распяли». Кириллов, однако, не приписывает эту идею Иисусу Христу, богочеловеку, который, как бы то ни было, никогда не делал такого заявления[6]. Как выясняет Ставрогин, тот, кого он имеет в виду, — противоположность Христа, «человекобог» (10: 189), то есть человек, возносящийся ныне выше Бога и, как полагает Кириллов, собирающийся стать Богом благодаря акту высшего своеволия, — результат, как, по-видимому, предупреждает Достоевский, стремления светских гуманистов исключить Бога из определения человеческой личности. «Если Бога нет, то я Бог», — говорит Кириллов Верховенскому (10: 470).

Но, как обнаруживает Ставрогин, Кириллов полон противоречий. Он верит в вечную жизнь, но не в вечное могущество. Он играет с детьми и любит жизнь, но твердо намерен покончить с собой. Он зажигает хозяйкины лампады и молится «всему», но клянется, что он атеист. Ставрогина это не убеждает, он подозревает Кириллова в скрытом теизме: «Если бы вы узнали, что вы в Бога веруете, то вы бы и веровали; но так как вы еще не знаете, что вы в Бога веруете, то вы и не веруете» (10: 189). Ставрогин предрекает, что, когда он придет в следующий раз, Кириллов уже станет верующим, а Петр Верховенский обвиняет Кириллова в том, что тот верует «пожалуй, еще больше попа» (10: 471).

И они правы в своем скептицизме. Если Кириллов ставит утверждение на службу отрицания (его заявления о том, что он любит жизнь и что все хороши, как это ни парадоксально, служат для того, чтобы дать оправдание самоубийству), то отрицания Кириллова могут скрывать в себе утверждение. Так, в разговоре с Верховенским он в подтверждение лживой природы веры в Бога приводит историю распятия Христа: «...если законы природы не пожалели и Этого, даже чудо свое же не пожалели, а заставили и Его жить среди лжи и умереть за ложь, то, стало

---

[6] См. Мк 10: 18: «Иисус сказал ему: что ты называешь Меня благим? Никто не благ, как только один Бог».

быть, вся планета есть ложь и стоит на лжи и глупой насмешке» (10: 471), — рассуждает он. И все же язык, которым он описывает Иисуса — «чудо», «высший на всей земле», «составлял то, на чем ей жить», тот, без кого «вся планета со всем, что на ней… — одно сумасшествие» (Там же), — помимо прочего, мощное утверждение возвышенной природы Христа. Аргумент Кириллова в пользу неверия, таким образом, дает нам не менее веское основание верить. В нем есть налет апофатизма. И это же характерно для частого в романе приема удвоения и инверсии в целом. Внешне Кириллов утверждает превосходство человечества над Богом. Внутренне он, возможно, втайне в Бога верит. Таким образом, он воплощает невозможное противоречие.

Шатов страдает от сходного несоответствия: он верит во Христа, но не в Бога. По сути, он одержим идеей русского Христа. И огорчен тем, что Ставрогин, от которого он впервые узнал о мессианских чертах русского народа, больше во Христа не верит. «Но не вы ли, — спрашивает он, — говорили мне, что если бы математически доказали вам, что истина вне Христа, то вы бы согласились лучше остаться с Христом, нежели с истиной? Говорили вы это? Говорили?» (10: 198). Ставрогин не отвечает. Шатов, который, похоже, поддался на провокацию Ставрогина о том, что Христос и истина — то есть, предположительно, Божественность — могут существовать отдельно друг от друга, отчаянно нуждается в том, чтобы Ставрогин подтвердил: такая вера возможна. Здесь строки из письма Достоевского приобретают совсем иное звучание. Если христологическая формулировка Достоевского в письме Фонвизиной как будто говорит о стремлении верить, то вопрос Шатова к Ставрогину указывает в противоположном направлении, к неверию. Но он совершенно запутался в собственных убеждениях. В этом он напоминает Ставрогина, о котором Кириллов говорит: «Ставрогин если верует, то не верует, что он верует. Если же не верует, то не верует, что он не верует» (10: 469).

Данная Кирилловым характеристика Ставрогина также подводит итог метафизической неопределенности романа. Вера перетекает в неверие, а неверие — в веру, но никто, похоже, не в состоянии полностью посвятить себя ни вере, ни неверию. Метафизический ландшафт так же неустойчив, как политический. По сути, Кириллов и Шатов сами же ниспровергают философские взгляды, которых придерживаются. Атеизм Кириллова как будто допускает возможность веры в Бога, в то время как вера Шатова в мессианского Христа зиждется на атеистическом фундаменте (см. [Peace 1971: 217]). Как выясняется, романом правит дух противоречия. И лучший пример этому в «Бесах» — речь Шигалева. Член группы Петра Верховенского и главный теоретик социализма в романе, Шигалев излагает свои представления о «социальном устройстве будущего общества» только для того, чтобы обнаружить, что его идеи приводят к позиции, прямо противоположной той, с которой он начал. «Я запутался в собственных данных, — заявляет он, — и мое заключение в прямом противоречии с первоначальной идеей, из которой я выхожу. Выходя из безграничной свободы, заключаю безграничным деспотизмом» (10: 311).

Ставрогин тоже являет собой воплощенное противоречие — идеальное состояние для человека, который, как представляется, вообще не имеет убеждений. Именно противоречие занимает центральное место в его концепции «я», что подтверждается его алогичным поведением[7]. Это продукт отрицания, которое, как он утверждает, «выливается» из него. Но даже это отрицание «мелко и вяло» (10: 514), признает он: это не более чем своего рода вялое безразличие. Таким образом, именно о таких, как он, говорится в отрывке из Откровения 3:15–16, который в конце романа открывает наугад и читает Степану Трофимовичу Верховенскому Софья Матвеевна: «Знаю твои дела; ты не холоден, не горяч; о, если бы ты был холоден или горяч! поелику ты тепл, а не горяч и не холоден, то извергну тебя из уст моих» (10: 497).

Эти слова из Откровения подтверждают, что для Достоевского в его исследовании вопросов веры жизненно важны полярные противоположности — абсолютное сомнение и абсолютная вера.

---

[7] Как полагает Э. Васиолек, «Ставрогин освобождается от устойчивого представления о собственном "я", всегда поступая наоборот» [Wasiolek 1964: 124].

И то, и другое предпочтительнее «теплого», уклончивого отношения, так как непоколебимая убежденность каждой позиции таит в себе возможность откровения (в результате которого атеизм может высветить веру или вера — атеизм) и крутого поворота (от веры к сомнению или от сомнения к вере). Ставрогин не обладает столь сильной убежденностью. Наш герой, в фамилии которого зашифровано слово «крест», оказывается, таким образом, никудышным проводником на *via negativa* (отрицательном пути) ко Христу, хотя Р. Уильямс перечисляет все связанные с ним «мессианские аллюзии» [Уильямс 2013: 132]. В отличие от двух его «апостолов», он не исповедует ничего. Следовательно, он воплощает в себе не столько отрицание Христа, сколько верх безразличия к нему. Он не «верует во крест» и не выдвигает ему никакой альтернативы. Он «тепл», и не более того[8].

Как выясняется, христология, то и дело проявляющаяся среди удвоений и инверсий романа, отчетливее всего выражена в пародийной форме в самоубийстве Кириллова[9] — смерти, которая, подобно смерти Христа, призвана «спасти» человечество. Но самоубийство Кириллова «спасет» человечество тем, что, доказав небытие Бога и, соответственно, небожественность Христа, освободит человечество не от оков греха и смерти, а от конвульсий суеверия. Это настоящая насмешка над распятием Христа, закономерный исход для романа, который, как представляется,

---

[8] В книге «Секреты Достоевского: чтение против течения» К. Аполлонио утверждает, что критики, как правило, не замечают христологической функции Ставрогина. В его истории, в особенности его исповеди, она видит попытку «очистить мир от грехов, приняв их на себя — *imitatio Christi*, что, даже приняв ложное направление, все же не становится таким тяжким проступком, как отказ признать свою вину или, что еще хуже, *обвинение других* — самое страшное злодеяние» [Аполлонио 2020: 238].

[9] Р. Уильямс считает, что в эпизоде самоубийства Кириллова Достоевский «пародирует Евангелие, особенно в заключительном разговоре между Кирилловым и Верховенским — "прощальной беседе", вроде той, о которой повествует Евангелие от Иоанна. То, что Кириллов для суицида уединяется в дальней комнате, а Петр Верховенский остается за дверью, является не чем иным, как гротескной аллюзией событий в Гефсиманскому саду» [Уильямс 2013: 123].

утверждает только такого Христа, который пребывает «вне истины». Метафизика романа проникнута духом инверсии и отрицания: отсутствующее Божество очерчено здесь четче, чем где бы то ни было в остальном творчестве Достоевского. Однако создается ли этим аспектом романа апофатическая тьма, в которой можно разглядеть трансцендентность Бога, вопрос спорный. Оказываются ли герои Достоевского к концу романа, говоря словами Тихона, на предпоследней верхней ступени к совершенной вере или тонут в море неверия? Судя по всему, происходит последнее. Пародийный перевертыш в случае Кириллова — это не столько апофатизм, сколько отрицание на службе у неверия (Бога нет, я человекобог).

Сходным образом вера Шатова в Христа «вне истины» — не столько инверсия, сколько перверсия: она не приближает нас к единению с Божеством, а только отдаляет от него (я верю в Христа, но еще не верю в Бога). Ясно одно: тьма — скорее мрак, чем апофатическое незнание, — весьма густа в этом «самом темном из романов Достоевского» [Lantz 1993: 86][10] с его пятью убийствами, двумя самоубийствами и двумя безвременными смертями. Даже обращение в конце романа Степана Верховенского на смертном одре почти не воодушевляет и не проливает света на духовные тупики — ведь непонятно, на самом ли деле он провозглашает твердую веру в Бога или просто формулирует свою «Великую Мысль» о том, что человек всегда должен быть в состоянии «преклониться пред безмерно великим» (506). Типичный для романа отказ прояснить духовный вопрос: мы так и не узнаем, подразумевает ли «Великая Мысль» Степана Трофимовича именно Бога. Сам рассказчик относится к обращению Степана Трофимовича скептически, сомневаясь, «в самом ли деле он уверовал, или величественная церемония совершённого таинства потрясла его и возбудила художественную восприим-

---

[10] В. Террас отмечает, что второй эпиграф к роману — две строфы из пушкинских «Бесов», в которых нет «ни тени надежды», существенно снижает оптимизм первого эпиграфа из Евангелия от Луки, предвосхищая темную двусмысленность, которой завершаются «Бесы» (см. [Terras 1998: 90]).

чивость его натуры» (10: 505). В конце концов, Степан Трофимович у Достоевского — один из самых выдающихся ненадежных ораторов; он и сам признает это, тем самым подводя итог выраженной в романе философии противоречия: «Друг мой, я всю жизнь мою лгал. Даже когда говорил правду» (10: 497).

Отсутствующий Христос

В «Бесах» так и не появляется образ Христа, который мог бы искупить жизнь его главных героев; однако это напоминает нам об одном парадоксальном аспекте Иисуса Достоевского: в том, как писатель представляет Христа, больше всего интригует именно его отсутствие. Пусть Набокова и не устраивало, что слишком уж много персонажей у Достоевского «через грех приходят ко Христу» [Набоков 1998: 183], на самом деле Христос в произведениях писателя — фигура неуловимая. Он практически отсутствует в художественной прозе Достоевского до 1860 года, пока не вышли в свет «Записки из Мертвого дома» (1860–1861) с замечательными описаниями праздников Рождества и Пасхи у каторжан. Там образ Христа мимолетно заявляет о себе посреди чудовищной жестокости тюремного существования. Но даже в произведениях, написанных после 1860-х годов, где идея Христа главенствует, больше всего поражает отсутствие самого Христа. Это одна из причин, по которым можно предположить, что неверие в произведениях Достоевского выражается так же сильно, если не сильнее, чем вера: ведь Христос у Достоевского часто передается через отсутствие.

Одно из поразительных подтверждений — «Записки из подполья» (1864). Написанные как ответ на современный писателю научный материализм, сводивший человека к биологической единице, лишенной духовного начала и управляемой исключительно окружающей средой, «Записки…» должны были послужить обоснованием нужды во Христе, продемонстрировав несостоятельность как подполья, так и «хрустального дворца» в качестве социально-философского пункта назначения для человечества.

Попытки подпольного человека своим утверждением крайнего иррационализма подорвать рационалистические основы, на которых зиждется радикальный материализм, должны были оказаться на поверку именно такими нелепыми, какими выглядят для читателя при первом знакомстве. Идея состояла в том, чтобы перейти из ада подпольного человека с его произволом, злобой и саморазрушительным солипсизмом к более высокому понятию иррационализма, воплощенному в жертвенной любви Христа, — предмету десятой главы повести. Путем, который Достоевский предлагал как для выхода из тупика подполья, так и для защиты от фальши просвещенного эгоизма, должна была стать вера. Но помешали цензоры. «Уж лучше было совсем не печатать предпоследней главы (самой главной, где самая-то мысль и высказывается), чем печатать так, как оно есть, то есть с надерганными фразами и противуреча самой себе. Но что ж делать! Свиньи цензора, там, где я глумился над всем и иногда богохульствовал для виду, — то пропущено, а где из всего этого я вывел потребность веры и Христа — то запрещено», — жаловался Достоевский брату (28, 1: 73).

В результате десятая глава оказалась самой короткой в повести. Но все же в ней поднимается вопрос о выборе, лучшем, чем подполье и «хрустальный дворец»: «Покажите мне что-нибудь лучше, и я за вами пойду, — заявляет подпольный человек. — Неужели ж я для того только и устроен, чтоб дойти до заключения, что все мое устройство одно надувание? Неужели в этом вся цель? Не верю» (5: 120, 121). Любопытно, что Достоевский, как ни странно, никогда не пытался восстановить десятую главу повести. Возможно, ему было неприятно просить цензоров отменить их решение, а может быть, просто неинтересно возвращаться к произведению, не имевшему особого успеха у читателей[11]. Или же не исключено, что писатель понял: пространство романа, где предполагалось быть Христу, сохранилось в тексте — просто его

---

[11] О прохладном приеме публикой «Записок...» см. [Frank 1986: 311]. О причинах нежелания просить цензоров разрешить восстановить главу в последующих публикациях (Там же: 328).

отсутствие так же значительно, как и присутствие, если не в большей степени.

Когда подпольный человек унижает и оскорбляет проститутку Лизу за визит к нему, а она во внезапном порыве бескорыстного сострадания обнимает его, этот поступок делает ее, выражаясь в терминах богословия, «прообразом» Христа. Она не Христос, но своим поведением утверждает и проясняет его, и это, возможно, действует сильнее, чем любая речь, произнесенная подпольным человеком в 10-й главе первой части. Это вполне мог чувствовать сам Достоевский, отсюда и его нежелание восстанавливать изуродованную цензурой главу. Лиза в каком-то смысле уже сформулировала «потребность веры и Христа»[12]. То, что остается невысказанным о Божестве, может объяснить его красноречивее, чем высказанное[13]. Если в зрелом творчестве Достоевского Христос молчит, отсутствует, пародируется или искажается каким-то иным образом, то лишь потому, что Достоевский, скорее всего, понимал, насколько опасны попытки вербально выразить значение Христа. Если говорить слишком много или не то, мы рискуем умалить то, что стремимся возвысить. Многое из того, на чем строится повествование в «Идиоте», по-видимому, продиктовано именно этим опасением. Напротив, апофатический подход может стать мощным инструментом для определения неопределимого.

В последние двадцать лет важность и применимость апофатического богословия в произведениях писателя была признана такими исследователями, как О. Меерсон, К. Аполлонио, Т. Касаткина и М. Джоунз. Этому есть две причины. Первая — осознание того, что все персонажи произведений Достоевского,

---

[12] В статье «Боязнь веры: скрытый религиозный посыл "Записок из подполья"» К. А. Флат утверждает, что мучительное существование подпольного человека — пример страдания, которое, «подобно страстям Христовым» [Flath 1993: 527], могло привести людей к вере (Там же: 510–529).

[13] Первая известная мне работа, в которой указывается на апофатический аспект «Записок из подполья», — это статья О. Меерсон «Ветхозаветные плачи в монологе подпольного человека: опровержение экзистенциалистского прочтения "Записок из подполья"» [Meerson 1992: 317–322].

живущие на границе веры и пустоты, служат, намеренно или нет, поразительным художественным воплощением духовного состояния апофатиков — искателей Бога. Вторая причина — в растущем понимании того, насколько сильно повлияло на Достоевского его общение с русским монашеством, в среде которого он, среди прочего, наблюдал исключительную роль в русской Церкви исихазма — попытки познать Бога посредством молитвы, «освобожденной, насколько возможно, от любых образов, слов и дискурсивных суждений» [Уэр 2012: 70][14]. Апофатическая составляющая православной молитвы здесь ярко выражена и хорошо заметна.

Парадокс — вот ключевая черта литературного апофатизма Достоевского, где состояние неверия может стать знаком апофатической тьмы, ведущей к вере; где отрицание на определенном уровне может способствовать утверждению; где неправда может служить вспомогательным средством на пути к истине. Как объясняет в «Преступлении и наказании» Дмитрий Прокофьевич Разумихин: «Я люблю, когда врут! <...> Соврешь — до правды дойдешь! Потому я и человек, что вру. Ни до одной правды не добирались, не соврав наперед раз четырнадцать, а может, и сто четырнадцать, а это почетно в своем роде; ну, а мы и соврать-то своим умом не умеем!» (6:155)[15]. Хотя ложь не является апофатическим упражнением, Разумихин тем не менее высказывает здесь суть апофатического принципа: правда, как и Бог, яснее всего открывается на пути отрицания. Кроме того, в этих словах, конечно, сокрыта ведущая идея «Преступления и наказания»: Родион Романович Раскольников тоже вынужден лгать на своем пути к истине.

Ни в одном произведении Достоевского апофатический подход не проявляется так ярко, как в «Братьях Карамазовых» (1879–1880). В этом романе Достоевский дотошнее, чем где-либо еще, исследует вопрос о том, как из отрицательных суждений о Боже-

---

[14] О подходе к Достоевскому с точки зрения апофатизма см. [Jones 2005: 71–77].

[15] Ранее Разумихин говорит Раскольникову: «Вранье всегда можно простить; вранье дело милое, потому что к правде ведет» [6: 105].

стве складывается своеобразный поиск веры, независимо от того, приводит он к вере или нет. Если в «Бесах» Достоевский показывает, как неверие порождает еще большее неверие, в «Братьях Карамазовых» он проверяет, до какой степени дискурс неверия на самом деле способен осветить путь к вере. Мой последующий анализ основывается на трех утверждениях. Первое: вопреки общепринятому мнению, «Братья Карамазовы» — это прежде всего книга о неверии, а не о вере, так же как и «Бесы», хотя и написана с другой целью. Второе: именно Иван Карамазов, а не Алеша, выступает в романе главным искателем веры. И третье: Иван ищет Бога именно на пути отрицания, то есть с позиций атеиста. Таким образом, его путь и главная движущая сила романа представляют собой *via negativa*, или апофатический поиск.

Иван Карамазов как богоискатель-апофатик

Д. Г. Лоуренс, как известно, назвал Ивана Карамазова «главнейшим из трех братьев, стержнем», от которого «страстный Дмитрий и вдохновенный Алеша» служат «лишь отклонениями» [Lawrence 1962: 91]. Хотя поначалу Иван, отвечая на вопросы отца, и объявляет себя атеистом, на самом деле он отчаянно ищет Бога. Но Иван способен искать Бога только с позиций сомнения и скептицизма. И когда братья встречаются в трактире, чтобы лучше познакомиться, и Иван спрашивает Алешу, «с чего начинать», Алеша не зря советует: «С чего хочешь, с того и начинай, хоть с "другого конца". Ведь ты вчера у отца провозгласил, что нет бога» (14: 213). Призыв Алеши начать «с другого конца», то есть с атеистической точки зрения, тонко предвосхищает путь отрицателя, которым пойдет Иван в своей легенде о Великом инквизиторе, представляющей собой апофатический текст par excellence[16].

Но можно ли в самом деле рассматривать Ивана как богоискателя-апофатика? В одном важнейшем аспекте — да. Самое главное — то, что он основывает свой бунт против Бога на

---

[16] В высшей степени (*франц.*). — *Примеч. пер.*

предпосылке невозможности постичь Бога человеческим разумом, — а это отправная точка для любого апофатического поиска. Божество по определению не может быть постигнуто; именно этим в первую очередь обусловлена нужда в апофатизме. Иван объясняет свою позицию математически: человеческому разуму доступна только евклидова геометрия с ее тремя измерениями пространства. Идея, выдвинутая неевклидовой геометрией и утверждающая, что параллельные линии могут сойтись где-нибудь в бесконечности, находится за пределами нашего понимания. «Если я даже этого не могу понять, — говорит он Алеше, — то где ж мне про бога понять» (14: 211)[17].

И все же Иван искренне желает принять Бога и ценит идею Бога высоко. Его удивляет не то, что человеку следовало выдумать Бога, а то, что «такая мысль — мысль о необходимости бога — могла залезть в голову такому дикому и злому животному, как человек, до того она свята, до того она трогательна, до того премудра и до того она делает честь человеку» (Там же). Затем Иван заходит еще дальше. Он признается Алеше: «...верую в порядок, в смысл жизни, верую в вечную гармонию, в которой мы будто бы все сольемся, верую в Слово, к которому стремится вселенная и которое само "бе к богу" и которое есть само бог, ну и прочее и прочее, и так далее в бесконечность» (Там же). Здесь Иван рассуждает как любой православный христианин. Однако на его пути встает ум. И хотя Иван говорит Алеше, что ум «подлец», что он «виляет и прячется» (Там же: 213), он продолжает строить свой бунт против Бога именно на доводах ума, рассудка, а именно на невозможности постичь Бога, который позволяет страдать невинным детям. Он хочет понять, как такое может быть, или — если это ему не удастся — отвергнуть Бога окончательно. Однако сам Иван не понимает условий собственного апофатизма. Понять Бога невозможно; напротив, люди должны «отказаться от всякой рассудочной деятельности», чтобы «в полном неведении достиг-

---

[17] Ср.: «И разве утверждения Ивана, что его евклидовский ум не позволяет ему решить вопрос о существовании или несуществовании Бога, не напоминает апофатическую точку зрения, согласно которой невозможно прийти к постижению Бога путем положительных определений?» [Jones 2005: 123].

нуть соединения с Тем, Кто превосходит всякое бытие и всякое познание», как объясняет В. Н. Лосский [Лосский 2012: 36]. Лишь тогда возможно «в мраке полного неведения приблизиться к Неведомому» (Там же: 34). Вот урок, который в течение романа следует усвоить Ивану Карамазову.

Первым замечает в атеизме Ивана нечто апофатическое отец Зосима. В частности, он понимает, что высказывание Ивана «Нет добродетели, если нет бессмертия» (14: 65) под своей отрицательной формулировкой скрывает утверждение. С одной стороны, Иван предполагает, что в отсутствие Бога «ничего уже не будет безнравственного, все будет позволено, даже антропофагия» (Там же). Таким образом, это провокация: если нельзя доказать существование Бога, нельзя настаивать на добродетели. С другой стороны, формула Ивана может быть прочитана противоположным образом, как отрицательное утверждение Бога, на что и намекает Зосима, когда говорит Ивану: «Блаженны вы, коли так веруете, или уже очень несчастны!» (Там же). Если Иван действительно не верит в добродетель, Бога и бессмертие, то он несчастен. Однако он блажен, если эта отрицательная формулировка служит ему путем к Богу. Оптимизм реплики Зосимы следует понимать примерно так: Бог должен существовать, так как я вижу, что люди не пожирают друг друга. Добродетель существует, значит, должен существовать и Бог. Своим ответом Зосима толкует отрицательную формулировку Ивана как нечто, способное утвердить веру.

Самый серьезный и весомый пример апофатизма в романе — «поэма» Ивана о Великом инквизиторе. Лоуренс охарактеризовал его как «окончательную и неопровержимую критику Христа», «смертельно-разрушительное подведение итогов» того, как Иисус не оправдал надежд человечества [Lawrence 1962: 90]. Сам Достоевский в дневниковой записи говорит о «силе отрицания Бога» в поэме Ивана[18]. И все же, если кто-то сомневается, что эта

---

[18] Отвечая своим недоброжелателям, Достоевский в «Дневнике» 1881 года пишет: «Этим олухам и не снилось такой силы отрицание Бога, какое положено в Инквизиторе и в предшествовавшей главе» [27: 48].

горькая критика Христа и христианства, при всех ее богохульствах, хитроумных соблазнах и сокрушительных обвинениях, может быть воспринята как своеобразное апофатическое утверждение Христа, достаточно вспомнить реакцию Алеши Карамазова на рассказ его брата Ивана: «Но... это нелепость! Поэма твоя есть хвала Иисусу, а не хула...» (14: 237). Эта реакция поразительна, учитывая, что именно он услышал от Ивана, и удивительно, что так мало критиков обратили внимание на ее кажущуюся неуместность. Каким образом поэма Ивана о Великом инквизиторе, задуманная как беспощадное ниспровержение непостижимых и неосуществимых надежд на учение Христа, может в результате вылиться в восхваление Иисуса? Никак, разве только апофатически, формулируя то, чем не является Христос.

М. Джоунз упоминает реакцию Алеши, но не связывает ее с апофатической теологией [Jones 2005: 122]. Дж. Франк также цитирует ответ Алеши, но дает ему более традиционное объяснение: упрекать Христа за то, что он провозгласил радикальную свободу человечества, означает, по сути, «восхвалять Его за защиту основы основ человечности человека, как и было задумано Достоевским» [Frank 2002: 616]. В. ван ден Беркен признает, что в словах Алеши содержится отрицательная теология, однако утверждает, что это приводит к катафатическому результату. Он объявляет этот момент в романе «кульминацией апофазиса: минус становится плюсом, объяснение, задуманное как отречение, оборачивается защитой» [Bercken 2011: 88–89]. Но хотя Беркен и замечает в ответе Алеши апофатический посыл, он не квалифицирует текст о Великом инквизиторе как «традиционный апофазис». Напротив, он утверждает, что Великий инквизитор в конечном итоге высказывает положительные суждения об Иисусе и вере: «Все, что прелат осуждает и критикует в Иисусе, — это именно то, что Иисус хочет распространить <...> Обвинения инквизитора в адрес Иисуса на самом деле служат объяснением природы христианской веры» (Там же: 87). Однако таким образом Беркен фактически сводит на нет свой анализ апофазиса и заменяет его аргументом, с которым гораздо труднее согласиться: будто Великий инквизитор невольно проповедует православную христологию. И все же, судя по тому, как Великий инквизитор говорит о трех искушениях Христа дьяволом (в которых, по его словам, «предсказана вся дальнейшая история человеческая» (14: 230)), на самом деле он искажает высказывания Христа почти до неузнаваемости и таким образом представляет фальшивого Христа.

Идея первого искушения в том, что Христос отказался от хлеба земного и потребовал от человека только хлеба небесного — то есть полного подчинения слову Божьему, — это на самом деле не объяснение учения Христа, а его искажение. Робин Фейер Миллер обращает внимание на то, что ответ Христа: «Не хлебом единым жив будет человек, но всяким словом, исходящим из уст Божиих» (Мф 4: 4) не является пропозицией выбора: приоритет слова Божьего не умаляет значения хлеба насущного. И тот и другой необходимы, но слово Божье более всего [Miller 1992: 68]. Великий Инквизитор искажает это соотношение. Предложенная Инквизитором интерпретация второго искушения, что Христос отказался от чудес как демонстрации истинности веры, — также ложна. Во время своего земного существования Иисус творил чудеса одно за другим, и все они вдыхали и углубляли веру в тех, кто был их свидетелями. Тот факт, что эти чудеса не убедили всех и каждого в том, что он Сын Божий, и не предотвратили сомнений его последователей в вере, говорит больше о человеческой природе и тяжкой ноше веры, чем о действенности чудес как средства ее укрепления. И снова Великий инквизитор излишне упрощает и, таким образом, искажает учение Христа и вводит людей в заблуждение.

Наконец, утверждение Инквизитора о том, что отказ Иисуса от земной власти (третье искушение) создал условия, при которых спасены могут быть лишь немногие избранные, представляет собой очередное искажение учения Христа. Когда ученики, встревоженные словами Христа о трудностях вхождения в Царство Божие, спрашивают Иисуса: «Так кто же может спастись?», Иисус отвечает: «Человекам это невозможно, Богу же все возможно» (Мф 19: 25–26). Учение Христа может быть трудным и даже не претворимым в жизнь, но с Божьей благодатью даже самые недостойные могут войти в Царство Божие. Эту мысль четко формулирует Семен Захарович Мармеладов в «Преступлении и наказании», когда произносит перед Раскольниковым свою пьяную речь о Христе в день Страшного суда:

> И когда уже кончит над всеми, тогда возглаголет и нам: «Выходите, скажет, и вы! Выходите пьяненькие, выходите слабенькие, выходите соромники!» И мы выйдем все, не стыдясь, и станем. И скажет: «Свиньи вы! образа звериного и печати его; но приидите и вы!» И возглаголят премудрые, возглаголят разумные: «Господи! почто сих приемлеши?» И скажет: «Потому их приемлю, премудрые, потому приемлю, разумные, что ни единый из сих сам не считал себя достойным сего...» И прострет к нам руце свои, и мы припадем... и заплачем... и все поймем! (6: 21).

Мармеладов, как нетрудно заметить, понимает о христианской вере гораздо больше, чем наш Великий инквизитор. По милости Божией спасены могут быть все, даже самые недостойные. Таким образом, ни одно из толкований Великим инквизитором трех искушений не объясняет учения Христа, как полагает Беркен, а только фальсифицирует его. Искажая учение Христа, Великий инквизитор фальсифицирует самого Христа.

Алеша это понимает. То, что говорит о Христе Великий инквизитор, не имеет с евангельским Христом ничего общего. Его Христос — это отрицательное искажение. «Чудо, тайна и власть» — три столпа, на которых Великий инквизитор создал свою искаженную и извращенную церковь, — не имеют ничего общего с Иисусом, и об этом нам напоминают два поступка, совершенных Иисусом в легенде о Великом инквизиторе, — случай, когда Иван, похоже, опровергает собственную аргументацию. Исцеление и прощение — воскрешение Иисусом умершего ребенка и поцелуй, которым он одаривает Великого инквизитора, — составляют сущность евангельского Иисуса, и именно они помогают нам отличить истинного Христа от ложного, которого исповедует Инквизитор. «Церковь», созданная атеистической кликой Великого инквизитора, где массы подкупают хлебом, манипулируют ими с помощью «чудес» и держат в блаженном неведении о смерти Бога, больше напоминает «безграничный деспотизм» Шигалева, чем безграничную свободу, предложенную людям Христом и отвергаемую Великим инквизитором как идеал слишком возвышенный и труднодостижимый для человечества. Все это сразу же понимает Алеша, отсюда его взволнованная реакция на поэму брата: «Поэма твоя есть хвала Иисусу, а не хула». Отрицательная характеристика Иисуса и его учения в поэме Ивана служит лишь тому, чтобы создать яркий контраст благости Христа и проповеданного им Евангелия. Читатель должен понять это вместе с Алешей. Великий инквизитор провозгласил не то, чем является Христос, а то, чем он *не* является. И при этом он парадоксальным образом открыл Христа во всей его благости. Он показал нам негативную дорогу ко Христу, который, как это ни странно, должен быть отыскан в его отсутствии.

Возможно, подсознательно это понимает и сам Иван: он как будто подбрасывает в свою антирелигиозную поэму динамит, способный ее взорвать, а именно противоположность разума — силу иррациональной любви. О силе иррациональной любви упоминается уже в предисловии, которым Иван предваряет поэму: в нем Богоматерь умоляет Бога простить даже мучителей Христа (яркий пример Божественной любви, заложенной в прощении врагов, чему учил сам Христос), а затем и в самой поэме, в эпизодах, где Иисус совершает исцеление и прощение. Как будто этого недостаточно, Иван в дальнейшем разговоре с Алешей сам отрекается от своей поэмы, называя ее «вздором», «бестолковой поэмой бестолкового студента, который никогда двух стихов не написал» (14: 239), как бы признавая, что ум завел его в тупик. Позже, в своей воображаемой беседе с чертом, он запрещает упоминать поэму (15: 83). Ему стыдно, потому что его апофатическая поэма открыла неприятную истину: он жаждет верить, несмотря на непостижимость веры.

Пусть даже поэма Ивана представляет собой негативный путь к Божеству, она еще не является декларацией веры. Он по-прежнему борется и продолжает бороться с верой до конца романа. Но, если уж на то пошло, так же ведет себя и Алеша, который в какой-то момент признается Лизе, что, «может быть, в Бога и не верует» (14: 201). По сути, все Карамазовы, как отец, так и сыновья, похоже, воплощают в себе противоборствующие убеждения, как будто это их врожденная особенность, — об этом напоминает в своей заключительной речи прокурор во время суда над Дмитрием. По его словам, «натуры широкие, карамазовские», к каковым относится Дмитрий, способны «вмещать всевозможные противоположности и разом созерцать обе бездны, бездну над нами, бездну высших идеалов, и бездну под нами, бездну самого низшего и зловонного падения» (15: 129). Однако и здесь, и на протяжении всего романа Иван и Дмитрий демонстрируют, что эти крайности не только не отменяют друг друга, но каждая из них в некотором смысле подчеркивает присутствие противоположной. Иными словами, в отличие от «Бесов», где удвоения и противопоставления выливаются в дьявольские инверсии или стремятся к самоуничтожению, в «Братьях Карамазовых» каждая крайность дает возможность реализоваться другой — той, что ей противостоит. Это важный момент, о котором следует помнить и который, хотя сам по себе не имеет отношения к апофатике, вносит свой вклад в апофатический дискурс романа.

Нигде в романе этот принцип не проявляется ярче, чем в противоречивых отношениях Дмитрия с Катериной Ивановной Верховцевой. Рассказывая о том, как он заставил Катерину Ивановну прийти к нему, чтобы получить от него 4500 рублей на спасение чести ее отца, Дмитрий признаётся Алеше, что глядел на нее с ненавистью — «с тою самою ненавистью, от которой до любви, до безумнейшей любви — один волосок!» (14: 105), резонируя с утверждением Тихона о близости между полным атеизмом и всеохватной верой. Если для Катерины любовь / ненависть к Дмитрию — это «надрыв» (стремление ранить себя, чтобы ранить других, и ранить других, чтобы ранить себя (см. [Wasiolek 1964: 159–160; Belknap 1967: 37–39; Miller 1992: 68])), то для Дмитрия это именно ненависть, неразрывно связанная с любовью; ненависть, описывающая то парадоксальное негативное пространство, из которого может внезапно возникнуть самая всепоглощающая любовь. Таким образом, апофатизм, столь явно присутствующий в других частях романа, здесь отражается на текстологическом уровне.

Апофатическая направленность в «Братьях Карамазовых» так заметна, в частности, потому, что для прояснения нравственных и сюжетных тонкостей, а также образа Христа Достоевский постоянно использует иронию и парадокс. Апофатизм — не теология противоположностей, но теология парадокса: к Богу можно приблизиться, лишь отдалившись от любых представлений о нем. Познать Бога можно, лишь *ничего не зная* о Боге. Абсолютное невежество — вот состояние, которое дает возможность абсолютного познания Бога, то есть единения с ним. Движущая сила апофатизма — апофазис: отрицать, что мы говорим или делаем то, что говорим или делаем[19].

В отрицательной теологии, однако, содержатся свои риски. Освобождая себя от всех понятий о Боге, мы рискуем потерять его вообще. Подобно парадоксальному символу веры Достоевского, апофатизм содержит в себе зачатки собственного разрушения. Если «Братья Карамазовы» апофатический роман, он также способен привести нас в некое отрицательное пространство, из которого обратного пути нет. Именно в этом отрицательном пространстве мы и прощаемся с Иваном. В конце романа, в своем беспамятстве он оказывается в апофатической тьме, и трудно сказать, приди он в сознание, будет ли он верующим человеком или убежденным атеистом. Эта неопределенность усиливает роль Ивана в романе и напоминает нам, что это Иван, а не Алеша, является главным искателем метафизических истин. Тот, кто отчаянней всех стремится к вере в романе, в то же время является его самым суровым скептиком.

Поверив предисловию автора и настроившись на то, что главный герой романа — Алеша, читатель перестает замечать, что все поиски Бога в романе предпринимает не Алеша, а его брат Иван.

---

[19] Так определяется апофазис в Оксфордском словаре 1667 года [http://www.odlt.org/ballast/apophasis.html]. Речь идет о стилистическом приеме, название которого происходит от того же корня, что «апофатизм» (греч. apophanai — «отрицать»).

Может быть, Алеша и переживает кризис веры из-за того, что тело почитаемого им старца проявляет заметные признаки разложения, но именно Иван на протяжении всего романа занят мучительным поиском Бога и от напряжения заболевает психическим расстройством. По сути, «Братья Карамазовы» — это не гимн торжеству веры, а книга о том, как трудно верить. Сомнение одолевает всех братьев Карамазовых. Иван отвергает Бога, который позволяет невинным страдать. Дмитрий слушает разглагольствования Михаила Осиповича Ракитина о французском ученом Клоде Бернаре и заявляет, что ему «Бога жалко», раз выясняется, что вся жизнь сводится к химическим реакциям. Павел Федорович Смердяков читает поучения преподобного Исаака Сирина, как будто раскаиваясь в отцеубийстве, но затем совершает самоубийство — в некотором роде последний бунт против Бога. Даже Алеша сомневается в существовании Бога. Апофатическое исследование Достоевского проникнуто неверием.

Поэтому нет ничего удивительного в том, что хотя финал «Братьев Карамазовых» как будто указывает на окончательную победу добра, знаменуемую радостными криками «Ура Карамазову!», которым мальчики приветствуют Алешу, на самом деле Достоевский оставляет нерешенными важные вопросы, особенно те, что касаются веры; это закономерный исход, учитывая мощную апофатическую подоплеку романа. Достоевский не сообщает нам, попытается ли Дмитрий бежать или пойдет в ссылку как «невинная жертва за правду» во имя голодного ребенка из своего сна. Не раскрывает он и того, переживет ли Иван свою мозговую горячку, равно как и откажется ли от неверия. Мы также не знаем, что станет с Алешей, во что выльется его борьба с верой и женится ли он на Лизе. Но предупреждение Алеши мальчикам о том, что, возможно, когда-нибудь общее воспоминание о том, как они хоронили Илюшу, удержит их, или даже его самого, «от великого зла», несколько омрачает концовку романа. Если верно предположение, что Достоевский хотел написать продолжение романа, в котором Алеша утратил бы веру и покушался на жизнь царя, то у Алеши были все основания предостерегать мальчиков (см. [Rice 2006; Волгин 2010: 30–49]). Вполне вероятно, что Алеша, персонаж, чья вера кажется особенно твердой, на самом деле стоит на пороге неверия — хорошая возможность для Достоевского перевернуть с ног на голову формулировку Тихона из «Бесов» и рассмотреть обратное явление: как вера может привести к неверию, как совершенный верующий может на самом деле оказаться на предпоследней ступени к совершеннейшему атеизму.

Таким образом, в финале, где могли бы окончательно разрешиться сюжетные и метафизические вопросы романа, всё, и главным образом вопрос о вере, как бы повисает в воздухе. И однако сдержанность Достоевского в финале «Братьев Карамазовых», его нежелание оставить последнее слово за верой, сами по себе характерны для его апофатического подхода ко Христу и божественности. Опасаясь сказать слишком много — ведь «мысль изреченная есть ложь», — Достоевский, возможно, считал, что лучший выход — «терпи, смиряйся и молчи» (14: 423) — так Дмитрий переиначивает слова Ф. И. Тютчева, предупреждавшего нас о непригодности языка в деле истинного познания. На допросе в полиции и позже, на суде, Дмитрий видит, как легко его слова могут быть обращены против него самого. Полученный им урок читатели могут применить ко всему тексту романа, в котором скрытность в метафизических вопросах выступает как одна из тем. Если пародия, парадокс и инверсия в произведениях Достоевского чем-то и сродни апофатическому пути, то только тем, что они мешают нам делать окончательные выводы о действительности божественной любви, смысле Христа или природе Божества. Иногда самым красноречивым высказыванием на эти темы служит молчание, как демонстрирует нам Христос Ивана своим ответом Великому инквизитору. Достоевский предоставляет читателю самому делать важные выводы, руководствуясь интуицией.

Именно в этом признается Достоевский в письме, написанном в июле 1876 года, где объясняет, насколько опасно доводить мысль до конца: «Поставьте какой угодно парадокс, но не доводите его до конца, и у вас выйдет и остроумно, и тонко, и *comme il faut*, доведите же иное рискованное слово до конца, скажите, например, вдруг: "вот это-то и есть Мессия", прямо не намеком, и вам никто не поверит именно за вашу наивность, именно за то, что довели до конца, сказали самое последнее ваш слово" (29,1: 102). По этой причине Достоевский и пишет: «Я никогда еще не позволял себе в моих писаниях довести некоторые мои убеждения до конца, сказать самое последнее слово» (Там же: 101). Подтекст ясен: лучше высказываться через отрицание, чем открыто; апофатически, а не катафатически. Лучше, чтобы в книге преобладало неверие, тогда в ней можно, хоть проблеском, увидеть веру.

Это свойство особенно ярко проявляется в самом христоцентричном его романе — «Идиот», где Достоевский пытается вплотную приблизиться к изображению самого Христа в образе князя Мышкина, «положительно прекрасного человека»; это самая значительная в творчестве писателя фигура Христа. В данном случае апофатизм Достоевского происходит из неожиданного источника: писатель прибегает к комизму, в котором одновременно скрывается и раскрывается отчетливая христология. Можно спросить: а бывает ли комическая христология? Ведь Христос далеко не комичен и смешным может выглядеть разве что в глазах неверующих. И все же анализ Достоевским «смешного человека» Мышкина можно рассматривать как упражнение в христологии отрицания par excellence. Комизм — неотъемлемая часть всего творчества писателя — становится в «Идиоте» неожиданным средством для весьма серьезного исследования природы и проблем веры. Каким образом комическая фигура Христа у Достоевского выводит на *via negativa*, где становится непригодным язык понятий, которым обычно описывается Христос? Как смешное, комическое или абсурдное помогает различить истинного Христа?

Глава 3
Ускользание в веру
«Идиот» Ф. М. Достоевского и комическая христология

> Комедия!
> *Ипполит Терентьев, ч. 4, гл. 5*
>
> Человек ты добрый, да смешной.
> *Княгиня Белоконская
> князю Мышкину, ч. 4, гл. 7*

«Идиот» и комедия

Роман «Идиот» (1869) часто называют одним из самых трагических произведений Достоевского. В этом смысле он соперничает с «Бесами», написанными двумя годами позже. «Идиот» так мрачен не потому, что в нем происходит особенно много убийств или самоубийств: по сути, там есть только одно (само)убийство — Настасьи Филипповны в конце романа. По словам С. Янг, мрачная атмосфера романа объясняется тем, что финал «Идиота» «содержит меньше намеков на духовное возрождение или возможность новой жизни, чем другие романы Достоевского», а еще в нем «нет по-настоящему искупительной фигуры, которая компенсировала бы его многочисленные двусмысленности» [Young 2004: 1–2], — и это невзирая на то, что в черновых записях к роману его герой, болезненный князь Мышкин, трижды в разных местах определяется Достоевским как фигура Христа[1]. Вместе с тем во

---

[1] В черновиках к роману Достоевский записывает: «КНЯЗЬ ХРИСТОС» [9: 246; 249]; «Кн(язь) Христос» (253).

всем творчестве Достоевского именно «Бесы» и «Идиот» содержат больше всего юмористических сцен и гротескных персонажей. Дж. Фрэнк называет некоторые эпизоды «Бесов» «неотразимо смешной комедией в широком смысле» [Frank 1995: 477, 492][2], тогда как Г. Розеншильд утверждает, что «в "Бесах" больше комических эпизодов, чем в прочих крупных произведениях Достоевского» [Rosenshield 2002: 651].

Разумеется, трагедия и комедия — не взаимоисключающие понятия[3]. По сути, то и другое в мире Достоевского тесно взаимосвязано. П. Бицилли говорит о Достоевском как об авторе «романа-трагикомедии» [Бицилли 1996: 504], и вообще исследователи Достоевского давно признали, что «стихия комизма пронизывает его художественный мир» [Ашимбаева 2005: 38; см. Кунильский 1994: 5–22; Спивак 1986: 71; Busch 1987; Злочевская 1993: 47; Лапшин 1933; Hingley 1977: 111]. Но каким образом комизм укладывается в интерпретационную схему «Идиота»? В конце концов, стараясь изобразить Мышкина как «положительно прекрасного человека», Достоевский не только наделил своего героя явно христоподобными чертами[4], но также сделал его воплощением христианской любви[5]. Это несколько осложняет дело, поскольку, по словам Г. Розеншильда, «если бы князь был комической фигурой, он едва ли смог бы служить воплощением христианской идеи» [Rosenshield 2002: 651].

Однако в мировой литературе комический и христианский взгляд на мир давно уже переплетены — это отмечает и сам Достоевский в письме к племяннице о романе «Идиот». На самом

---

[2] К. Ланц, в свою очередь, полагает, что роман «полон черного юмора», несмотря на «обилие политических убийств и социальный хаос» [Lantz 2004]. См. также [Slattery 1985].

[3] «Комедия не просто сменяет трагедию, но как будто порождается ею», отмечает У. Керр [Kerr 1967: 22].

[4] Самое подробное рассмотрение Мышкина как фигуры Христа см. в [Knapp 1998: 191–215]. См. также [Frank 1995: 318–322; Terras 1990: 75–80].

[5] Черновая запись к роману от 12 марта 1868 года гласит: «В РОМАНЕ ТРИ ЛЮБВИ: 1) Страстно-непосредственная любовь — Рогожин. 2) Любовь из тщеславия — Ганя. 3) Любовь христианская — Князь» [9: 220].

деле вопрос состоит в том, насколько комические элементы романа или комический князь Мышкин проливают новый свет на проблематику веры или на религиозные убеждения самого Достоевского. Какие функции может нести разлитый в романе комический дискурс и как он может объяснить, почему «комическое является неотъемлемой частью романа» (Там же)? До сих пор о комической составляющей «Идиота»[6] написано очень мало, и еще меньше — о связи комического аспекта романа с его христианской тематикой[7]. Однако судя по замечанию, сделанному Достоевским примерно за шесть лет до того, как он приступил к работе над «Идиотом», он, скорее всего, прибегнул в романе к юмору, чтобы передать идеи, которые в противном случае сами могли быть осмеяны. «В самом деле, только что захочешь высказать, по своему убеждению, истину, тотчас выходит как будто из прописей! — пишет Достоевский. — Отчего в наш век, чтоб высказать истину, все более и более ощущается потребность прибегать к юмору, к сатире, к иронии; подслащать ими истину,

---

[6] Наиболее подробно комическое в романе рассматривается в статье А. В. Злочевской. В ней выявляются и систематизируются разные виды комического — сатира, шутовство, пародия, светская насмешка — однако автор приходит к несколько разочаровывающему выводу, что «смех всегда есть форма существования и способ изображения трагического» [Злочевская 1993: 47]. В работе Н. Т. Ашимбаевой «Князь Мышкин как комический персонаж. Комическое между полюсами смешного и трагического, прекрасного и безобразного» Мышкин толкуется как воплощение «принципа "сосуществования и взаимодействия"» [Ашимбаева 2005: 45] разноприродных сюжетно-тематических элементов, варьирующихся от фарсового до трагического. Чаще всего, полагает Ашимбаева, комизм возникает в «Идиоте» в драматические моменты, где он "снимает" высокий план» (Там же: 41). См. также [Busch 1987: 44–49: Hingley 1977: 111–14]. А. Е. Кунильский в своей работе «Смех в мире Достоевского» вообще не рассматривает смеховых аспектов в «Идиоте», М. Л. Спивак и И. И. Лапшин упоминают роман лишь вскользь. Р. Пис [Peace 1982: 71] называет Мышкина «поистине смешным человеком», но не углубляется в эту тему.

[7] Примечательное исключение — статья О. Меерсон [Meerson 1995: 200–213], где комический рассказ генерала Иволгина о «воскресшем» рядовом Колпакове соотносится с картиной Г. Гольбейна, изображающей мертвого Христа, и делается вывод, что вместе рассказ и картина составляют апофатическое утверждение потребности во Христе.

как будто горькую пилюлю; представлять свое убеждение публике с оттенком какого-то высокомерного к нему равнодушия, даже с некоторым оттенком неуважения, — одним словом, с какой-то подленькой уступочкой» (18: 53).

Истина, исходя из этих слов Достоевского, должна утверждаться косвенно (через юмор, сатиру и иронию) или даже посредством отрицания («с некоторым оттенком неуважения»), следовательно, комизм в «Идиоте» может выполнять схожую функцию. Выражаясь точнее, присущие комической фигуре Христа якобы отрицательные черты на самом деле могут у Достоевского представлять своеобразный апофатический дискурс, который заново открывает Христа неверующей публике из числа как персонажей, так и читателей романа. В таком случае комизм в «Идиоте» выступает как серьезная христология, что должно в корне изменить наше понимание заключения романа.

Князь Мышкин как смешной человек

Первая задача при анализе комического апофатизма в «Идиоте» — рассмотрение Мышкина как «смешного человека». Если, как утверждает один из комментаторов, «любая интерпретация "Идиота" должна быть прежде всего интерпретацией образа князя Мышкина» [Egeberg 1997: 163], то наше прочтение романа резко изменится, если взять за основу, что Мышкин — комический герой. Прилагательное «смешной» (которое может означать «комический», «нелепый», «абсурдный» или «глупый») — на протяжении всего романа последовательно используется для характеристики князя как им самим, так и другими персонажами. Когда князь признаёт, что, делая предложение Настасье Филипповне, он «смешно очень выразился и сам был смешон» (8: 142)[8], он, с одной стороны, пытается объяснить свое неловкое поведение, но с другой — раскрывает глубинную правду о своем характере.

---

[8] Далее цитаты из «Идиота» приводятся по [Достоевский ПСС, 8] с указанием страниц в скобках. — *Примеч. пер.*

Позже, более откровенно признаваясь в своей комичности, Мышкин объясняет свою внешнюю нелепость «идиотизмом». Он говорит: «Есть такие идеи, есть высокие идеи, о которых я не должен начинать говорить, потому что я непременно всех насмешу <...> У меня нет жеста приличного, чувства меры нет; у меня слова другие, а не соответственные мысли, а это унижение для этих мыслей <...> я знаю (я ведь наверно знаю), что после двадцати лет болезни непременно должно было что-нибудь да остаться, так что нельзя не смеяться надо мной... иногда... ведь так?» (283)[9]. Аглая тут же подтверждает эту особенность Мышкина, заявляя, что никогда не выйдет замуж «за такого смешного» (283), и далее — что она краснеет от стыда за его «смешной характер» (299). Ранее ее сестра Александра также отмечала, что он «смешон немножко» (66). В четвертой части, ближе к концу романа, тот же эпитет вслед за самим Мышкиным используют, говоря о нем, другие важные персонажи — Ипполит Терентьев и княгиня Белоконская, закрепляя таким образом это слово в нашем сознании как важную интерпретирующую характеристику[10].

Князь Мышкин — не единственный смешной человек, значимый для творчества Достоевского. Еще одним воплощением этого типа характера служит безымянный герой рассказа «Сон смешного человека» (1877). Хотя по темпераменту он во многом противоположен Мышкину, Смешной человек разделяет его основные качества, тем самым подтверждая их значимость. Обоих окружающие называют «юродивыми»[11]; оба демонстри-

---

[9] Эту речь Мышкин повторяет в конце романа, на приеме по поводу его помолвки с Аглаей: «Я всегда боюсь моим смешным видом скомпрометировать мысль и главную идею. Я не имею жеста. Я имею жест всегда противоположный, а это вызывает смех и унижает идею. Чувства меры тоже нет, а это главное; это даже самое главное» (458).

[10] Во время спора в доме Птицына Ипполит признаёт, что князь «человек решительно добрый, хотя и... смешной» (398). Суждение княгини Белоконской в четвертой части особенно весомо, так как оно отражает мнение русского высшего общества (453), а несколькими страницами далее Мышкин сам применяет к себе этот эпитет.

[11] Мышкина юродивым называет Рогожин (14); к концу рассказа обитатели потерянного рая считают Смешного человека «за юродивого» [25: 117].

руют комплекс Христа; оба исповедуют примат сердца над разумом[12], и оба к концу своих историй лишаются когнитивных способностей (Мышкин впадает в идиотию, Смешной человек «теряет власть над словами»[13]). Конечно, между ними есть и различия. В начале рассказа Смешной человек — типичный мизантроп-солипсист, страдающий манией преследования и непомерной гордостью[14]. Он меняется за одну ночь, когда сперва решает покончить с собой, но потом видит сон об ином, райском мире, невинные обитатели которого поражают его своей способностью к абсолютно бескорыстной любви. После того как наш герой невольно развращает жителей этого рая, он испытывает муки совести, умоляет их распять его на кресте и даже учит, как сделать крест (так буквально проявляется его комплекс Христа). Однако он пробуждается от своего сновидческого путешествия совершенно другим человеком и клянется посвятить остаток своей жизни проповедованию одной из главных заповедей Христа: «Возлюби ближнего твоего, как самого себя» (Мк 12: 31). С этого момента он уже не горд, а блаженно «смешон», — глас вопиющего в пустыне.

Хотя критики расходятся во мнениях жанровой принадлежности истории Смешного человека, притча это или пародия[15],

---

[12] «Сны, кажется, стремит не рассудок, а желание, не голова, а сердце», — говорит Смешной человек [25: 108]. Далее он замечает, что значение песен, которые пели люди в его сне, «оставалось как бы недоступным моему уму, зато сердце мое как бы проникалось им безотчетно и все более и более» (Там же: 114).

[13] «После сна моего потерял слова» (Там же: 118).

[14] Здесь он ближе к первоначальному варианту образа Мышкина из черновых записей Достоевского: «Страсти у *Идиота* сильные, потребность любви жгучая, гордость непомерная, из гордости хочет совладать с собой и победить себя. В унижениях находит наслаждение. Кто не знает его — смеется над ним, кто знает — начинает бояться» [9: 141].

[15] Приведу примеры двух противоположных мнений: Э. Васиолек утверждает, что «Сон смешного человека» изображает извращение истины «до крайнего предела, до кощунства по отношению ко Христу» [Wasiolek 1964: 147]. Р. Ф. Миллер, напротив, прочитывает рассказ как прямой нарратив обращения, сравнивая его с «Рождественской песнью» Ч. Диккенса [Miller 2007: 105–127].

рассказ, подтверждает связь между образом Смешного человека и фигурой Богочеловека Иисуса Христа в литературном воображении Достоевского, а также, следовательно, между христианскими воззрениями Достоевского и его комическим мировосприятием. Мышкин — фигура Христа не только потому, что Достоевский обозначает его как «князя Христа», но и благодаря его статусу «смешного человека» — этот эпитет автор позже свяжет с завуалированной комической христологией. Нелепость в произведениях Достоевского часто служит лакмусовой бумажкой смирения, а в смирении и состоит сущность русского Христа[16]. Смехотворность также, поначалу ненавистная Смешному человеку, в конечном счете становится его образом жизни, единственным способом, которым он может указать людям на великую истину утопических заповедей Христа.

Комические стороны характера Мышкина, как правило, исследователи упоминали мимоходом, если вообще это делали, и едва ли кто-либо связывал князя со Смешным человеком[17]. Комичность Мышкина обсуждается чаще всего в связи с ролью «блаженного дурака», юродивого, как назвал его Парфен Семенович Рогожин в первой главе романа[18]. Но юродство не имеет отношения к функции комизма в «Идиоте» и не исчерпывает интерпретационных возможностей «смехотворности» Мышкина, хотя и может объяснить, почему комизму личности Мышкина уделялось так мало внимания. Эта скудость интерпретаций может быть связана и с тем, что Мышкин — не единственный и даже не самый очевидный комический герой романа. Другие юмористические персонажи — а в книге их множество, — как правило, затмевают Мышкина как комическую фигуру, так же как герои некомические (Настасья Филипповна, Ипполит, даже Рогожин) вытесняют князя с позиций центральной трагической фигуры.

---

[16] Благодарю Ольгу Меерсон за это наблюдение.

[17] Н. Т. Ашимбаева в своем кратком анализе [Ашимбаева 2005] останавливается на смешных сторонах характера Мышкина, но не связывает его комичность с христианскими воззрениями.

[18] Подробно на эту тему см. [Murav 1992: 71–98]. См. также [Miller 1981: 65–67, Bortnes 1978: 27–33].

Самые заметные комические фигуры в романе — это Лукьян Лебедев и генерал Иволгин, записные шуты, образующие комический дуэт, столь же незабываемый, сколь и необходимый для комедийной сюжетной схемы. Их объединяет не только склонность к нелепым рассказам, сомнительным утверждениям и забавным жестам, но и низкое общественное положение — все это скрепляет их странный союз. К Лебедеву и генералу Иволгину примыкают и другие второстепенные клоуны, такие как прихлебатель Фердыщенко, который выступает придворным шутом на именинах Настасьи Филипповны, или борец и бывший фельетонист Келлер, который в моменты скандала (понимаемого Достоевским как любое глубоко оскорбительное и драматическое публичное столкновение) забавно рычит и подкручивает усы. Самая обаятельная комическая фигура в романе — Лизавета Прокофьевна Епанчина. Ее попытки приструнить своих упрямых дочек так же забавны, как и бесплодны, и как бы она ни выходила из себя, она быстро признаёт свои ошибки и восстанавливает мир. Очень важно, что именно за ней остается последнее слово в романе, чем подтверждается его скрытая комическая подоплека.

Благодаря этим персонажам в романе присутствует весь диапазон комического, от грубого бурлеска в невероятных россказнях генерала Иволгина, комических интриг и кривляний Лебедева до «черной комедии, предвосхищающей Беккета» [Frank 1995: 340] в чтении Ипполитом Терентьевым своего «Необходимого объяснения»; от фарса и абсурда в эпизодах с Антипом Бурдовским и его спутниками и чтением статьи Келлера до деликатного юмора в сценах с госпожой Епанчиной и ее дочерьми. Среди всех персонажей наиболее театральным комизмом отличается Лебедев. Уже в первой главе он «кривится», «тормошится», предлагает пройтись вверх ногами и сплясать перед Рогожиным (9–10), а когда тот грозится его высечь, находит в этом повод окончательно к нему прилипнуть: «А коли высечешь, значит, и не отвергнешь!» (13).

По части комических представлений Мышкин, конечно же, не может соперничать с такими, как Лебедев. Его комичность иного порядка, она проистекает из его бросающихся в глаза несообраз-

ностей, из того, что М. М. Бахтин называет «постоянной н е у -
м е с т н о с т ь ю его личности» [Бахтин 2002: 196, разрядка автора] — неуместностью, которая заявлена уже в сочетании имени и фамилии, Лев Мышкин, и подтверждается всей его раздвоенной на «князя» и «идиота» личностью. Но именно эта несообразность, делающая Мышкина «смешным» или «нелепым», также и притягивает к нему людей, и смягчает их[19]. В первой части Мышкиным очарованы все, кто с ним знакомится, как бы ни бросалась в глаза нелепость его фигуры. Он приезжает в Россию в европейской одежде не по погоде, не обижается на поддразнивания Рогожина и Лебедева в петербургском поезде и на равных беседует с камердинером генерала Епанчина ни много ни мало о смертной казни — теме, к которой он неуместно возвращается, завтракая с госпожой Епанчиной и ее дочерьми, и даже предлагает Аделаиде сцену казни как сюжет для ее следующей картины.

Подобно клоуну, который то и дело поневоле ввязывается в опасные ситуации, Мышкин необъяснимым образом оказывается в центре двух семейных драм с участием Настасьи Филипповны и даже — в лучших традициях клоунады — получает от Гани Иволгина пощечину, предназначавшуюся его сестре в ходе семейного скандала. Наконец, наш князь-идиот охотно позволяет выманить у себя двадцать пять рублей, совершая «карнавальное путешествие по Петербургу с пьяным генералом» [Бахтин 2002: 198], потом срывает именины Настасьи Филипповны и делает ей предложение, и все это — в первые же сутки своего пребывания в Петербурге. Все это время над Мышкиным смеются и раз десять называют идиотом[20]. Последняя комическая абсурдность первой части становится явной, когда после семи по-

---

[19] Бахтин пишет: «Всюду, где появляется князь Мышкин, иерархические барьеры между людьми становятся вдруг проницаемыми и между ними образуется внутренний контакт, рождается карнавальная откровенность. Его личность обладает особою способностью релятивизовать все, что разъединяет людей и придает л о ж н у ю с е р ь е з н о с т ь жизни» [Бахтин 2002: 197, разрядка автора].

[20] Ч. 1, гл. 3 (25), гл. 6 (64), гл. 7 (67, 74, 75), гл. 8 (86), гл. 9 (89), гл. 11 (102), гл. 16 (141, 142).

пыток привлечь внимание к полученному им в Швейцарии письму, в котором сообщалось, что он унаследовал миллионы от умершей дальней родственницы[21], Мышкин наконец получает возможность предъявить этот документ и убедить всех в правдивости его содержания, что в одно мгновение переводит его из бедного родственника в завидные женихи. Таким образом, письмо, превратившись из комического реквизита в волшебную палочку, создает почву для развертывания совершенно иного сюжета — о комическом сватовстве.

Классическая схема так называемой новой комедии[22] так же хорошо известна, как любая пьеса Шекспира или роман Джейн Остин: этот тип комедии «обычно изображает любовную связь между юношей и девушкой, преодолевающими различные препятствия, чаще всего связанные с родительской волей. Все разрешается к лучшему посредством сюжетного трюка», в результате которого «окружающее их общество меняет отношение» [Фрай 1987: 242], и тогда новое комическое общество соберется вокруг только что воссоединившейся пары и установит более разумные взаимоотношения друг с другом. Персонажи, препятствующие влюбленным, вызывают в сюжете главный интерес, а в традиции иронической или реалистической комедии могут даже восторжествовать, оставив героя в тоске и отчаянии (Там же: 246). Для жанра типичны отношения мезальянса, так как в силу магии или стечения обстоятельств герои выбирают себе самого неподходящего партнера, и только к концу комедии все встает на свои места — или же, как в более мрачных комедиях А. П. Чехова, герои так и остаются чужими друг другу.

В романе Достоевского события развиваются именно по второму сценарию. Препятствующие героям персонажи торжествуют, разлад и разобщенность правят бал, и ни одна из романтических пар под конец не соединяется, поскольку наследство Мышкина, как выясняется, вовсе не служит сюжетным ходом, гарантирующим

---

[21] Ч. 1, гл. 3 (23, 24, 25, 31), гл. 6 (64), гл. 12 (112), гл. 15 (139).

[22] Имеется в виду новая аттическая комедия, заключительная стадия развития древнегреческой комедии (конец IV–III вв. до н. э.). — *Примеч. ред.*

счастливый конец. Происходит как раз обратное: романтические помолвки оказываются нежизнеспособными. В начале романа Ганя Иволгин обручен с Настасьей Филипповной, но имеет виды на Аглаю. Аглая отвергает ухаживания Гани и, кажется, готова выйти замуж за Мышкина. Однако оказывается, что она любит Мышкина только как воплощение идеала, а когда этот идеал рушится, выходит замуж за сомнительного поляка, необычайное благородство души которого не могло не пленить впечатлительную Аглаю. Мышкин в свою очередь влюбляется в Аглаю и искренне хочет жениться на ней, но вместо этого возвращается к сделанному ранее предложению руки и сердца Настасье Филипповне после того, как между ней и Аглаей происходит бурная сцена.

Настасья Филипповна, со своей стороны, убегает из-под венца от Мышкина к Рогожину, но тот, вместо того чтобы жениться на ней, к чему он стремился на протяжении всего романа, убивает ее. Как отмечает Р. Пирс, вместо свадьбы и счастливого финала роман предлагает «пародию на брачный обряд, которым должна заканчиваться традиционная комедия» [Pearce 1970: 18].

Пирс называет эту пародию «радикальным ниспровержением», так как она обращает комедию в ее противоположность (Там же: 17–18). Таким образом, финал определяет роман как трагедию. Но действительно ли заданный в романе комизм окончательно и бесповоротно побежден трагической развязкой? Или же комические элементы романа и само его внешнее (сюжетное) сходство с «новой комедией» приводят к более сложному и противоречивому результату? Это вопросы первостепенной важности, особенно если все содержащиеся в «Идиоте» комические штампы призваны подкрепить лежащую в его основе апофатическую христологию. Несомненно одно: когда Достоевский сочинял роман, смешной главный герой безусловно ассоциировался в его сознании с христианской тематикой. Об этом свидетельствует следующий фрагмент из письма Достоевского к его племяннице Софье Ивановой, датированного 1 (13) января 1868 года.

> Главная мысль романа — изобразить положительно прекрасного человека. Труднее этого нет ничего на свете, а особенно теперь. <...> На свете есть одно только положи-

тельно прекрасное лицо — Христос, так что явление этого безмерно, бесконечно прекрасного лица уж конечно есть бесконечное чудо. (Все Евангелие Иоанна в этом смысле; он все чудо находит в одном воплощении, одном появлении прекрасного.) Но я слишком далеко зашел. Упомяну только, что из прекрасных лиц в литературе христианской стоит всего законченнее Дон Кихот. Но он прекрасен единственно потому, что в то же время и смешон. Пиквик Диккенса (бесконечно слабейшая мысль, чем Дон Кихот; и все-таки огромная) тоже смешон и тем только и берет. Является сострадание к осмеянному и не знающему себе цены прекрасному — а, стало быть, является симпатия и в читателе. Это возбуждение сострадания и есть тайна юмора (2: 251).

Изначально, однако, Достоевский не собирался делать Мышкина комическим персонажем. В черновых записях ко второй части романа он пишет, что Дон Кихот и Пиквик «симпатичны читателю», потому что «смешны», тогда как «герой романа Князь если не смешон, то имеет другую симпатичную черту: он *!невинен!*» (выделено Достоевским) (9: 239). И, однако, Мышкина на протяжении всего романа называют то смешным, то нелепым, хотя другие персонажи так же упорно твердят (с иронией или без), что он «послан Богом»[23]. За время своего пребывания в России он только и делает, что попадает в гущу то одного, то другого комического спектакля[24]. Более того, он вечно окружен комическими

---

[23] См. (44; 70; 265). Аглая, с явным намеком на Христа, говорит Мышкину: «Здесь есть недостойные нагнуться и поднять платок, который вы сейчас уронили...» (283). Лебедев в какой-то момент обращается к нему «как к провидению» (368).

[24] В краткий перечень комических эпизодов, в центре которых оказывается князь, входят: срыв князем именин Настасьи Филипповны и брачное предложение в части 1; скандал с Бурдовским и его компанией в части 2, включая уморительное публичное зачитывание сатирического фельетона о Мышкине; нелепые рассуждения Лебедева о людоедстве и бурная реакция на «Необходимое объяснение» Ипполита Терентьева (сочинение, до абсурдности полное самовозвеличивания и жалости к себе) на дне рождения князя в части 3; помолвка Мышкина, на которой он разбивает дорогую вазу, в заключительной, четвертой части романа.

персонажами вроде Лебедева и генерала Иволгина, и то и дело разыгрываемые ими комедийные сцены вписывают его в периферийный комический нарратив на протяжении всего романа.

Возможно, окончательным подтверждением того, что Мышкин — комический персонаж, служат два авторских намека на Дон Кихота: в первом случае Аглая прячет записку Мышкина на хранение в том «Дон Кихоте» (а потом смеется своему удачному выбору книги); во втором обсуждается стихотворение Пушкина «Жил на свете рыцарь бедный...», и имя Дон Кихота всплывает в связи со стихотворением, а через стихотворение и с самим Мышкиным[25]. Отождествляя таким образом своего героя с Дон Кихотом, Достоевский не только подтверждает комическую природу характера Мышкина, но и намекает на возможную связь этого комизма с христианским взглядом на мир, таким же, как у Дон Кихота, отличительными чертами которого служат «вера, сострадательность, страдание, стремление быть униженным, глупость и ребячество»[26]. Эти качества Христа в обоих героях, изображенных странными, нелепыми или глупыми, связывают христианский этос с комическим взглядом на мир, общим для обоих романов[27]. Мышкин, возможно, подражает Христу, но, подобно Дон Кихоту, в первую очередь и главным образом как «смешной человек». Таким образом, в его характере и действиях выражено одновременно комическое и христианское мировосприятие, присущие роману.

---

[25] См. ч. 2, гл. 1, 6.

[26] Эта характеристика, как утверждает Э. Дж. Зиолковски, может быть применена к трем наиболее важным в религиозном отношении героям Достоевского — Мышкину, Алеше и старцу Зосиме — и роднит их с Дон Кихотом. См. [Ziolkowski 1991: 120]. О влиянии «Дон Кихота» на Достоевского в период написания «Идиота» см. также [9: 400–402]. Наиболее убедительную трактовку Дон Кихота как фигуры Христа дал в 1905 году М. де Унамуно в книге «Житие Дон Кихота и Санчо по Мигелю де Сервантесу Сааведре, объясненное и комментированное Мигелем де Унамуно» [Унамуно 2002]. М. Холквист, в свою очередь, считает, что Мышкин — это «черная пародия» как на Христа, так и на Дон Кихота [Holquist 1977: 108].

[27] Э. Дж. Зиолковски полагает, что Мышкин — это «сочетание Христа и Дон Кихота» [Ziolkowski 1991: 126].

Комическое мировосприятие в романе «Идиот»

Будучи самым значительным христианским комическим героем в русской литературе, Мышкин воплощает в себе два вида комического дискурса: комическое как смешное и комедию как мировосприятие, подчеркивающее положительные ценности, стойкость, примирение и гармонию. Первым видом задается комический апофатизм романа; второй помогает обнаружить родовую близость между комедией и христианским мировоззрением как таковым. Первый предоставляет путь ко Христу через отрицание; второй на протяжении всего романа утверждает силу умения видеть мир в смешном свете даже в самых трудных и запутанных обстоятельствах.

В качестве примера можно привести ночь, когда Настасья Филипповна отвергает Мышкина у алтаря и бежит с Рогожиным, буквально бросаясь на удар его ножа. Наш комический герой возвращается домой, и Келлер с Лебедевым пытаются разогнать толпу зевак и сплетников, настаивающих на праздновании несостоявшейся свадьбы; среди них и доктор, которого Лебедев первоначально нанял, чтобы отправить Мышкина в психиатрическую лечебницу. Однако Мышкин их не прогоняет, а приглашает в дом и в течение следующего часа угощает чаем. Сцена балансирует на грани фарса. Один из гостей долго рассказывает об имении, которое ему не принадлежит, а другие тщетно пытаются попросить шампанского. И все же, к удивлению читателя и самих Келлера и Лебедева, все прощаются «с жаром и шумом» (494), и вечер завершается вполне вменяемо. Гости расходятся чинно, Вера Лебедева прибирает за ними, а ночью Мышкину даже удается заснуть. Ответом на трагедию оказывается комедия — не торжество абсурда, а именно комедийный дух, который приносит утверждение вместо отрицания, стойкость вместо отвержения и надежду вместо отчаяния. Наш «смешной» князь реагирует в полном соответствии с комическим мировосприятием, назначение которого, как отмечает Н. Скотт, «не выставить в смешном свете», а, скорее, «рассказать всю правду»²⁸. Вся правда — это не только трагический поступок Настасьи Филипповны, но и отказ Мышкина впадать в отчаяние. Таким образом, комедия оказывается способной приглушить трагические мотивы романа. Трагедия жаждет слез и смерти, комедия взамен предлагает чай и сон.

Соположение трагического и комического занимает центральную позицию в «Идиоте», так что все сюжетные линии и метафизические изыскания выстраиваются вдоль этой центральной оси оппозиций, где смерть (трагический полюс повествования) противостоит воскресению (комический полюс). На первом, трагическом полюсе — апокалиптическое мировосприятие (рассказы Мышкина о смертной казни, толкования Лебедевым Откровения, предсмертное желание Настасьи Филипповны, нож Рогожина). К нему же относится картина Гольбейна, изображающая мертвого Христа в гробу, бунт Ипполита против бессмысленности бытия, а также мертвящая практичность, расчетливость и эгоизм Рогожина, Гани, Тоцкого, компании Бурдовского и других. На втором полюсе (комическая арка) — намеки князя на возможность счастья в настоящем (приписываемая Мышкину мысль о том, что «красота спасет мир»; его предложение руки и сердца Аглае; его вера, что павловские деревья смогут излечить Ипполита от экзистенциального отчаяния). На этом же полюсе оказываются притчи князя о христианской любви и вере²⁹, его собственная вера в осмысленность мироздания, его великодушие, смирение и со-

---

[28] См. [Scott 1969: 52]. Скотт здесь ссылается на известное эссе О. Хаксли «Трагедия и вся правда» ("Tragedy and the Whole Truth"; в русском переводе А. Власовой — «Трагедия и "только правда"», что не соответствует содержанию эссе; перевод содержит и другие неточности. — *Примеч. пер.*), где Хаксли называет Гомера поэтом «всей правды», потому что в «Одиссее» он изображает не только трагедию и слезы, но также ужин и сон. Одиссей с товарищами оплакивают своих соратников, пожранных чудовищем Сциллой, но тем не менее «проворно» готовят ужин, а после ложатся спать. «Иными словами, Гомер отказался трактовать тему в трагическом ключе. Он предпочел рассказать всю правду» (цит. по: [Scott 52]).

[29] Я имею в виду рассказанную Мышкиным историю Мари (ч. 1, гл. 6), а также четыре случая, связанных с верой, которые он поведал Рогожину в ч. 2, гл. 4 (182–184).

страдание. В поле напряжения между трагической и комической арками и развертывается драматизм и динамика романа; повествованием движет диалектическое противостояние «мрачной, инфернальной» атмосферы, окружающей Настасью Филипповну, «светлой, почти веселой» атмосфере вокруг Мышкина[30].

Если, как замечает Достоевский в письме к племяннице, самые прекрасные герои христианской литературы смешны, то это потому, что комическое мировосприятие прекрасно сочетается с христианским. Согласно К. Хайерсу, существует «особая родственность между позднехристианскими темами распятия, воскресения, вознесения и рая и сходными темами комического искусства, которые, в свою очередь, были заимствованы из древних пасхальных обрядов» [Hyers 1981: 155]. По сути, согласно Д. Кроссану, рождение, жизнь, смерть и воскресение Христа — не что иное, как «христианская версия полной комической арки древнегреческих обрядов» [Crossan 1976: 22]. Христианское воображение и комическое мировосприятие встречаются на границе священного и профанного, где дистанция между святым и мирским уменьшается до такой степени, что комедия низводит священное на землю, а воплощение Христа демонстрирует, что земля — святое место. Здесь, как указывает Н. Скотт, «глубоко положительное отношение к сотворенным порядкам бытия», свойственное комическому воображению, и «глубинный материализм его мировоззрения» обобщают «важную часть христианского свидетельства о смысле человеческой жизни» [Scott 1969: 72]. Христианская вера в сотворение и воплощение означает, что материальность и конечность жизни сами по себе не являются злом. Христианское воображение, напротив, воспевает причуды и странности жизни в полном соответствии с комическим мировосприятием (Там же: 65–66).

Эти черты, общие для христианского и комического мировоззрения, обретают особую важность в романе, где материальный

---

[30] Эпитеты (и разрядка) М. М. Бахтина. «Мышкин — в карнавальном р а ю, Настасья Филипповна — в карнавальном а д у; но эти ад и рай в романе пересекаются, многообразно переплетаются, отражаются друг в друге по законам глубинной карнавальной амбивалентности», — утверждает Бахтин [Бахтин 2002: 196].

мир представлен развращенным и развращающим, обреченным на уход в небытие и разложение. Особенно это касается Мышкина, комическое и христианское самосознание которого связано с его наивной (и потому смешной) верой в красоту творения и доброту людей (здесь проскальзывает ярко выраженный персонализм самого Достоевского). А. Е. Кунильский, исследуя комическое у Достоевского, ставит юмор писателя в тесную связь не только с его христианской верой, но и с верой как утверждением присутствующей в мире красоты и радости жизни [Кунильский 1994: 84]. В этом, безусловно, заключается одна из функций комедии в романе и князя Мышкина как «смешного человека». Мышкин, как и Христос, утверждает доброту творения.

В этом контексте неудивительно, что выраженное в романе беспокойство о материальном существовании, стремящемся к смерти, находит ответ в самой что ни на есть материалистической метафизике. Вопреки нашим ожиданиям, фигура Христа у Достоевского, как и любой комический персонаж, весьма прочно укоренена в «здесь и сейчас», что служит источником некоторого раздражения для чахоточного нигилиста Ипполита Терентьева. В своем «Необходимом объяснении» Ипполит припоминает, как обвинил Мышкина в том, что тот «говорит как материалист», на что Мышкин ответил ему «с своею улыбкой, что он и всегда был материалистом». Ипполит заключает: «Так как он никогда не лжет, то эти слова что-нибудь да означают» (321), и это действительно так. Этот вопрос жизненно важен для Ипполита, которому осталось жить считаные недели и чей бунт против Бога зиждется на самой конечности материального существования, с его законами энтропии, распада и смерти, весьма известным изображением которых служит картина Г. Гольбейна «Мертвый Христос в гробу» — репродукцию с нее Ипполит видит в доме Рогожина: это воплощенная невозможность воскресения и победы над смертью. Ипполит вспоминает:

> Природа мерещится при взгляде на эту картину в виде какого-то огромного, неумолимого и немого зверя или, вернее, гораздо вернее сказать, хоть и странно, — в виде какой-нибудь громадной машины новейшего устройства, которая

> бессмысленно захватила, раздробила и поглотила в себя, глухо и бесчувственно, великое и бесценное существо — такое существо, которое одно стоило всей природы и всех законов ее, всей земли, которая и создавалась-то, может быть, единственно для одного только появления этого существа! Картиной этою как будто именно выражается это понятие о темной, наглой и бессмысленно-вечной силе, которой все подчинено, и передается вам невольно (339).

Для Ипполита, таким образом, материализм Мышкина непостижим: есть ли в материальном мире что-либо не подверженное тлению и разложению? Как красота спасет мир? Однако на таких парадоксах построен весь роман, и не без причины. Как напоминает нам Н. Скотт, «огромная разница между трагическим человеком и комическим человеком» объясняется «разными способами, которыми они пытаются справиться с бременем конечности человека». Ничто так не ранит трагического человека (в данном случае Ипполита), как напоминание о том, что «жизнь — вещь предопределенная» и «чистый интеллект или чистая воля» неспособны над ней окончательно восторжествовать. Напротив, комический человек (наш Мышкин) «не ощущает над собой жестокого приговора, нет у него и чувства, что он безнадежно загнан в тюрьму» [Scott 1969: 50]. Когда Ипполит спрашивает Мышкина о способе умереть «как можно добродетельнее», Мышкин не произносит банальностей о мире ином. Напротив, как любой материалист, он дает ответ, целиком укладывающийся в контекст земного мира: «Пройдите мимо нас и простите нам наше счастье!» (433)[31]. При этом, как и любой христианин, в этих словах он также утверждает доброту тварного мира: красота и радость жизни всегда перевешивают боль смерти. Мышкин таким образом подтверждает «именно "сбывшуюся" эсхатологию комедии. "Рай" должен быть пережит сейчас, в самой гуще жизни» [Hyers 1981: 166]. Собственно, князь Щ. обвиняет Мышкина именно в этом — в попытке установить «рай на земле» (282).

---

[31] Е. Г. Местергази дает противоположную трактовку материализму Мышкина, рассматривая его как знак неверия. См. [Местергази 2001: 306–310].

Эта тяга к раю и есть основа характера нашего комического героя и его поступков на протяжении всего повествования, но его постоянно неправильно понимают — например, когда Мышкин удовлетворяет «спорные, ничтожные» и даже необоснованные притязания «кредиторишек» своего покойного родственника, только потому, что пожалел их (153), или когда в конце романа Мышкин уверяет Радомского, что все было бы хорошо, если бы ему позволили любить и Аглаю Епанчину, и Настасью Филипповну. «Помилуйте, князь, что вы говорите, опомнитесь!» — ужасается Радомский (484), подтверждая тем самым то, что и так становится все яснее: мышление Мышкина не от мира сего, оно от другого мира — комедийного. Ведь одна из главных функций комедии — намекать на лучший миропорядок, находящийся вне нашего понимания, но мучительно близкий, которому постоянно противостоят силы «реального», падшего мира. Функция Мышкина как комического персонажа помогает обнаружить этот контраст миров. Комедийные сцены, разыгрываемые записными шутами романа (Лебедевым и Иволгиным), отображают абсурд реального мира; но «смехотворность» Мышкина указывает на лучший мировой порядок, существующий в христианском комическом мировосприятии, и, косвенно, на самого Христа.

Ипполит, как и Радомский, не понимает смысла слов Мышкина. Он пренебрежительно смеется над его советом «пройти мимо и простить», принимая его за метафизическую уловку, каковой он на первый взгляд и кажется. Как и во многих других эпизодах, над комическим мировосприятием Мышкина потешаются, как над чем-то смешным; почему — нетрудно понять. Если комическая направленность романа должна восторжествовать и, более того, утвердить христологию спасения, она должна в конечном итоге преодолеть кажущиеся неустранимыми препятствия. И в первую очередь противостоять картине Гольбейна и всему, что она символизирует: окончательности смерти, неудаче Христа и безнадежности веры[32]. Но комедия должна также затмить мрачные события

---

[32] В первый раз увидев картину Гольбейна «Мертвый Христос», Мышкин восклицает: «[Смотреть] На эту картину! [...] на эту картину! Да от этой картины у иного еще и вера может пропасть!» «Пропадает и то», — подтверждает Рогожин (182).

в финале романа: трагическое убийство-самоубийство Настасьи Филипповны и возвращение Мышкина в состояние идиотии. Как выясняется, эти задачи взаимосвязаны. Если комедия способна одержать победу над трагедиями, которыми завершается роман, она способна также проложить путь к спасению от чар неверия, наложенных картиной Гольбейна. Этот путь спасения, как ни парадоксально, связан с превращением Мышкина из смешного человека в идиота — развитием событий, которое обнажает комическую христологию, связанную с его характером, и завершает отрицательный путь ко Христу, намеченный нашей комической фигурой Христа.

От смешного человека к идиоту

За завтраком у Епанчиных в день своего приезда князь Мышкин говорит: «Я теперь очень всматриваюсь в лица» (65). Лица в «Идиоте» важны[33] как знак ясно выраженного в художественной прозе Достоевского персонализма: внимание к ним подчеркивает неповторимость и ценность каждого человека. Кроме того, важность их в том, что они раскрывают христологию романа. Хотя первостепенную роль в романе и его проблематике играет лицо мертвого Христа с картины Гольбейна, следует упомянуть еще два лица: лицо Настасьи Филипповны, которое преследует Мышкина на протяжении всего романа, и лицо самого Мышкина, ничего не видящего и не понимающего, в финале — лицо «идиота», в полном соответствии с заглавием. По сути, лицо мертвого Христа на картине Гольбейна помогает разгадать функцию двух других лиц. Они тоже служат испытанием веры, потому что и Мышкин, и Настасья Филипповна своими именами и судьбами связаны с христологической тематикой романа. Более того, воплощая соответственно комическую и трагическую сюжетные траектории романа, они приводят темы, служащие предметом данного анализа, к столкновению и окончательному разрешению.

---

[33] Убедительную трактовку этой темы см. в [Johnson 1991].

Когда в день приезда в Петербург Мышкин впервые видит на фотографии Настасью Филипповну, он замечает: «Удивительное лицо! <...> Ах, кабы добра! Все было бы спасено!» (32). Четырьмя главами ниже он снова смотрит на портрет и с благоговением целует его, таким образом подтверждая в нем иконичность (68). Однако ближе к концу романа он говорит Радомскому, что больше не может «лица Настасьи Филипповны выносить» (484). Радомский потом недоумевает: «Что такое значит это *лицо*, которого он боится и которое так любит?» (485, курсив Достоевского). Как выясняется, это лицо принадлежит женщине, имеющей болезненную склонность к самоуничтожению. Мышкин недаром боится его, поскольку и имя, и поступки Настасьи Филипповны Барашковой представляют собой ключ к роковому *imitatio Christi* Мышкина. Ее имя, как и имя Мышкина, отсылает к основным скрепам христианской веры. Имя Лев Мышкин намекает на кроткого «льва из колена Иудина», который может снять семь печатей, — так именуется Христос в Откровении Иоанна Богослова, весьма значимой для романа книге Нового Завета. Христос как убитый и воскресший агнец зашифрован в имени Настасья (от греческого *anastasis*, «воскресение») Барашкова (от «барашек», или «агнец»), что неоднократно отмечалось комментаторами[34]. На первый взгляд христологическая аллюзия, содержащаяся в ее имени, иронична. Притом что ее смерть от руки Рогожина актуализирует значение жертвенного агнца, на которое намекает ее фамилия, она также демонстративно отрицает воскресение, скрытое в имени Настасья: Рогожин вынужден накрыть ее труп клеенкой и окружить его четырьмя откупоренными бутылками антисептика, чтобы замаскировать запах ее уже разлагающегося тела. Как и для гольбейновского Христа, здесь, похоже, не может быть никакого воскресения.

Тем не менее Настасья Филипповна как фигура Христа дает ключ к расшифровке макабрической кульминационной сцены романа, которая, как отмечали критики, жутковатым образом

---

[34] См., например, [Bethea 1989: 83; Knapp 1998: 32].

напоминает картину Гольбейна (см. [Dalton 1979: 172; Straus 1998: 112–113; Finke 1995: 107]). Как и мертвый Христос Гольбейна, тело убитой Настасьи Филипповны лежит и разлагается, а поблизости несут стражу бодрствующие Рогожин и Мышкин. В данном случае «это лицо» ассоциируется с лицом гольбейновского Христа в описании Ипполита Терентьева. Теперь это накрытое клеенкой пустое место, на котором можно представить себе черты мертвого Христа, «лицо человека, *только что* снятого со креста»: оно все еще сохраняет «очень много живого, теплого», но «не пощажено нисколько» (334). Подобно Христу на картине Гольбейна, Настасья Филипповна — само воплощение страдания и жертвы[35]. Если Христос добровольно становится невинной жертвой за грехи всех людей, смерть Настасьи Филипповны можно рассматривать как невинную жертву за грех одного человека — Тоцкого, который совратил ее, когда она была юной девушкой. Проблема, однако, в том, что в конечном счете само поведение Настасьи Филипповны отрицает это толкование. На протяжении всего романа она стремится наказать себя за свое прошлое с Тоцким, но в поисках ножа Рогожина[36] стремится также причинить боль другим. В отличие от жертвы Христа, ее смерть — это удар, наказание, направленное не только на нее, но и в равной степени на Тоцкого. Таким образом, это надрыв — рана, нанесенная себе, чтобы ранить других[37].

---

[35] [Malenko, Gebhard 1961: 249]. В первой части романа Мышкин дважды говорит о страдании, которое видит в портрете Настасьи Филипповны. Он замечает: «Лицо веселое, а она ведь ужасно страдала, а?» (31). Несколькими главами ниже он повторяет свою догадку: «В этом лице... страдания много...» (69).

[36] Еще в ч. 2, гл. 3 Настасья Филипповна предполагает, что Рогожин убьет ее, однако раз за разом убегает к нему, как будто для того, чтобы приблизить этот исход. См. также ч. 4, гл. 10.

[37] В конце первой части ростовщик Птицын метко сравнивает скандальное поведение Настасьи Филипповны с сэппуку, японским ритуальным самоубийством (148). Птицын, однако, говорит о сэппуку только как о пассивно-агрессивном акте, направленном против врага, а не о ритуале искупления позора, как обычно понимается сэппуку. (Само)убийство Настасьи Филипповны может интерпретироваться в обоих смыслах.

Иное дело жертва Мышкина. «Совершенное повреждение умственных способностей» (508), которое доктор Шнейдер из швейцарской клиники находит у него после совместного бдения князя и Рогожина над телом Настасьи Филипповны, служит одновременно и медицинским диагнозом рецидива его идиотии, и знаком *imitatio Christi* — подражания Христу, которое сделала возможным смерть Настасьи Филипповны. Если Настасья Филипповна в конечном счете раскрывается как провальная фигура Христа, то ее смерть возвращает нас к истинной фигуре Христа в романе, чье превращение из смешного человека в идиота в точности отражает христоподобное полное и безоговорочное самоуничтожение в служении другим — то, о чем говорится в знаменитой дневниковой записи Достоевского, сделанной в Чистый четверг 1864 года после смерти его первой жены: «Возлюбить человека, *как самого себя*, по заповеди Христовой, — невозможно. Закон личности на земле связывает. *Я* препятствует. Один Христос мог, но Христос был вековечный от века идеал <...> высочайшее употребление, которое может сделать человек своей личности, и полноте развития своего *я*, — это как бы уничтожить это *я*, отдать его целиком всем и каждому безраздельно и беззаветно» (20: 172)[38].

Впадение Мышкина в идиотию, если понимать его как *imitatio Christi*, оказывается именно таким отказом от своего *я* ради других. Хотя это и стоит ему рассудка, Мышкин следует заповеди Христа: он любит убийцу Рогожина, как самого себя, остается с ним и всю ночь утешает его; по мнению Мышкина, «сострадание есть главнейший и, может быть, единственный закон бытия всего человечества» (192). («Сострадание — все христианство», — записал Достоевский в черновиках к роману (20: 270).) Идиотизм, таким образом, оказывается для Мышкина ценой, которую он платит за сострадание, а для окружающих — знак его подражания Христу.

---

[38] А. Б. Галкин также связывает возвращение Мышкина в состояние идиотии с записью Достоевского о смерти первой жены [Галкин 2001: 322]. С. Кэсседи тоже комментирует дневниковую запись Достоевского, однако ассоциирует ее не с рецидивом идиотии у Мышкина в финале романа, а с «длинным рассуждением об эпилептических аурах» в ч. 2, гл. 5 [Cassedy 2005: 126].

Однако там, где одни видят веру, другие усматривают патологию[39]. С. Кэсседи утверждает, что Мышкина «привело к распаду его болезненное состояние, следовательно, это случилось против его воли» [Cassedy 2005: 138]. Эпилепсия Мышкина, утверждает Кэсседи, влечет за собой определенного рода уничтожение я, подобное тому, о котором говорит Достоевский в своей записи, сделанной в Чистый четверг. Таким образом, этот показатель высшей духовной реальности ложен; об этом размышляет и сам Мышкин в части 2. Что, если все эти «молнии и проблески высшего самоощущения и самосознания, а стало быть, и высшего бытия, — думает он, — не что иное, как болезнь?» (188). Но все же то, что происходит с Мышкиным в финале романа, не объясняется эпилепсией по той простой причине, что у Мышкина в ту роковую ночь у Рогожина не было эпилептического припадка, *хотя Рогожин опасается, что это может случиться* (503). Таким образом, эпилепсия с сопровождающим ее «разрушением личности» [Dalton 1979: 139] подчеркнуто отвергается Достоевским как причина рецидива идиотии у Мышкина. Инициирующее событие следует искать в другом.

Поскольку идиотия связана с комической маской Мышкина («после двадцати лет болезни непременно должно было что-нибудь да остаться, так что нельзя не смеяться надо мной» (283)), объяснение можно найти, в частности, в глубинном комическом миропорядке романа и его пересечении с христианским мировоззрением. Р. П. Блэкмур утверждает, что идиотия в романе служит «условием великого разоблачения»[40]. Таким образом, выражаясь

---

[39] В своем классическом исследовании Дж. Райс утверждает: «"Идиот" — это книга об эпилепсии, и не просто "помимо прочего", а в первую очередь». Он объясняет судьбу Мышкина (равно как и жизнь и творчество Достоевского) в медицинских терминах, как художественную разработку Достоевским его *morbus sacer* («священной болезни») — эпилепсии. См. [Rice 1985: 247 (также 82–85, 90, 163, 245–246, 288–290)].

[40] «Идиотизм есть условие великого разоблачения; ведь при идиотизме инстинкт действует с наименьшими возможными помехами со стороны разума. [...] Идиотизм, таким образом, именно условие драматургической необходимости для романиста, который, подобно Достоевскому, пытается драматизировать инстинктивную доброту и сострадание как сущность христианства» [Blackmur 1956: 239].

в христологических терминах, это не что иное, как кенозис — самоуничижение или опустошение (от греческого κένωσις). Возлюбив на целую ночь Рогожина-убийцу, «смешной человек» Мышкин совершает свою самую нелепую и унизительную выходку: он целиком и полностью лишает себя своего *я* и разума. Но при этом он демонстрирует их противоположность — истинное сердце. А как напоминает нам в начале романа генеральша Епанчина, «сердце главное, а остальное вздор» (69)[41].

На определенном уровне этот кенозис не удивляет, учитывая, что Мышкин постоянно ставит чужие потребности выше своих. Собственно, он уже драматургически предвосхищен и явным образом подготовлен в сцене тремя главами ранее, где Аглая сталкивается с Настасьей Филипповной. Это противостояние служит проясняющим моментом как для *imitatio Christi* Мышкина, так и для разрешения заданного в романе конфликта между эросом и агапе. Сюжет сватовства, начавшийся в конце первой части, когда Мышкин делает предложение Настасье Филипповне, и осложненный его же предложением руки и сердца Аглае Епанчиной в четвертой части, должен прийти к развязке, если мы хотим прояснить роль Мышкина как фигуры Христа. Хотя, казалось бы, только идиот может сделать предложение двум женщинам одновременно, на самом деле наш смешной человек прекрасно сформулировал основную дилемму романа: как нужно любить?

Если бы Достоевский писал роман в духе Джейн Остин, Мышкин женился бы на младшей, любимой дочке Епанчиных, и они жили бы долго и счастливо. То, что Мышкин романтически влюблен в Аглаю, понятно всем в доме и в кругу Епанчиных, и необычный роман между ними выглядит и трогательным, и забавным. Только сам Мышкин категорически это отрицает, хотя, по-видимому, в глубине души это понятно и ему. Он роман-

---

[41] Она продолжает: «Ум тоже нужен, конечно... может быть, ум-то и самое главное. Не усмехайся, Аглая, я себе не противоречу [...] Я вот дура с сердцем без ума, а ты дура с умом без сердца; обе мы и несчастны, обе и страдаем» (69). Таким образом, несовместимость Аглаи и Мышкина предопределена: она сплошной ум при отсутствии сердца.

тически влюблен в Аглаю, и то, что он ощущает, — это чувство любовника, эрос, который берет начало в физическом влечении и стремится как к духовной, так и физической близости. Но совсем другие чувства испытывает та, кого любит Мышкин. Чувство Аглаи к Мышкину — определенно *не* романтическая любовь. Она восхищается его умом, а не сердцем[42]. В Мышкине она видит идеал, средство к воплощению ее мечты пожертвовать собой во имя благородного дела. Ее представления о том, как может выглядеть их брак, весьма незрелы.

Настасья Филипповна понимает, что Мышкин влюблен в Аглаю, и даже говорит об этом в своих письмах Аглае. Хотя в первой части она отвергла предложение руки и сердца Мышкина, то, что он в тот вечер признал ее честной женщиной, глубоко потрясло ее. Пусть она уезжает с Рогожиным, а перед уходом резко советует Мышкину жениться на Аглае (143), чувства, которые вызвало в ней искреннее заявление Мышкина, так и не прошли окончательно. К 4-й части она смотрит на Мышкина по-другому, хотя его любовь к ней изменилась. Мышкин теперь только жалеет ее. Он жалеет ее и любит, но это не романтическая любовь. Это духовная любовь (агапе) — та самая любовь, которой в эту минуту больше всего жаждет Настасья Филипповна. Именно поэтому в ночь свадьбы она позволяет Рогожину убить себя: замужество (эрос) — не то, к чему она стремится.

Эрос и агапе, таким образом, находятся в конфликте друг с другом; так же недвусмысленно обостряется противостояние Аглаи и Настасьи Филипповны. У Аглаи в этом противостоянии простая девичья цель — поставить соперницу на место, предложив Мышкину выбрать между двумя женщинами. Но когда Мышкин вместо очевидного, на взгляд Аглаи, выбора упрекает ее за резкие слова, уязвленная Аглая выбегает из комнаты, оста-

---

[42] Во время их свидания на зеленой скамейке в парке Аглая говорит Мышкину: «...главный ум у вас лучше, чем у них у всех, такой даже, какой им и не снился» (356). Страницей ниже она выражает разочарование, узнав, что он не ученый человек. Интересную трактовку любви как табу в «Идиоте» см. в [Meerson 1998].

вив Мышкина утешать Настасью Филипповну, которая без чувств падает в его объятия. Весь остаток вечера Мышкин гладит ее по голове и по лицу обеими руками, утешает и успокаивает. Забота Мышкина, его руки, гладящие Настасью Филипповну по лицу, смех, слезы и бессвязная бредовость этой сцены — все это не случайно повторяется в финале, в описании ночи, которую Мышкин проводит рядом с Рогожиным. Но если самоотверженный акт сострадания Мышкина к Настасье Филипповне стоит ему отношений с Аглаей, то аналогичный акт любви к Рогожину обойдется ему гораздо дороже.

Первая реакция Мышкина на то, что он видит в кабинете Рогожина, — в буквальном смысле страх и трепет. Мышкин поначалу «так дрожит, что и подняться не может» (504). Наконец он собирается с силами и начинает расспрашивать Рогожина об убийстве, в какой-то момент даже просит дать ему игральные карты, за которыми проводили время Рогожин и Настасья Филипповна. И только тогда Мышкин понимает, что «говорит не о том, о чем надо ему говорить, и делает все не то, что бы надо делать» (506). Это критический момент — тот самый, когда Мышкин осознаёт, что необходим другой, более трудный ответ, который уже предвиделся в главе 4 второй части, когда они с Рогожиным обменялись крестами. По сути, обменявшись крестами, они сделались братьями: об этом говорит Мышкин (184), а Рогожин подтверждает, когда ведет Мышкина к матери и просит, чтобы она его благословила, «как родного сына» (185). Примечательно, что и в финальной сцене Рогожин, обращаясь к Мышкину, дважды называет его «братом» (504, 505). Смысл этого эпизода понятен: необходимо делать то, чего требуют крест и христианское братство. Мышкин — сторож брату своему, и потому крест Рогожина должен стать его крестом.

Мышкин принимает это бремя, отвечая на совершенное Рогожиным убийство безусловной любовью. Когда Рогожин начинает бредить, Мышкин садится рядом с ним на подушки, разложенные Рогожиным на полу, и утешает его: «князь протягивал к нему тогда свою дрожащую руку и тихо дотрогивался до его головы, до его волос, гладил их и гладил его щеки» (506); «какое-то совсем новое ощущение томило его сердце бесконечною тоскою» (506–507). Мышкин проводит остаток ночи, лежа рядом с Рогожиным, прижимаясь лицом к лицу брата, и слезы текут из его глаз на щеки Рогожина. Эти слезы связывают их так же прочно, как и кресты, которыми они обменялись, и в свете этих крестов становятся яркой метафорой кенозиса Мышкина, его самоопустошения: сквозь слезы Мышкин символически изливает себя — свое переполненное тоской сердце — в Рогожина, пока от него не остается ничего, что можно было бы отдать.

Совершаемые Мышкиным акты кенотической жертвенности — сначала с Настасьей Филипповной, потом с Рогожиным — никоим образом не даются ему легко. В обоих случаях он колеблется, но ни в одном не уклоняется от требований любви высшего порядка. Подобно Смешному человеку из одноименного рассказа, он понимает: «Главное — люби других как себя» (25: 119). Он делает это всем сердцем — поступок, требующий чудовищной расплаты. В конечном итоге акт сострадания, совершенный Мышкиным ценой собственного рассудка, оказывается одновременно знаком его подражания Христу и расшифровкой заглавия романа. Идиотия, как начинает понимать читатель, раскрывается здесь как нечто находящееся в сложной связи с комическими и христологическими темами романа: ведь именно он делает Мышкина одновременно и «смешным», и христоподобным. Оправдывая ожидание, заданное заглавием романа, Мышкин становится идиотом, но так, что ставит под вопрос само значение этого слова. Оказывается, идиотия — это состояние, связанное с сердцем, а не с умом. Подушки, которые раскладывает на полу Рогожин, чтобы ночью лежать на них рядом с Мышкиным, — не брачное ложе, не место эроса. Брачное ложе уже вопиющим образом заняло тело мертвой Настасьи Филипповны, символизируя тем самым тупик эгоцентрической, собственнической любви. Напротив, подушки, на которых Мышкин изливает свою любовь к Рогожину, служат местом агапе — безусловной, бескорыстной, деятельной любви. Это божественная, незаслуженная любовь, утверждение абсолютной ценности человека, будь то убийца или жертва. Через самоотрицающие акты любви Мышкин признает первенство личности, как Настасьи Филипповны, так и Рогожина.

Будучи окончательной расшифровкой смешного героя, идиотия также раскрывает христианскую основу его комической сущности. Лицо идиота в конце романа становится подобным иконе — знаку высшей любви. Лицо Мышкина с невидящими глазами напоминает лицо Христа с картины Гольбейна: это тоже лицо распятого Христа, униженного Бога[43]. Но, в отличие от лиц гольбейновского Христа или Настасьи Филипповны, лицо Мышкина не приводит людей к потере веры — это видно из заключительной главы романа. В своем бессловесном и преображенном состоянии Мышкин в конце романа становится своего рода живой иконой, напоминанием о жертве, требуемой ото всех, кто следует за Христом. Наша комическая фигура Христа наставила нас на путь якобы отрицания, ведущий прямиком к христианскому идеалу.

В конечном счете акт любви в подражание Христу Мышкин на деле воплощает как то, чего не мог совершить словами о Христе. Особенно хорошо это заметно в эпизоде с гостями на даче Епанчиных в 4-й части, где Мышкин произносит безумную антикатолическую речь о Риме как источнике атеизма и о необходимости явить миру «нашего Христа». Достоевский часто вкладывает свои самые заветные убеждения в уста персонажей, чье мировоззрение эти убеждения дискредитирует; точно так же здесь он вкладывает в уста Мышкина взгляды, очень близкие к его собственным, понимая, что Мышкин сделает их абсолютно смехотворными[44]. Это преднамеренный эффект. Мышкин здесь

---

[43] «Слабый и недалекий — таков Христос уничиженный в глазах Ницше, как и в глазах древнего языческого мира. Полуязыческие христианские общества, такие, как Византия или средневековый Запад, со страхом и недоумением отвернулись от лика уничиженного Господа» [Федотов 2015: 125].

[44] Вскоре после отправки первых глав «Идиота» Достоевский написал письмо А. Н. Майкову, где обсуждал роман и противопоставлял «русскую идею» римскому католицизму в ключе, который явно предвосхищает речь Мышкина. См. [28.2: 243–244]. Об этом письме, русском мессианстве Достоевского и его связи с эпизодом у Епанчиных см. [Frank 1995: 252–254].

совершает свой последний комический выход, о чем говорит и то, что в разгаре своей «горячешной тирады» (453) он разбивает дорогую китайскую вазу, как ранее и предсказывала Аглая: так в решительный момент сюжета, ближе к концу повествования подтверждается комическое мировосприятие, выраженное в романе.

На самом деле речь Мышкина о русском Христе содержит истины, которые постигаются лишь позднее, в речи, произнесенной им *после* того, как он разбивает вазу, — где он, подобно Смешному человеку, делится своим «утопическим видением мира, управляемого любовью»[45], и объясняет, как хорош мир благодаря множеству вещей, «которые даже самый потерявшийся находит прекрасными» (459). Эта речь, в которой Мышкин называет своих петербургских светских слушателей «смешными», как он сам (слово «смешны» он повторяет четыре раза), также подчеркивает связь комического мировосприятия с христианским. «…быть смешным даже иногда хорошо, — утверждает Мышкин, — да и лучше: скорее простить можно друг другу, скорее и смириться» (458)[46]. Смирение и прощение — вот в чем сущность русского Христа[47].

Столь же важно и то, что в этой второй речи, обращенной к собравшимся у Епанчиных, Мышкин намекает также на апофатическую функцию собственной комичности. Именно комичность, утверждает он, делает нас «живым материалом» для совершенства. «Ведь вы вот не оскорбляетесь же тем, что я в глаза говорю вам, что вы смешны? А коли так, то разве вы не материал? <…> не все же понимать сразу, не прямо же начинать с совершенства! Чтобы достичь совершенства, надо прежде многого не по-

---

[45] [Dalton 1979: 163].

[46] В той же речи Мышкин еще раз намекает на Христа, когда говорит: «Станем слугами, чтоб быть старшинами» (458).

[47] С. Н. Булгаков пишет, что русский Христос — это «образ кроткого и смиренного Христа, Агнца Божия, вземлющего грех мира и умалившего Себя до смиренного человеческого образа, пришедшего в мир, чтобы послужить всем, но не Себе принять служение, безропотно приемлющего хулы, поношения и заплевания и на них отвечающего любовию» [Булгаков 1989: 320].

нимать! А слишком скоро поймем, так, пожалуй, и не хорошо поймем» (458). Мышкин здесь проповедует православную истину: для искателя Бога смирение есть необходимое состояние. Будучи смешным, легче смиряться и прощать. Это также помогает человеку осознавать свое состояние невежества, которое в апофатическом упражнении есть необходимая отправная точка для истинного различения. Таким образом, литературный апофатизм Достоевского (Мышкин как отрицательный знак Христа) пересекается с апофатическим богословием, связывающим апофатическое состояние с процессом теозиса. Достичь совершенства как цели православных верующих (теозиса) возможно, лишь предварительно освободившись от всякого знания. Мышкин, таким образом, подтверждает связь между комическим и христианским мировосприятием, между абсурдом, комизмом, смехотворностью и путешествием по *via negativa* к христианскому просветлению.

Мышкин, к сожалению, разговаривает с глухими, и, как бы то ни было, его «вдохновенную речь»[48] прерывает эпилептический припадок. Все дело в том, что описать русского Христа словами совершенно невозможно. Явить миру Христа способно только самопожертвование Мышкина в финале романа. Мышкин сам говорит об этом, извиняясь за свою чересчур пылкую речь. «Я знаю, что говорить нехорошо: лучше просто пример» (459), — говорит он, намекая на пример, который сам позже и подаст.

---

[48] Очевидно, что это та самая «вдохновенная речь», о которой упоминает Достоевский в черновой записи от 8 сентября 1868 года: «вдохновенная речь Князя (Дон-Кихот и желудь)» [9: 277]. Аллюзия отсылает речь Мышкина к Дон Кихоту, рассуждающему перед пастухами о достоинствах Золотого века (см. [Ziolkowski 1991: 114]) (согласно записи, темы речи Мышкина — «всякая травка, всякий шаг, Христос» — то, о чем он говорит в романе перед своим последним эпилептическим припадком): «Знаете, я не понимаю, как можно проходить мимо дерева и не быть счастливым, что видишь его? Говорить с человеком и не быть счастливым, что любишь его! О, я только не умею высказать... а сколько вещей на каждом шагу таких прекрасных, которые даже самый потерявшийся человек находит прекрасными? Посмотрите на ребенка, посмотрите на божию зарю, посмотрите на травку, как она растет, посмотрите в глаза, которые на вас смотрят и вас любят...» (459).

В этой важной повествовательной последовательности Мышкин превращается из комического «жестикулирующего автомата» в нечто «более ценное и хрупкое, чем разбитая им ваза» [Pearce 1970: 11]. В самом деле, разбитая ваза — всего лишь комедийное предвестие распада сознания Мышкина во время его ночной стражи, при утешении Рогожина.

Не просто «рыцарь бедный»

Изначально кажется, что Мышкин обречен повторить судьбу пушкинского «рыцаря бедного», с которым его в предыдущих главах сравнивает Аглая, прожить жизнь «безмолвным и печальным» и в конце концов умереть «как безумец» (209). Однако роман не заканчивается убийством Настасьи Филипповны и идиотией Мышкина, этой мнимой трагедией. Его подлинный финал впереди, в следующей, заключительной главе, где комическое мировосприятие вновь утверждается в самый последний момент, пусть мимолетно, но мощно. Деяния «бедного рыцаря», похоже, не прошли даром. Если новая комедия традиционно завершается свадьбой, а христианское комическое мировосприятие должно хотя бы намекнуть на воскресение, то все это присутствует в последней главе романа, где «неисследимая черта», оставленная Мышкиным[49], проявляется во всех, кто на последних страницах собирается вокруг него в швейцарской лечебнице. С одной стороны, странно, с другой — понятно, что этому, настоящему финалу романа обычно уделяется так мало внимания (притом что Достоевский озаглавил эту часть «Заключение», хотя все прочие главы названий не имеют). Занимая всего несколько страниц, эта глава едва ли может соперничать с предыдущей, где описана шокирующая сцена убийства. Однако события, о которых идет речь в «Заключении», существенно смягчают трагический тон романа и завершают его на гораздо более двойственной ноте.

---

[49] В черновых заметках к роману Достоевский пишет: «Но где только он ни прикоснулся — везде он оставил неисследимую черту» [ПСС, 9: 242].

Читатель узнает, что, как это ни парадоксально, именно Радомский берет на себя заботу о Мышкине, отправляет его обратно в швейцарское заведение доктора Шнейдера и даже часто навещает его там. Во время одного из посещений к нему присоединяются генеральша Епанчина и две ее дочери, Александра и Аделаида (которая, по-видимому, скоро выйдет замуж за князя Щ.). Радомский стал другим человеком. Прежде он представлял в романе холодный голос рассудка, теперь же оказывается, что «у него есть сердце» (508), о чем свидетельствует его забота о князе и переписка с двумя довольно неожиданными адресатами: Колей (младшим братом Гани Иволгина и преданным поклонником Мышкина) и Верой Лебедевой, старшей дочерью Лебедева. Кроме судьбы Аглаи (ее бегства и обращения в католичество), самое удивительное, что случилось в месяцы после возвращения Мышкина в состояние идиотии, — это романтическая привязанность, возникшая между Радомским и Верой главным образом в ходе их переписки. Повествователь «никак не мог узнать в точности», каким образом завязались эти отношения, кроме того, что это случилось «по поводу все той же истории с князем» (509).

Такое развитие событий заслуживает внимания. Во-первых, в этом романе, где персонажи носят говорящие имена, само имя «Вера» намекает на будущий брак между разумом (в лице Радомского) и верой (в лице Веры). Их отношения, в свою очередь, вызывают в памяти особую связь, когда-то существовавшую между Верой Лебедевой и князем Мышкиным. В некотором смысле именно она, а не Аглая или Настасья Филипповна, могла бы стать самым подходящим объектом любовных интересов Мышкина. Ведь образ Христа в романе как-никак теснее всего связан с верой. Символизм Достоевского здесь прямолинеен: после смерти матери Вера нянчит свою младшую сестру Любу, являя собой очевидный образ «Веры, воспитывающей Любовь» [Peace 1982: 100]. Вера ведет хозяйство на даче Лебедева, где поселяется Мышкин, Вера близко общается с князем, заботится о нем и явно питает к нему нежные чувства. Мышкин тоже некоторым образом привязывается к ней. Он вспоминает о ней беспричинно и в неподходящие моменты, например, когда признается Радомскому, что его пугает лицо Настасьи Филипповны (484), или когда разыскивает Настасью после ее бегства из-под венца (499)[50]. Прощаясь с ней в последний раз, он целует ее руки, а потом целует «ее самое в лоб» (495). По сути, она одна из двух женщин, которых он вообще когда-либо целует[51]. Ее внезапное появление в финале романа — пусть только условное, через письма — включает ее (и Колю, по той же причине) в избранный круг собравшихся возле Мышкина в последний раз.

За исключением Радомского, всё это люди, которые больше всего заботились о князе во время его краткого пребывания в России, и даже Радомский, кажется, смотрит на князя иначе. Теперь на его взгляд влияет Вера. Подразумевается, что князь «в его больном и униженном состоянии» (509) не может быть понят одним только разумом: в этом должна помочь вера. Предполагается, что вокруг князя формируется некое «новое общество» людей, изменившихся под его влиянием, — общество, противостоящее темным силам убийства и разрушения, угрожающей тенью маячащим в романе[52]. Этот дружеский круг составляет комическое сообщество «новой комедии», и его единство символизирует предстоящее бракосочетание Радомского и Веры. Их союз, с одной стороны, раскрывает смысл сюжета комического сватовства, а с другой — связывает его с комической христоло-

---

[50] Ранее он размышляет о том, «какое симпатичное, какое милое лицо у старшей дочери Лебедева», «какое невинное, какое почти детское выражение», и даже корит себя за то, что «почти забыл это лицо и теперь только о нем вспомнил» (190), таким образом включая Веру в тот интерес, который проявляется в романе к человеческим лицам.

[51] Первая — Мари, чахоточная девушка, с которой он дружил в Швейцарии. О роли Веры в романе см. [Peace 1982: 97–100; Местергази 2001: 314–316]. По мнению Е. Г. Местергази, «Вера не просто героиня, но еще как бы и символ, или олицетворение, христианской веры в романе» [Указ. соч.: 315].

[52] М. Джоунз говорит о «нежных ростках новой жизни», которые «начинают проклевываться» на последних страницах романа, и добавляет, что «Коля, Радомский и Вера Лебедева, по всей видимости, чувствуют это» [Jones 2005: 47]. Т. А. Касаткина полагает, что заключительную главу романа следует прочитывать как словесную икону «Положение во гроб», и таким образом она несет в себе «обетование воскресения» [Касаткина 2006: 168].

гией романа, так как в Радомском, Коле, Вере и госпоже Епанчиной читатель может заметить проблеск явления, которое так интересовало Достоевского, — «новой» семьи, которая должна была прийти на смену разобщенному «случайному семейству», семьи, которую связывает не кровь, а вера[53].

Как в любой «новой комедии», здесь предвидится установление более разумного порядка вещей, намекающего на воскресение — возрождение самой России (тема, очень занимавшая Достоевского в период написания романа), где идеал русского Христа, заключенный в жертве идиота-князя, будет сохранен и поддержан этой зарождающейся «случайной семьей». Недаром точку в романе ставит госпожа Епанчина, одна из подчеркнуто комических героинь: с одной стороны, ее слова служат утверждением здравого смысла, который должен восторжествовать в финале комедии, с другой — подразумевают утверждение самой России. «Довольно увлекаться-то, пора и рассудку послужить, — заявляет она. — И все это, и вся эта заграница, и вся эта ваша Европа, все это одна фантазия, и все мы, за границей, одна фантазия... помяните мое слово, сами увидите!» (510). М. Крейгер в статье, в остальном весьма критичной к роману вообще и Мышкину в частности, справедливо указывает, что эти слова госпожи Епанчиной («одного из самых восхитительных созданий Достоевского») «выходят за пределы трагического мировосприятия романа»[54]. Он прав. Последнее слово остается за комедией.

«Комедия, — уверяет нас К. Фрай, — это бегство не от правды, а от отчаяния: ускользание в веру в последний момент» [Fry 1965: 15]. Ускользание в веру в последний момент — вот что молчаливо подразумевает собравшаяся в финале компания. Мышкин, наш «Князь Христос», указывает путь своим полным отказом от разума в акте чистой агапе. Радомский, который прежде скептичнее всех относился к Мышкину, слушает свое сердце, а не разум,

---

[53] Подробно о теме семьи у Достоевского см. в [Knapp 1998: 203–209].

[54] [Kreiger 1962: 51–52]: «Потому что Мышкин не произносит последнего слова, хотя за ним остается самое решительное слово. Все, что выходит за его пределы, находится за пределами трагического мировоззрения».

и романтически сближается со «славной» (366), как думает о ней Мышкин, девушкой Верой, само имя которой указывает предлагаемый романом путь к бегству от трагедии. В конечном счете перед читателями стоит тот же выбор, что перед Радомским, госпожой Епанчиной и другими в финале романа. Видят ли они в Мышкине опустошенность идиотии, эквивалент гольбейновского мертвого Христа? Или же «больное и униженное состояние» Мышкина — это лик униженного Бога, иконописный знак русского Христа, а значит, утверждение веры, причина верить в эпицентре трагедии? Достоевский, что характерно, не выбирает за нас. По сути, он предлагает веру как трудный выбор, такой же, каким она всегда была для него самого[55]. При этом функция Мышкина как апофатического указания на Христа, а также глубинное комическое мировосприятие, свойственное роману, недвусмысленно демонстрируют, что с их помощью трагизм романа искусно сводится на нет, так что повествование о провале веры превращается в историю о преодолении неверия.

Мышкин и Ставрогин

Комичный Мышкин — пожалуй, самый интересный образ Христа у Достоевского. Смешная фигура князя-идиота в комическом апофатизме Достоевского поразительным образом утверждает евангельского Иисуса — об этом говорят рассмотренные выше христианские концепции комического мировоззрения и их связь с «новой комедией». Разгадав апофатическую функцию комедии в «Идиоте», читатель, возможно, будет готов к пониманию романа Достоевского в более оптимистическом ключе. Он также сможет лучше понять не только героя «Сна смешного человека», но, как ни странно, и Ставрогина.

М. Косталевски приводит убедительные аргументы в пользу «намеренного соотнесения» Мышкина и Ставрогина, основыва-

---

[55] Г. Розеншильд утверждает, что судьба Мышкина представляет собой «испытание веры», но «не столько для персонажей, сколько для читателя — и даже для самого автора» [Rosenshield 1991: 888].

ясь на ряде интересных параллелей: оба приезжают из Швейцарии и либо возвращаются, либо намереваются вернуться туда; оба проповедуют — или ранее проповедовали — взгляды русского мессианизма; оба называются «князь»; оба состояли в псевдоромантических отношениях с женщиной по имени Мария; оба получают пощечину; оба вовлечены «в сложные отношения с соперничающими между собой женщинами» и т. д. [Kostalevsky 1997: 97–98]. Некоторые из этих соответствий можно объяснить тем, что Достоевский начал писать «Бесов» вскоре после того, как завершил «Идиота». Тем не менее параллели весьма показательны, а особенно одна, которой нет в списке Косталевски. И Мышкин, и Ставрогин вынуждены столкнуться с последствиями того, что они смешны.

Когда Ставрогин исповедуется Тихону, архиерея в первую очередь беспокоят две вещи. Первая: сможет ли Ставрогин выдержать не ненависть, а жалость тех, кто прочтет его исповедь, если он решится ее опубликовать. Второй беспокоящий его вопрос, который застает Ставрогина врасплох, — стерпит ли он *смех* публики. Мысль о том, что он может показаться «комическим лицом», нервирует Ставрогина, который тем не менее уверяет Тихона, что предчувствовал и это. Но Тихон упорствует, говоря, что «ужас будет повсеместный и, конечно, более фальшивый, чем искренний», но смех «будет всеобщий». Тут Ставрогин настаивает, чтобы Тихон показал ему, чем именно он смешон в своей рукописи.

Эпитет «смешной» повторяется еще четыре раза: когда Тихон уверяет Ставрогина, что «даже в форме самого великого покаяния сего заключается уже нечто смешное»; когда Ставрогин спрашивает, находит ли Тихон смешное «в одной форме, в слоге» его исповеди; когда Ставрогин предполагает, что Тихон находит «весьма смешную фигуру», когда он «целовал ногу грязной девчонки», жертвы его насилия; и когда он сердится на Тихона за то, что тот предположил, будто что именно смешной стороны своей исповеди он не перенесет (11: 28–29). Но Тихон прав, сосредоточившись именно на этом аспекте исповеди Ставрогина. Из всех последствий его исповеди самым тяжелым испытанием для гордости Ставрогина было бы показаться смешным, комичным или нелепым. По сути, Тихон хочет, чтобы Ставрогин отложил публикацию своей исповеди именно потому, что подозревает: Ставрогина побуждает исповедоваться именно гордость, а не потребность в истинном покаянии.

В середине романа Лиза Тушина обнаруживает у Ставрогина ту же слабость. Наутро после того, как она приходит к нему в Скворешники, она говорит ему, что давно подозревала что-то «ужасное, грязное и кровавое» на душе Ставрогина и в то же время такое, что ставит его «в ужасно смешном виде». «Берегитесь мне открывать, если правда: я вас засмею, — предупреждает она. — Я буду хохотать над вами всю вашу жизнь» (10: 401). Лиза разглядела ту же слабость, что и Тихон. Если Ставрогин чего и не терпит, так это смеха и насмешек. Мысль, что он может быть смешон, ему невыносима. И именно в этом он расходится с Мышкиным, для которого «быть смешным» — это ключ к способности как подражать Христу, так и раскрывать его через отрицание. Ставрогин неспособен нести такой крест, и потому его история завершается не в спасительном свету комедии, а в безнадежном мраке трагедии.

Глава 4
«Любите ненавидящих вас...»
Путь к христологии Толстого

> ...не та любовь, которая любит за что-нибудь, для чего-нибудь или почему-нибудь, но та любовь, которую я испытал в первый раз, когда, умирая, я увидал своего врага и все-таки полюбил его.
>
> *Князь Андрей, «Война и мир», кн. 3, ч. 3, гл. 32*

Негативное богословие, прослеженное нами до этого момента у Достоевского, еще ярче проявляется в жизни и творчестве Л. Н. Толстого. В отличие от Достоевского, Толстого увлекала не личность Христа как воплощенного Бога, а учение Христа и то, как в нем открывается Бог. Особенно его привлекала заповедь Христа любить своих врагов. Если в двух его великих романах выразилось увлечение идеей божественной любви, понимаемой как любовь к тем, кто нас ненавидит, то в более поздних произведениях эта идея переросла в своеобразный апофатический подход к распознаванию Бога, основанный на отрицании божественности Иисуса. Темой этой и следующей глав служит переход от представляемой через отрицание божественной любви к отрицательному представлению о самом Иисусе. В этой главе рассматривается трактовка Толстым божественной любви: во-первых, это важный компонент изображения писателем пропасти между земной и небесной любовью, во-вторых, эта трактовка интересна тем значением, которое Толстой на ее основе приписывает любви к врагам.

Исследование Толстым божественной любви как любви к тем, кто нас ненавидит, оказало существенное влияние на романы о Христе М. А. Булгакова и Б. Л. Пастернака. Для Толстого здесь главное — парадокс. Божественная любовь и Христос — вовсе не то, что люди о них думают, утверждает Толстой. Первая требует нарушения общественных ожиданий по поводу того, кто должен быть предметом нашей любви; второй должен пониматься исключительно как небожественный носитель этого учения; небожественность Иисуса служит, по сути, гарантией того, что столь строгий идеал достижим здесь, на земле. Эти аспекты очень важны как составные части своеобразной христологии Толстого. Смысл божественной любви к врагам будет окончательно раскрыт в последнем романе Толстого «Воскресение», где Дмитрий Нехлюдов учится отказываться от любви в романтическом понимании, чтобы посвятить себя благополучию других, даже тех, кого он ненавидит. Этой теме и рассмотрению апофатизма Толстого в его религиозных сочинениях посвящена глава 5.

Христос как провокация

Страстное желание Толстого уверовать завело его, как и его великого современника Достоевского, далеко в область неверия, по крайней мере в том, что касается традиционного христианства. Достоевский клялся остаться с Христом, даже если тот окажется «вне истины». Толстой же объявил, что Иисус не является ни воплощенным Сыном Божиим, ни второй ипостасью Троицы, именно потому, что этого от него потребовал герой, которого он, по его словам, любил «всеми силами души», то есть Правда (см. финал рассказа 1855 года «Севастополь в мае» [Толстой ПСС[1], 63: 293]). И если правда требовала, чтобы он отказался от православного понимания христианства в пользу христианства, которое призван изобрести заново, то так тому и быть. В 1901 году в «Ответе на определение Синода от 20–22 февраля» об анафеме он писал: «Я начал с того, что полюбил свою православную веру

---

[1] Далее цитаты приводятся по этому изданию с указанием тома и страниц, если не указано иное.

более своего спокойствия, потом полюбил христианство более своей церкви, теперь же люблю истину более всего на свете. И до сих пор истина совпадает для меня с христианством, как я его понимаю» (34: 253).

В своих гиперболических высказываниях о Христе и Достоевский, и Толстой приходят, как представляется, к противоречивым выводам. С одной стороны, воинствующий христоцентризм «символа веры» Достоевского предполагает, что его автор при необходимости готов признать небожественного Христа, по сути, мало чем отличающегося от Христа Толстого. Толстой, с другой стороны, выказывает христофобию, полностью отделяющую Христа от его учения. В трактате «В чем моя вера» (1884) он даже признаётся, что, как ему кажется, «…не будь вовсе учения Христа с церковным учением, выросшим на нем, то те, которые теперь называются христианами, были бы гораздо ближе к учению Христа, т. е. к разумному учению о благе жизни, чем они теперь» (23: 411).

Как бы ни различались эти позиции, обе подтверждают одну и ту же истину: в основе образа Христа у каждого из писателей лежит провокация. Романы Достоевского отражают поиск Бога и потребность во Христе, но дают равное число оснований и для веры, и для неверия. Толстой объясняет нам, что Христос для спасения не только не нужен, но даже служит препятствием на пути христианской вести; при этом он же утверждает, что учение Иисуса — самый верный способ понять, чего требует от нас Бог. Но несмотря на все различия в понимании образа Христа, оба приходят к формам выражения веры — будь то в художественной прозе или где-либо еще — которые порой удивительно резонируют друг с другом. Так, местами Толстой проявляет веру не менее восторженную, чем отец Зосима в «Братьях Карамазовых», например, разделяя пылкую любовь старца к растениям, животным и всему живому[2]: как известно, Толстой также проповедовал любовь «ко всякому живому существу» (53: 172).

---

[2] «Любите все создание божие, и целое и каждую песчинку. Каждый листик, каждый луч божий любите. Любите животных, любите растения, любите всякую вещь. Будешь любить всякую вещь и тайну божию постигнешь в вещах. Постигнешь однажды и уже неустанно начнешь ее познавать все

Для Толстого «птицы, лошади, собаки и обезьяны» — такие же наши ближние, как и собратья-люди. «Не спрашивай, кто ближний, — писал он в 1910 году, — но делай для всех живущих то, что хочешь, чтобы сделали для тебя» (45: 51). И едва ли велика разница между утверждениями Зосимы о том, что «ты-то и есть за всех и за вся виноват» и что «не может быть на земле судья преступника, прежде чем сам сей судья не познает, что и он такой же точно преступник, как и стоящий пред ним» [Достоевский ПСС, 14: 291], и открытием Дмитрия Нехлюдова в финале «Воскресения», что «единственное и несомненное средство спасения <…> состояло только в том, чтобы люди признавали себя всегда виноватыми перед Богом и потому неспособными ни наказывать ни исправлять других людей», потому что невозможно «будучи злы, исправлять зло» [32: 442].

Но хотя оба писателя приходят к схожим выводам о том, что значит следовать за Иисусом, концепции Христа, стоящие за этими выводами, совершенно разные. Толстой вполне мог бы согласиться с Достоевским, что нет ничего «прекраснее, глубже, симпатичнее, разумнее, мужественнее и совершеннее Христа», но лишь потому, что Христос лучше всех показал словом и делом, как нужно жить. «…Для меня совершенно было все равно: Бог или не Бог Иисус Христос, и то, от кого исшел святой дух и т. п., и одинаково не важно и не нужно было знать, когда и кем написано какое Евангелие и какая притча, и может или не может она быть приписана Христу, — писал Толстой в предисловии к «Краткому изложению Евангелия». — Мне важен был тот свет, который освещает 1800 лет человечество и освещал и освещает меня» (24: 807).

В «Ответе на определение Синода» Толстой недвусмысленно высказывает свое кредо: «Верю я в следующее: верю в бога, кото-

---

далее и более, на всяк день. И полюбишь наконец весь мир уже всецелою, всемирною любовью. Животных любите: им бог дал начало мысли и радость безмятежную. Не возмущайте же ее, не мучьте их, не отнимайте у них радости, не противьтесь мысли божией. Человек, не возносись над животными: они безгрешны, а ты со своим величием гноишь землю своим появлением на ней и след свой гнойный оставляешь после себя — увы, почти всяк из нас!» [Достоевский 14: 289].

рого понимаю как дух, как любовь, как начало всего. Верю в то, что он во мне и я в нем. Верю в то, что воля бога яснее, понятнее всего выражена в учении человека Христа, которого понимать богом и которому молиться считаю величайшим кощунством» (34: 251–252). Таким образом, Христос для Толстого не кто иной, как носитель средства к спасению, но не спасение сам по себе. Важно то, что говорил Христос, а не то, что он делал или кем был. А утверждение, будто Христос воскрес из мертвых, вообще не имеет никакого значения. «Какое мне дело, что он воскрес? — сказал однажды Толстой домашнему учителю его детей И. М. Ивакину, знатоку греческого, с которым он советовался, переводя Евангелия. — Воскрес — ну и господь с ним! Для меня важен вопрос, что мне делать, как мне жить?» (24: 979–980)[3].

Как и у Достоевского, корни образа Христа у Толстого уходят в написанное им в молодости. Достоевский высказал свой «символ веры» в письме, датированном мартом 1854 года; Толстой сделал столь же важное заявление в дневниковой записи от 4 марта 1855 года:

> Вчера разговоръ о божест[венномъ] и вѣрѣ навелъ меня на великую громадную мысль, осуществленію которой я чувствую себя способнымъ посвятить жизнь. — Мысль эта — основаніе новой религіи, соотвѣтствующей развитію человѣчества, религіи Христа, но очищенной отъ вѣры и таинственности, религіи практической не обѣщающей будущее блаженство, но дающей блаженство на землѣ. — Привести эту мысль въ исполненіе я понимаю, что могутъ только поколѣнія, сознательно работающія къ этой цѣли. Одно поколѣніе будетъ завѣщать мысль эту слѣдующему и когда нибудь фанатизмъ или разумъ приведутъ ее въ исполненіе. Дѣйствовать *сознательно* къ соединенію людей съ религіей, вотъ основаніе мысли, которая, надѣюсь, увлечетъ меня (47: 36–37).

---

[3] Неопубликованные воспоминания Ивакина цитируются в комментариях к «Краткому изложению евангелия» [24: 801–938]. См. «Соединение и перевод четырех евангелий: история писания» [24: 973–984].

Хотя Толстой начнет воплощать свою мечту почти тридцать лет спустя, он уже в двадцать семь лет понимал, чего хочет. Как и письмо Достоевского, где ироническое утверждение превосходства Христа над истиной предвосхищает метафизические парадоксы его поздних романов, дневниковая запись Толстого задает тон всем личным религиозным поискам писателя.

Толстой всерьез приступает к своим христианским изысканиям после «Исповеди» (1879–1880, опубликована за рубежом в 1884 году, в России — в 1906-м) — мощного автобиографического произведения, где описывается, как вскоре после окончания «Анны Карениной» (1873–1877) автора начинают одолевать депрессия и суицидальные мысли, что вызывает кризис веры. К концу работы он побеждает свои мысли о самоубийстве, вновь посвятив себя поискам Бога и выявлению истинного и ложного в традиционном христианском учении. Но вопросы веры и существования Бога занимают важное место и в «Войне и мире» (1863–1869), и в «Анне Карениной». Как полагает Г. С. Морсон, это «единственные две книги в мировой литературе», в которых сделана попытка «психологически убедительно» показать зарождение в человеке христианской любви, понимаемой как «любовь к врагам в буквальном смысле слова» [Morson 2007: 176]. Именно развив в двух своих великих романах самую трудновыполнимую заповедь Христа из Нагорной проповеди, Толстой делает первые шаги к постижению того, каково это — поступать согласно нравственному учению Христа, то есть подражать Христу в земном мире.

Г. Морсон утверждает, что христианская любовь в «Анне Карениной» в конечном счете приводит к «нравственной катастрофе», так как «несовместима с повседневной жизнью» (Там же: 188). В «Войне и мире» любовь к врагу тоже подвергает испытанию устои обычной жизни. Однако в последующих произведениях Толстого любовь к врагам — как раз одна из пяти заповедей, которые писатель считал разумными и достижимыми *именно в повседневной жизни*. «Можно бы поверить, что исполнение учения Христа трудно и страшно и мучительно, — пишет он в труде «В чем моя вера», начатом через несколько лет после завершения «Анны Карениной», — если бы исполнение учения мира было очень легко и безопасно и приятно. Но ведь учение мира много труднее, опаснее и мучительнее исполнения учения Христа» (23: 423). В своем последнем романе «Воскресение» Толстой пытается показать именно это: все несчастья — не от учения Христа, а именно от «учения мира». Но и в двух предыдущих великих романах присутствует та же идея. По сути, именно со столкновения между обыкновенной жизнью и необыкновенной любовью в «Войне и мире» и «Анне Карениной» и начинается серьезное христологическое исследование Толстого со всеми его парадоксами и провокациями.

В этих романах умение любить тех, кто нас ненавидит, есть высшее выражение «любви божеской», той самой, что соответствует любви-агапе. Это апофатическое выражение любви, поскольку Христос требует, чтобы мы пользовались ненавистью как средством измерения нашей способности любить подобно Богу. Если апофатическое утверждение «ненависть — это то, чем не является Бог» способствует распознаванию божественного, то той же цели служит в заповеди Христа ненависть как мера способности любить подобно Богу. «Божеская» любовь, определяемая таким образом, имеет апофатический характер, что придает метафизическим исканиям толстовских героев парадоксальную сложность. Их попытки одолеть самую трудновыполнимую заповедь Христа — недооцененная тема, лежащая в основе религиозных и философских исследований каждого романа и помогающая понять, на чем впоследствии будет строиться собственное радикальное представление писателя о Христе: не на личности Христа, а на его требовательном и возвышенном учении.

Любовь-агапе в «Войне и мире»

Обращение в христианскую любовь, о котором говорит Морсон, присутствует в двух эпизодах: первый — когда князь Андрей Болконский прощает своего соперника и врага Анатоля Курагина в полевом госпитале, где Андрей лежит, смертельно раненный, а Курагину ампутируют ногу; второй — когда Алексей Каренин прощает неверную жену, лежащую при смерти после рождения ребенка от любовника. Андрей называет это «божеской любовью» (11: 387)[4], потому что только такой любовью можно любить врага. Оба эпизода весьма значимые, если и вовсе не ключевые в сюжете каждого романа, но все же ни тот, ни другой не составляет философского центра романов Толстого, по крайней мере в оценках большинства исследователей, как правило, объявляющих предметом творчества Толстого формы земной, а не божественной любви.

Первая сложность при рассмотрении смысла божественной любви в «Войне и мире» состоит в том, что, как справедливо отмечают исследователи, в романе очень мало говорится о Боге. Да, в первой половине романа княжна Марья Болконская остается верной Евангелию и своим паломникам; русские военные молятся Богу и поклоняются иконе Смоленской Божией Матери; Наташа Ростова молит Бога о прощении в часовне Разумовских, а во время божественной литургии благоговейно слушает молитву об избавлении России от вражеского нашествия; Платон Каратаев обращается к Богу в своих молитвах и притчах. Но почти везде Бог упоминается мимоходом и определенно не является, как указывает Э. Василек, «средоточием общепринятых христианских верований» [Wasiolek 1978: 82]. Бог, с которым мы встречаемся в «Войне и мире», — это, как правило, не столько божество иудеохристианской традиции, сколько образ некой безличной и беспощадной силы, далекой от человечества, но в то же время вторгающейся во все уголки Вселенной.

Что до второй ипостаси христианской Троицы, то упоминаний Христа в «Войне и мире» еще меньше. Их можно пересчитать по пальцам. Так, по наблюдению И. Меджибовской, до «Войны и мира» Христос удостоился «не более пяти мимолетных упоминаний во всем корпусе художественных произведений и личных

---

[4] Здесь и далее цитаты из «Войны и мира» приводятся по ПСС с указанием тома и страниц в скобках.

записей Толстого» [Medzhibovskaya 2008: 135]. В самом романе «Война и мир» два важных упоминания о Христе — важных именно потому, что они так малочисленны — встречаются в самом начале и в конце книги. В последнем, четвертом томе Христос упоминается в связи с «мерой хорошего и дурного» (12: 165), которую он дал русскому обществу, — характерное толстовское обращение ко Христу как к источнику нравственного учения, а не как к Спасителю или воплощению божественной любви. В другом месте самый набожный персонаж романа, княжна Марья, говорит о Христе как об учителе и символе божественной, агапической любви.

В письме к Жюли Карагиной Марья определяет христианскую любовь как «любовь к ближнему, любовь к врагам»; для нее агапическая любовь «достойнее, отраднее и лучше», чем любовь романтическая (эрос), о которой пишет ее подруга (9: 217). Таким образом, она выстраивает важную оппозицию между двумя видами любви в «Войне и мире»: той, что служит источником «благ, которым срок есть мгновенье», и той, которой учит «Христос, сын Бога» (10: 235). Однако буквально на следующей странице, уже было решившись бежать из дома и стать странницей, ищущей Бога на пыльных дорогах России, Марья при виде отца и маленького племянника внезапно осознаёт, что на самом деле любит их больше, чем Бога. Оказывается, земная любовь для нее более необходима и желанна, чем божественная. Самая ее заветная мечта — на самом деле об эросе, а не об агапе. Она мечтает о семье и так отчаянно желает, чтобы эта мечта сбылась, что даже подумывает, не выйти ли ей замуж за распутного Анатоля Курагина. Более того, когда ее мечта в конце концов осуществляется в браке с Николаем Ростовым, читатель, как и Марья, ясно видит, что эта жизнь больше соответствует ее истинному характеру, чем та, которой она жила бы ради Евангелия.

В других эпизодах романа тот же выбор между эросом и агапе встает перед ее братом, князем Андреем, который мыслит Бога как «великое все или ничего», «неопределенную, непостижимую силу» (9: 359). Образованный человек своего времени, Андрей не может заставить себя поверить в Бога, исповедуемого Русской православной церковью. Божественная любовь кажется ему такой же далекой и недоступной, как и возможность земной любви — будь то со стороны его жены Лизы, умершей при родах, или Наташи Ростовой, которая принимает его предложение руки и сердца, но позже пытается сбежать с Анатолем Курагиным. Отвергнув Бога, Андрей отвергает и романтическую любовь, возвращается на действительную службу в армию и клянется найти Курагина, чтобы вызвать его на дуэль. Однако, найдя соперника, Андрей находит и то, что труднее всего найти: божественную любовь.

Тяжело раненного в Бородинском сражении Андрея доставляют в перевязочный пункт, где он видит Курагина, которому только что отняли ногу. Внезапно желание Андрея убить своего врага Курагина на дуэли переходит в понимание, что на самом деле он любит этого человека. Но это любовь, которой он прежде никогда не испытывал. К его удивлению и вопреки его старому убеждению, что прощение врагов — это исключительно «добродетель женщины» (11: 37), теперь в его душе «сострадание, любовь к братьям, к любящим, любовь к ненавидящим нас, любовь к врагам, да, та любовь, которую проповедывал Бог на земле» (11: 258). Далее Андрей мысленно развивает это понимание агапической любви и ее отличия от любви эротической: «...не та любовь, которая любит за что-нибудь, для чего-нибудь, или почему-нибудь», — думает он. Это скорее «то чувство любви, которая есть самая сущность души и для которой не нужно предмета», и которое позволяет «любить ближних, любить врагов своих. Все любить — любить Бога во всех проявлениях. Любить человека дорогого можно человеческою любовью; но только врага можно любить любовью божескою» (11: 387).

Позже, воссоединившись с Наташей, но уже умирая, он понимает, что живым такая любовь недоступна. Он осознает, что «всё, всех любить, всегда жертвовать собой для любви, значило никого не любить, значило не жить этою земною жизнию» (12: 61). Таким образом возникает парадокс: сама близость к Богу, которую Андрей испытывает на пороге смерти, делает его новое понимание любви неприменимым к человеческим отношениям. Земная любовь — любовь за что-то или почему-то — противостоит и даже препятствует агапе, и Андрей понимает это, когда снова видит Наташу, «которую из всех людей в мире ему более всего хотелось любить тою новою, чистою, божескою любовью, которая была теперь открыта ему» (11: 388). Но Андрей чувствует, что так любить ее он не может. Эрос и агапе оказываются взаимоисключающими типами любви. Земная любовь и жизнь для себя — формы любви и жизни, в первую очередь воспеваемые в романе, — несовместимы с «божеской» любовью, понимаемой как любовь к тем, кто нас ненавидит. Поистине, бескорыстная любовь и любовь к врагу — чувства, недостижимые в этом мире, и смерть Андрея только подчеркивает это.

Пьер тоже вынужден решать проблему эроса и агапе. Как и для Андрея, свою роль в этом играет член семьи Курагиных. Именно злополучный брак Пьера с сестрой Анатоля, Элен Курагиной, провоцирует в нем кризис любви. Элен, красивая и сладострастная, — идеальный объект эроса, но она воплощает и ненадежность эротической любви — ведь она привлекает и других поклонников. После дуэли с предполагаемым любовником жены Пьер расстается с Элен и уезжает в Петербург. На почтовой станции в Торжке он обдумывает свое положение и начинает задавать себе так называемые проклятые вопросы: «Что́ дурно? Что́ хорошо? Что́ надо любить, что́ ненавидеть? Для чего жить, и что́ такое я? Что такое жизнь, что смерть? Какая сила управляет всем?» И на все эти вопросы он находит только один ответ: «Умрешь — все кончится. Умрешь и все узнаешь, или перестанешь спрашивать» (10: 65).

Однако на той же станции в Торжке он случайно знакомится с масоном Осипом Баздеевым и переживает свое первое «обращение». Пьер отрекается от жизни, полной чувственности и неверия, и вступает в масонскую ложу, чтобы отдать все силы благим делам. Как и княжна Марья, он будто предпочитает жизни для себя жизнь во имя Бога — «Великого Архитектона природы» (10: 182). Однако масонство, как выясняется, на практике гораздо ближе к жизни для себя, чем к жизни во имя Бога, хотя оно также проповедует «божескую» любовь к врагу. «Прощай врагу твоему, не мсти ему, разве только деланием ему добра» (10: 82), — читает великий мастер во время церемонии посвящения Пьера. Любовь к врагу, однако, едва ли практикуется его товарищами-масонами, для многих из которых братство служит всего лишь средством обрести положение в обществе (10: 172). Разочарованный в своей новой вере, Пьер снова впадает в отупение чувств, много пьет и сближается с «холостыми компаниями» (10: 294). В нем просыпается прежний агностицизм, а заодно и страх смерти.

Но все меняется после того, как в Россию вторгаются французы. Пьер попадает в плен, и его едва не казнят. Пьер доведен до низшей точки, он полностью утратил веру в человечество, в собственную душу и в Бога. Но в конце концов его возвращают к жизни беседы с Платоном Каратаевым, в которых он заново открывает смысл существования. По сути, с помощью Каратаева Пьер знакомится с другой формой любви и другой жизненной философией, которые, похоже, содержат искомые Пьером ответы. «Привязанностей, дружбы, любви, как понимал Пьер, Каратаев не имел никаких; но он любил и любовно жил со всем, с чем его сводила жизнь, и в особенности с человеком — не с известным каким-нибудь человеком, а с теми людьми, которые были перед его глазами» (12: 50). Философия Платона — любить того, кто «перед глазами», даже своих врагов, находит свою лучшую иллюстрацию в его истории о купце, ошибочно обвиненном в убийстве и простившем человека, который на добрых десять лет отправил его на каторгу (12: 155–156; эту историю Толстой позже превратит в отдельный рассказ «Бог правду видит, да не скоро скажет»).

Но Пьер вскоре замечает одну странность Каратаева. Он чувствует, что, «несмотря на всю свою ласковую нежность к нему», Каратаев «ни на минуту не огорчился бы разлукой с ним» (12: 50). Любить того, кто «перед глазами», для Платона означает не думать о том, кого перед глазами нет. С одной стороны, удивляется Э. Васиолек, «что же это за самоотверженный христианин, который не любит никого в особенности, не знает дружбы и привязанностей и чувствует расположение к другому только тогда, когда тот у него перед глазами?» [Wasiolek 1978: 93]. С другой стороны, в такой любви все же есть божественная черта — это любовь, которая не выказывает степеней привязанности и не делает различий между предметами любви[5]. По сути, любовь к человеку, находящемуся «перед глазами», и есть, по Н. А. Бердяеву, «высшая идея человечности и персонализма» и, следовательно, «христианское отношение к человеку» [Бердяев 1952: 147]. Платон есть высшее воплощение персоналистского взгляда на человечество — именно к такому пониманию придет и русская религиозная философия. В то же время, как замечает Пьер, любя всех без различия, Платон не любит никого в особенности. Так он демонстрирует, каким образом возможно практиковать божественную любовь между людьми (вопреки предположению князя Андрея), но не показывает, как с ее помощью поддерживать личные человеческие отношения. Философия Платона Каратаева прекрасно подходит для пребывания в плену или в армии, где отношения между людьми текучи и изменчивы. Но возможна ли глубокая привязанность, если, согласно каратаевской интерпретации божественной любви, все должны быть одинаково ее достойны?

В конечном счете — невозможна. Во всяком случае, если судить по Пьеру, который после освобождения из плена пытается следовать жизненной философии Каратаева и беспричинно любить всех, но хватает его ненадолго: «...любовь переполняла его сердце и он, беспричинно любя людей, находил несомненные причины, за которые сто́ило любить их» (12: 230). При этом «законная особенность каждого человека, которая прежде волновала и раздражала Пьера, теперь составляла основу участия и интереса, которые он принимал в людях» (12: 209). Это высшая точка персонализма Пьера: все люди одинаково достойны внимания и одинаково заслуживают его. Проникнутый божественной

---

[5] Позже Толстой и сам исповедовал такую форму любви. В дневниковой записи от 12 июня 1898 года читаем: «Время сейчас, сию минуту, человек тот, с к[оторым] сейчас имеешь дело, и дело то, чтобы спасти свою душу, т. е. делать дело любви» [53: 197].

любовью, Пьер видит божественную основу во всех, кто его окружает. Однако это «сумасшествие» (по определению самого Пьера, 12: 229) не может длиться вечно. Вскоре после женитьбы на Наташе Пьер резко прекращает свою практику любви ко всем. Эрос — любовь ревнивая, и Наташа, похоже, твердо намеревается держать Пьера «под башмаком», говоря словами рассказчика (12: 268; 288). Агапе, как ее понимал Андрей или Каратаев, должна отступить. Любовь Пьера к Наташе — эгоистичная, корыстная любовь. Божественная любовь — любовь, которой учил Христос, которая измеряется любовью к врагам, — к концу романа отступает на задний план, чтобы сыграть существенную роль в следующем романе Толстого.

Эрос против агапе в «Анне Карениной»

В «Войне и мире» воспевается исключительно земная и эгоистичная любовь — любовь пар и семей; потому неудивительно, что Толстой исследует границы обоих видов любви в сюжетах о внебрачной связи Анны Карениной с Алексеем Вронским и о браке и семейной жизни Константина Лёвина. Одна из ведущих тем романа — вопрос, можно ли примирить противоречие между эгоистичной любовью и бескорыстной любовью к другим. Если в «Анне Карениной» супружеская измена, развод и самоубийство выступают как мощные символы человеческого отчуждения и предмет Божьего суда, то божественная любовь, понимаемая как любовь к врагам, оказывается в романе высшим выражением связанности людей и таким образом служит истинной темой романа, а также следующим шагом в личной христологии Толстого.

Толстой подробно рассматривает тему агапической любви лишь в одном эпизоде романа, где Алексей Каренин навещает больную жену и переживает трансцендентный миг любви к врагам. Однако это, возможно, главная тема в романе. Из всех форм любви, рассматриваемых в «Анне Карениной», эта — величайшая, и на нее делается главная ставка, несмотря на то что внешне ей уделено мало внимания. В романе, где супруги враждуют между собой, а соперники в сексе противостоят друг другу, недостатки романтической любви (эроса) очевидны для всех. Агапе, именно как любовь к врагам, является единственной любовью, способной восстановить гармонию и порядок.

Уже первые страницы романа подготавливают для этого почву и раскрывают главный в романе прием исследования божественной любви — изображение семьи, несчастной из-за супружеской измены. Читатель узнает, что Стива Облонский изменяет своей жене Долли и из-за этого «все смешалось в доме Облонских». Однако по ходу развития действия на следующих ста пятидесяти страницах несчастье Облонских настигает также и Карениных. Каренин, не зная, что Анна уже изменяет ему, предостерегает ее от излишнего внимания к Вронскому. Вронский, в свою очередь, оставляет Кити Щербацкую — барышню, на которой он, как все думают, собирается жениться и в которую влюблен Лёвин, — и начинает ухаживать за Анной. Лёвин, которого Кити отвергает в пользу Вронского, тотчас начинает чувствовать к нему неприязнь. Персонажи мгновенно разбиваются на «враждующие лагеря»: Долли — Стива, Анна — Каренин, Каренин — Вронский и, в меньшей степени, Лёвин — Вронский, Кити — Анна. В центре художественного анализа супружеской измены и семейного счастья, конечно, стоит главная из отчужденных пар — Анна и Каренин, но глубинным мотивом прощения и любви к врагу пронизаны драмы всех противостоящих друг другу персонажей.

Центральная роль этой темы подчеркивается местоположением эпизода, в котором Каренин переживает миг просветления у постели жены, когда «радостное чувство любви и прощения к врагам наполняло его душу» (18: 434)[6], — почти ровно в середине романа. Каренина, только что хладнокровно размышлявшего о том, что смерть Анны «развяжет сразу всю трудность его положения» (18: 431), вдруг охватывают жалость и всепрощение, которые приносят ему «блаженное состояние души» и «новое, никогда неиспытанное им счастье» (18: 434); он прощает не

---

[6] «Анна Каренина» цитируется по ПСС с указанием тома и страниц в скобках.

только Анну, но и Вронского, говоря ему: «Я хочу подставить другую щеку, я хочу отдать рубаху, когда у меня берут кафтан, и молю Бога только о том, чтоб он не отнял у меня счастье прощения!» (18: 436). Здесь центральное место занимает если и не образ Христа, то определенно его учение.

Ненависть Каренина к Анне становится, в квазиапофатическом духе, одновременно средством божественной любви и ее мерой, так как он внезапно понимает смысл заповеди Христа любить тех, кто ненавидит нас и кого мы, возможно, ненавидим сами.

Однако, как и у Пьера, божественная любовь в Каренине вскоре угасает. Хотя это «грехопадение» может быть следствием влияния графини Лидии Ивановны, «почти обратившей» его в «сторонника того нового объяснения христианского учения, которое распространилось в последнее время в Петербурге» (19: 81) (смесью пиетизма, отвергающего обряды и опирающегося на внутреннюю молитву, со спиритизмом, новейшей модой на столоверчение и медиумов), переворот убеждений Каренина также обусловлен той самой трудностью сохранения божественной любви в повседневной жизни, которую Толстой рассматривал в «Войне и мире». Каренин обнаруживает, что прощение врагов и любовь «к больной жене и чужому ребенку» — следствие агапической любви, изменившей его жизнь, — не находят понимания в петербургском светском обществе, где «он теперь очутился один, опозоренный, осмеянный, никому не нужный и всеми презираемый» (19: 75).

В этой враждебной обстановке духовное перерождение Каренина оказывается поколебленным. Может быть, как полагает В. Александров, Каренин просто слишком слаб, чтобы долгое время воплощать собой «христианский идеал в его чистейшей форме» [Alexandrov 2004: 128]. Или, как считает Г. Морсон, проблема с «божеской любовью», вероятно, глубже. По мнению Морсона, агапическая любовь в целом возможна, но в конечном счете «может навредить», так как способна привести к «разрушительным последствиям» [Morson 2007: 186]. Согласно Морсону, виной этому утопический настрой, лежащий в основе христианского понятия любви к врагам, — понятия, которое «бросает вызов человеческой природе и повседневному поведению». Любой утопический порыв, который, «подобно большевизму, стремится полностью изменить человеческую природу» (Там же: 190), неизбежно ведет к неудаче, страданиям и даже злу, утверждает Морсон.

Вместо божественной любви, считает Морсон, Толстой отстаивает любовь вполне прозаическую, примером которой служит Долли Облонская, понимающая прощение не «сверхчеловечески», а как преодоление «чувства негодования, чтобы можно было простить обиды» (Там же: 189–190). Но, возможно, Морсон недооценивает поведение Долли, простившей мужа: ведь сама она, советуя Каренину последовать ее примеру и простить Анну, ссылается именно на трудную заповедь Христа любить наших врагов. «Я простила, и вы должны простить», — говорит она Каренину и, когда он отвечает, что простить не может, «стыдливо» шепчет: «Любите ненавидящих вас...» (18: 415–416). Долли цитирует Евангелия (Мф 5: 44 и Лк 6: 27) так просто и застенчиво, что в ее словах трудно разглядеть ту самую «сверхчеловеческую» природу агапической любви. Конечно же, не видит ее и Каренин, сразу же отвергнув ее совет, так как, по его мнению, «это не могло быть приложимо к его случаю» (18: 416). Однако всего лишь двадцатью страницами ниже он внезапно поступает так, как она советовала, и у постели больной Анны его охватывает любовь к врагам.

Непосредственная близость этих двух эпизодов наводит на мысль о связи между ними и подчеркивает значение, которое Толстой придает любви к врагам как нравственному компасу «Анны Карениной». Долли Облонская первой демонстрирует в романе такую любовь и, что немаловажно, передает нравственный импульс самому, пожалуй, негероическому персонажу книги. И именно его предельная негероичность приковывает внимание читателя к тому, как сильно преображает Каренина переживание божественной любви. Однако то, что Каренин изменяет принципу агапической любви, не делает эту любовь опасным идеалом, недостижимым в реальной жизни. Против этого говорит уже единственный пример Долли. Дело всего лишь в том, что неудача Каренина несет в себе существенную сюжетную нагрузку, связанную с линией, кульминация которой — в трагическом самоубийстве Анны. То, что он не в состоянии сохранить в себе любовь к врагу, проявленную им у постели Анны, предвещает и ее неспособность достичь какого-либо подобия любви к врагу[7]. По сути, ее самоубийство и есть символ этой неспособности. Налицо противоположность божественной любви — отказ от любви к врагам в пользу возмездия. Анна обращается против своих врагов — Каренина, высшего общества, даже Вронского, которого хочет наказать за их недавние ссоры, — и, в соответствии с эпиграфом романа, мстит, но отмщение в конце концов обрушивается на нее саму.

За неспособностью любить своих врагов, столь трагически воплощенной в сюжете «Анны Карениной», мы склонны не замечать остальных случаев, где такая любовь в романе *достигается* — они менее заметны, потому что менее драматичны. Один из примеров — Долли и Стива, пара, в которой вражда сводится на нет прощением. Еще три важных, но как бы отодвинутых на задний план случая происходят ближе к концу книги и касаются менее явных «враждующих пар». Все они тонким, но решительным образом дополняют и углубляют выдвигаемое Толстым в романе понимание божественной любви, и все способствуют нашему пониманию финала романа, который на самом деле завершается не смертью Анны, а пробуждением в Лёвине веры.

Первая из наших враждующих пар, примирившихся в финале романа, — это Вронский и Лёвин. Соперничавшие вначале за руку Кити, они остаются в натянутых отношениях вплоть до самоубийства Анны. Лёвин с трудом скрывает неприязнь к бывшему сопернику, и в то же время это чувство его беспокоит. «Так мучительно думать, что есть человек почти враг, с которым тяжело встречаться» (19: 250), — говорит он Кити. После неловкой

---

[7] В ч. 5, гл. 25 Каренин уже сожалеет о том, что простил Анну: «Также мучало его воспоминание о письме, которое он написал ей; в особенности его прощение, никому ненужное, и его заботы о чужом ребенке жгли его сердце стыдом и раскаянием» (19: 91).

встречи с Вронским на кашинских губернских выборах Лёвин пользуется предоставленной Стивой возможностью помириться с Вронским в клубе. Однако это только внешнее примирение, скорее «прекращение враждебности» (19: 694). Оно является не воплощением божественной любви к врагам, а лишь дальним ее отголоском.

Как и в «Войне и мире», открыть в себе любовь к врагам представляется возможным только в состояниях измененного сознания и глубокой субъективности. Андрей находит божественную любовь на пороге смерти, после того как был смертельно ранен в Бородинском сражении. Пьер приходит к пониманию божественной любви после физических и душевных испытаний, пережитых на войне и в плену[8]. То же происходит в «Анне Карениной». Божественная любовь раскрывается Каренину лишь под сильным воздействием «душевного расстройства» при виде умирающей жены, чувства, приведшего его к «блаженному состоянию души», в котором он испытывает тотальную и подлинную любовь к врагам (18: 433). Лёвин, мирясь с Вронским, не чувствует такого душевного подъема. Но прекращение вражды, к которому приводит внешнее примирение, все же неожиданно заставляет Лёвина ближе столкнуться с проблемой прощения врагов и влечет за собой единственную встречу двух главных героев романа: сразу после примирения Лёвина с Вронским Стива почти насильно везет Лёвина в гости к своей сестре Анне.

Эта встреча тоже знаменательна, так как расширяет и модулирует тему прощения и любви к врагу, лишь в общих чертах затронутую на встрече Лёвина с Вронским. В типичной для Толстого обратной перспективе важность этой встречи и заключенный в ней драматический потенциал обманчиво умаляются краткостью эпизода. Визиту Лёвина к Анне посвящено всего несколько страниц в главах 9 и 10 седьмой части. Однако единственная встреча двух главных героев романа служит неотъемлемой частью сюжета и, как всегда у Толстого, открыта для многочисленных интерпретаций. После вечера в клубе разгоряченный вином

---

[8] Подробнее об этом см. [Givens 2009: 22–26].

и смягченный примирением с Вронским Лёвин едет со Стивой к его сестре, при этом дважды спрашивая себя, правильно ли он поступает (19: 272, 273). Увидев свое красное лицо в зеркале в прихожей дома Анны, он даже на миг задается вопросом, не пьян ли он, хотя тут же убеждает себя, что это не так.

Поначалу кажется, будто Толстой намекает, что Лёвин совершает ошибку, посещая Анну. Особенно важен вопрос, не слишком ли много он выпил. Если Лёвин пьян, то его согласие навестить Анну и «нежность и жалость» (19: 278), которые он чувствует к ней при встрече, можно было бы приписать измененному сознанию. Именно этим он позже оправдывается перед Кити, видя, что жена расстроилась, узнав о его визите. Лёвин уверяет ее, что «чувство жалости в соединении с вином сбили его, и он поддался хитрому влиянию Анны» (19: 281). Заметив огорчение Кити, Лёвин «знал теперь, что этого не надо было делать» (19: 279).

Казалось бы, на эту тему больше нечего сказать; однако описание Толстым признания Лёвина Кити наводит на мысль, что, решив, будто ему не следовало навещать Анну, Лёвин, возможно, поторопился или находился под давлением эмоциональной реакции Кити. Ведь Лёвину и Кити пришлось проговорить до трех часов ночи, и только после этого «они настолько примирились, что могли заснуть» (19: 281). Так что, возможно, Лёвин не совсем искренен, назвав этот визит ошибкой. Более того, отнесение всех эмоций, которые он ощутил в тот вечер, на счет «хитрого влияния Анны» — это, с одной стороны, грубое упрощение их встречи, а с другой — несправедливое суждение о характере Анны, гораздо более сложном, чем просто характер женщины, которая, как полагает В. Александров, озабочена исключительно «своими чарами, способными пробудить любовь в случайном госте» [Alexandrov 2004: 192]. Толстой, как представляется, допускает, что здесь возможна и другая правда, особо важная для темы божественной любви в романе.

На самом деле красное лицо Лёвина, когда он приходит к Анне, — важная деталь, но причина ее важности не лежит на поверхности. Легкое опьянение не обязательно должно ослабить способность Лёвина к верному суждению, но может побудить его к более высокой нравственной оценке, чем та, которую он дал бы в трезвом уме. Как и в других эпизодах романа, а также в «Войне и мире», Толстой, возможно, подразумевает, что Лёвин правдивее воспринимает Анну благодаря измененному сознанию — состоянию повышенной эмоциональной восприимчивости и субъективности, вызванному выпитым в клубе вином. На протяжении всего своего визита Лёвин размышляет о том, как ему с ней «легко, просто и приятно» (19: 274). Кроме «ума, грации, красоты», он замечает в ней «правдивость», понимает, что она «от него не хотела скрывать всей тяжести своего положения» (19: 277–278). Конечно же, все эти впечатления — не просто обманчивое действие «хитрого влияния Анны», как он потом объясняет Кити. Скорее, это истинная правда, открывшаяся ему именно потому, что он ослабил бдительность, что вино позволило ему прислушаться к чувствам, а не только к разуму. *In vino veritas*, гласит поговорка; Лёвин видит Анну в истинном свете именно *благодаря* выпитому вину[9].

После того как в главе 11 первой части Лёвин за обедом со Стивой осудил «падших женщин» (18: 45), можно ожидать, что он сурово осудит и Анну. Так он и поступает позже, когда трезвеет во время своего признания Кити. Но для нас, читателей, сравнивавших по ходу романа судьбы двух главных героев, встреча Лёвина с Анной подтверждает то, что до сих пор демонстрировал о ней весь роман: что Анна очаровательна, душевна и вообще привлекательна. Читателю трудно осуждать ее, даже когда ее поведение далеко от совершенства, и даже когда рассказчик сообщает, что Анна «*бессознательно* <...> целый вечер делала все возможное для того, чтобы возбудить в Лёвине чувство любви к себе, и <...> достигла этого» (19: 281, курсив мой. — *Дж. Г.*). Анна, как поясняет рассказчик, явно не манипулирует Лёвиным намеренно. Просто такова манера Анны: она не может не очаровывать тех, кого встречает. Это ее природное качество.

---

[9] Легкое опьянение Лёвина не следует смешивать с «грехом опьянения», который Толстой в трактате «Христианское учение» (1896) осуждает как один из шести главных грехов, ослабляющий действие разума и извращающий естественные и добрые задатки человека. См. [ПСС 39: 140–141].

Истинная суть этой встречи — не расчетливая манипуляция, а спонтанное прощение, о чем Толстой красноречиво поведал нам в конце главы 10: «И, прежде так строго осуждавший ее, он теперь, *по какому-то странному ходу мыслей*, оправдывал ее и вместе жалел и боялся, что Вронский не вполне понимает ее» (19: 278, курсив мой. — Дж. Г.). Этот «странный ход мыслей» и есть то отстраненное восприятие, которое благодаря легкому опьянению становится Лёвину доступно. Во время встречи с Анной ему открывается «истинная картина». Когда Лёвин уходит из дома Анны, чувствуя «нежность и жалость, удивившие его самого» (19: 278), эти его ощущения неизбежно передаются читателю. Читатель вместе с Лёвиным участвует в этом постепенном раскрытии перед ним божественного прощения. А еще важнее то, что читатель, как и Лёвин, предчувствует божественную любовь, проявлением которой служит любовь к врагам[10].

Жалость — главная составная часть божественной любви. Князь Андрей жалеет Анатоля Курагина и в своей жалости сознает, что любит его. Левин жалеет Анну, и в этой жалости чувствует к ней нежность и даже оправдывает ее[11]. До этого жалость и прощение в романе связаны с образом самого Христа, изображенного на картине русского художника Михайлова, которого Анна и Вронский посещают в Италии, — это единственный эпизод, где Толстой дает нам какой-либо образ Христа как тако-

---

[10] Не могу согласиться с Н. Н. Страховым, упрекавшим Толстого за безжалостное отношение к смерти Анны: «Но Вы у меня отняли то умиление, которое я испытал три года тому назад в Вашем кабинете и которого я ждал теперь. Вы безжалостны; Вы не простили Анны в самую минуту ее смерти; ее ожесточение и злоба растут до последнего мгновения, и Вы вычеркнули, как мне кажется, некоторые места, выражающие смягчение души и жалость к самой себе. Таким образом, я не расплакался, а очень тяжко задумался. Да, это вернее, чем то, что мне представлялось. Это очень верно, и тем ужаснее» (цит. по: [Эйхенбаум 1974: 146]). Простив Анну вместе с Лёвиным, мы не можем отнестись к ее самоубийству иначе, чем сочувственно.

[11] Э. Манделькер утверждает, что во время встречи с Анной Лёвин «играет роль Христа, которого спрашивают, как судить уличенную в прелюбодеянии женщину» (Ин 8: 3–11). См. [Mandelker 1993: 115]. Он жалеет и прощает Анну так же, как Христос жалеет и прощает падшую женщину.

вого, вне связи с его учением о любви к врагам[12]. Картина изображает суд Пилата над Христом. Выражение Христа — это выражение «жалости <...> любви, неземного спокойствия, готовности к смерти и сознания тщеты слов» (19: 41). У Пилата же, напротив, досадливое выражение «чиновника до глубины души, который не ведает, что творит» (19: 41). И это, безусловно, второе в романе непосредственное изображение божественной любви к врагам, стоящей в центре тематики «Анны Карениной».

Картина аллегорична, как признаёт сам Михайлов, думая о том, что написал «выражение чиновника в Пилате и жалости в Христе, так как один олицетворение плотской, другой духовной жизни» (19: 41). Напрашивается аналогия между Пилатом и Анной, живущими плотской жизнью, тогда как Левина можно ассоциировать с Христом, так как он живет в основном ради своего духовного «я» [Gustafson 1986: 143]. Однако именно Анна замечает, «как удивительно» выражение Христа и правильно интерпретирует: самое главное в картине — то, что Христу жалко Пилата (19: 41). Она ведь тоже знает, как выглядит агапическая любовь к врагам — она сама ее видела совсем недавно, шестью месяцами и примерно шестьюдесятью страницами раньше, в лице простившего ее мужа. Она также выделяет в Христе черту, которая особенно важна для ее собственной жизненной ситуации и больше всех требуется ей в других, включая Лёвина: сострадательность. Таким образом, разграничение между эросом и агапе, столь важное и четкое в позднейших произведениях Толстого, здесь осложняется и подвергается сомнению. Притом что в своей жизни Анна явно выбрала эрос, а не агапе, она никогда не теряет из виду высшую, духовную любовь.

Однако признавать высшую духовную любовь не значит практиковать ее. При встрече с Анной в день, когда та собирается покончить с собой, Кити, хотя и завидует Анне и все еще обижена на нее, следует примеру мужа и тотчас же искренне прощает Анне то, что из-за нее Вронский внезапно прекратил

---

[12] См. [Gatrall 2014: 226–234], где подробно анализируется картина Михайлова и ее роль в романе.

ухаживать за самой Кити. Хотя она и борется с «враждебностью к этой дурной женщине» (19: 339), при встрече Кити не может не жалеть ее и смотрит на Анну с сочувствием (Там же). Таким образом, она воплощает наш третий пример любви к врагам в романе. Анна, однако, не может ответить взаимностью. «Все мы ненавидим друг друга, — думает она по дороге домой. — Я Кити, Кити меня. Вот это правда» (19: 340). Именно в таком состоянии духа ей приходит в голову мысль покончить с собой, и это чувство ненависти она носит в себе весь день, до того самого момента, когда бросается под поезд. Она не может заставить себя полюбить своих врагов, будь то Каренин, Кити или Вронский после ссоры. Провалив это испытание на любовь, она оказывается не в состоянии принять основной метафизический вызов романа. Ненависть как парадоксальное мерило божественной любви перевернута с ног на голову гневом Анны. Любовь к тем, кто нас ненавидит, обернулась ее противоположностью: ненавистью к тем, кто нас любит.

Неспособная любить агапической любовью, Анна неспособна также прощать или быть прощенной. При расставании она говорит Лёвину: «Чтобы простить, надо пережить то, что я пережила» (19: 279). Читатель знает, что это неправда, так как видит, что и Лёвин, и Кити прощают Анну, хотя и испытывают к ней чувство враждебности и не пережили того, что пережила она. Эти как будто незначительные примеры любви к врагам укрепляют сущностную связь между двумя сюжетными линиями романа. Как в линии Анны, так и в линии Лёвина все в конечном счете сводится именно к этому понятию. Божественная любовь — ответ любовью на ненависть, — в свою очередь, показывает нам основу, на которой Толстой начинает строить образ Христа.

«Анна Каренина» не заканчивается самоубийством Анны, потому что Толстому необходимо утвердить торжество агапе над эросом. Совет Долли Каренину «любите ненавидящих вас» и временное исполнение Карениным этой заповеди служат прообразом более глубокого познания Бога, к которому Лёвин приближается только тогда, когда по-своему также начинает практиковать божественную любовь. Открытие Лёвиным божественной любви происходит именно в восьмой, последней части и представляет собой фактическое завершение романа, что подчеркивает важность этого понятия в «Анне Карениной». Крестьянин Федор рассказывает Лёвину о другом крестьянине, который «живет для души» и «помнит Бога», и этим запускает ход мысли, приводящий Лёвина, нашего бывшего атеиста («Верить он не мог, а вместе с тем он не был твердо убежден в том, чтобы все это было несправедливо» (19: 5)), к новому пониманию Бога и веры (19: 376).

Эта идея веры проста и неразрывно связана с романной концепцией агапической любви, так как Левин приходит к ней без помощи разума, а, скорее, движимый личным опытом любви к другим:

> Откуда взял я это? Разумом, что ли, дошел я до того, что надо любить ближнего и не душить его? Мне сказали это в детстве, и я радостно поверил, потому что мне сказали то, что было у меня в душе. А кто открыл это? Не разум. Разум открыл борьбу за существование и закон, требующий того, чтобы душить всех, мешающих удовлетворению моих желаний. Это вывод разума. А любить другого не мог открыть разум, потому что это неразумно (19: 379).

Лёвин готов отбросить «глупость ума. А главное — плутовство, именно плутовство ума. Именно мошенничество ума» (Там же). В этом отказе Лёвина от разума слышится эхо слов Ивана Карамазова, который говорит Алеше: «...ум виляет и прячется. Ум подлец» [Достоевский ПСС, 14: 213].

Как и у Ивана, путь познания Бога у Лёвина принимает отчетливую апофатическую направленность: «нужно отказаться как от чувств, так и от всякой рассудочной деятельности», для того чтобы «в полном неведении достигнуть соединения с Тем, Кто превосходит всякое бытие и всякое познание» [Лосский 2012: 19]. Кроме того, в этом слышен ясный отзвук идеи, стоящей за встречей Лёвина с Анной: о пути к божественной любви к другому нельзя рассуждать — его нужно постигать чувством, так же как нащупывать путь к вере. Лёвин делает это открытие в романе, а Толстой — в жизни.

Божественная любовь, изображаемая как любовь к врагам, играет в обоих шедеврах Толстого весьма значимую роль, как и во всей эволюции мысли писателя о Христе и Боге (хотя вопрос этот пока мало изучен). Одним из ключевых моментов здесь служит увлеченность Толстого самим нравственным *идеалом*, а не тем, кто его проповедовал. Христос как искупитель или даже как личность не занимает сколько-нибудь значительного текстового пространства ни в одном из романов Толстого. Голенищев может сколько угодно критиковать изображение художником Михайловым небожественного Иисуса (19: 42), но нигде ни в «Анне Карениной», ни в «Войне и мире» Толстой не предлагает нам другого образа Христа. Зато нравственное учение Иисуса захватывает Толстого, и тем сильнее, чем оно сложнее и парадоксальнее. Понимание божественной любви как любви к врагам в той же мере было переворотом в мышлении писателя, что и нравственным испытанием для главных героев двух его знаменитых романов. Любовь, измеряемая ее противоположностью; отрицание, ведущее к утверждению; противоречие, порождающее ясность, — вот что лежало в основе богословской мысли Толстого. В последующие тридцать лет он посвящал буквально все свое время анализу парадоксов и противоречий собственного христианского мировосприятия, которое принимало отрицание за отправную и одновременно конечную точку. «Нѣтъ христiанства безъ любви къ ненавидящимъ, — писал Толстой в 1907 году, — именно къ ненавидящимъ» (ПСС 56: 55).

Глава 5
«Неужели это вера?»
«Воскресение» Л. Н. Толстого

> Если я есмь, то есть на то причина, и причина причин. И эта причина всего есть то, что называют богом; и я останавливался на этой мысли и старался всем существом сознать присутствие этой причины. И как только я сознавал, что есть сила, во власти которой я нахожусь, так тотчас же я чувствовал возможность жизни. Но я спрашивал себя: «Что же такое эта причина, эта сила?»
>
> *«Исповедь» (23: 44)*

Апофатический Бог Толстого

Для Толстого тема любви к врагам как мерила божественной любви, затронутая им в двух великих романах, знаменует важный мировоззренческий период: эту и еще четыре столь же парадоксальных заповеди из Нагорной проповеди Христа писатель положил в основу своей новой веры. Каждая из этих нравственных заповедей, как и заповедь о любви к врагам, устанавливает нормы поведения, соблюсти которые представляется невозможным. Христос в своей проповеди приравнивает похоть к прелюбодеянию, гнев — к убийству, клятву — ко лжи, сопротивление злу — к поощрению зла; все это — попытка разъяснить людям природу божественной любви. Более великого откровения о сути божественной любви, чем это учение, для Толстого не существовало. Но, как и его литературные персонажи, он пришел к осознанию природы божественной любви и веры лишь постепенно и с трудом.

В заключительных главах «Анны Карениной» Константин Лёвин, нащупывая путь к вере, задает себе вопрос, которым задавался и Толстой, когда писал роман: «Неужели это вера?» (19: 382). Это не просто риторический вопрос: ведь то, что открыл для себя Лёвин, — не столько вера в Бога как таковая, сколько убеждение, что «единственное назначение человека» — это «служение правде вместо нужд» (19: 381). Для Лёвина, однако, это самый близкий подступ к вере в Бога, на который он способен. К концу романа Лёвин осознает две вещи: что это чувство — «вера — не вера — я не знаю, что это такое» (19: 399) — изменило его жизнь, и, как бы он ни старался, он не может «разумом и словами выразить это знание» (19: 398). Несколько лет спустя Толстой придет к тем же выводам в «Исповеди» (1879). Толстой тоже искал веры, но при этом понимал, что нельзя искать «объяснение всего». Он пишет:

> Я знаю, что объяснение всего должно скрываться, как начало всего, в бесконечности. Но я хочу понять так, чтобы быть приведенным к неизбежно-необъяснимому; я хочу, чтобы все то, что необъяснимо, было таково не потому, что требования моего ума неправильны (они правильны, и вне их я ничего понять не могу), но потому, что я вижу пределы своего ума (23: 57).

Говоря о «неизбежно необъяснимом» и о «пределах ума» в поиске Бога, Толстой признавал, что Бог, если он существует, должен находиться за пределами человеческого понимания и объяснительной способности традиционного для Толстого вероисповедания. На самом деле традиционные христианские представления о Боге препятствуют нашему должному пониманию божественной реальности. Для Толстого понятие Бога как конкретного существа, которое сотворило мир и которому можно молиться, уже ограничивало безграничное божество так, что ум этому противился, хотя Толстой и признавал, что для понимания Бога одного лишь ума недостаточно. «Бог, которого можно просить и которому можно служить, есть выражение слабости ума, — пишет Толстой в дневнике в 1860 году. — Тем-то

Он Бог, что все Его существо я не могу представить себе» (48: 23)[1]. Толстой, таким образом, намечает путь, уводящий в сторону от православной веры, в которой он был воспитан; в то же время язык, которым он пользуется, и богословская позиция, которую принимает, близко подходят к апофатизму — той самой *via negativa*, которая отказывается формировать понятия о Боге, поскольку понятийность умаляет божественность.

Этот апофатический Бог и есть Бог Толстого. Это тот самый Бог, который преследовал князя Андрея и ускользал от него, та «сила — неопределенная, непостижимая», к которой не только нельзя обращаться, но которую также невозможно «выразить словами» (9: 359). Это *панентеистический* Бог (мир пребывает в Боге, но Бог не растворяется в мире[2]). Пьер, будучи в плену, «не словами, не рассуждениями, но непосредственным чувством» постигает, что «Бог вот Он, тут, везде» (12: 205). Это Бог Лёвина, которого «никто ни понять, ни определить не может» (19: 377). Это тот самый недоказуемый Бог, которого Толстой пытался постичь с 1853 года, когда записал в дневнике, что не находит ему «ни однаго дѣльнаго доказательства», но в которого верит и которого просит «помочь понять его» (46: 167, 168). «Бог для меня это — то, к чему я стремлюсь, — напишет он впоследствии, — то, в стремлении к чему и состоит моя жизнь, и который поэтому и *есть* для меня, но есть непременно такой, что я его понять, назвать не могу» (45: 69).

Для Толстого стремление к Богу означает самосовершенствование. В «Исповеди» он пишет: «Теперь, вспоминая то время, я вижу ясно, что вера моя — то, что, кроме животных инстинктов, двигало моею жизнью, — единственная истинная вера моя в то время была вера в совершенствование» (23: 4). Позже эта про-

---

[1] Позже взгляд Толстого на этот вопрос несколько изменился: «Молитва обращается к личному Богу не потому, что Бог личен (я даже знаю наверное, что он не личен, потому что личность есть ограниченность, а Бог беспределен), а потому, что я — личное существо» [53: 103–104].

[2] Р. Густафсон пишет: «Учение Толстого о Боге — это панентеизм (всё в Боге). Его Бог во всём, и всё в Боге, но Бог не есть всё, и всё не есть Бог» [Gustafson 1986: 101].

грамма улучшения самого себя становится полноценным «богословием совершенства» [Gustafson 1986], в центре которого стоит учение Христа. Сущность Бога может быть непознаваемой, но через Христа человек по крайней мере получает представление о том, как ему действовать. «Человек никогда не достигает совершенства, но только приближается к нему, — пишет Толстой в письме американскому проповеднику и пацифисту А. Баллу (Adin Ballou). — Как невозможно в действительности начертить математически прямую линию и как всякая линия есть только приближение к прямой, так и всякая степень совершенства, достигаемая человеком, есть только приближение к тому совершенству Отца, путь к которому нам указал Христос» (65: 36).

Но Христос указывает нам путь не потому, что он Мессия или Сын Божий. Напротив, после «Исповеди» Толстой полностью отвергает Иисуса как воплощенного Бога и равнодушно, а временами даже пренебрежительно относится к Иисусу как к конкретной исторической личности. «Я был приведен к христианству не богословскими, не историческими исследованиями» (24: 806), — пишет он в предисловии к «Краткому изложению Евангелия». Важно для него то, что человек по имени Иисус Христос принес в мир «учение, дающее смысл жизни» (Там же). Для Толстого одинаково неважны как аргументы богословов в пользу божественности Иисуса, так и утверждения историков, касающиеся его жизни и эпохи. С одной стороны, «послания и даже соборные постановления и писания отцов церкви» только уводят нас прочь от учения Христа и, что еще хуже, даже затемняют его неясными доктринами о том, что «Бог — троица, что св. дух сошел на апостолов и перешел через рукоположение на священство, что для спасения нужны семь таинств, что причастие должно быть в двух видах и т. п.» (Там же: 811). С другой стороны, расцвет светских исследований жизни Иисуса в XIX веке, особенно «Leben Jesu» Штрауса и «Vie de Jesus»[3] Ренана — так же вреден, как утверждения о божественности Христа, и так же, как эти утверждения, полностью упускает главное. Приверженцы историко-

---

[3] «Жизнь Иисуса» (*нем., франц.*) — *Примеч. пер.*

критического метода, по Толстому, настолько сосредоточены на доказывании того, что Иисус не был Богом, что совершенно игнорируют то, чему он учил и почему это учение оказалось столь долговечным.

Таким образом, христология Толстого исходит из двойного отрицания: во-первых, божественен не сам Иисус, а его учение; во-вторых, самая великая из его заповедей гласит, что нужно любить даже тех, кто нас ненавидит, и это лучшее известное человечеству определение божественной любви — определение, полученное из отрицательной точки отсчета. Таким образом, Толстой прокладывает собственный путь к пониманию значения Христа и его учения. Но сколько бы Толстой ни критиковал Церковь или отклонялся от нее, его идеи и мысли о Христе и Боге все же находились под явным влиянием православной веры, в рамках которой он был воспитан (см. [Kolstø 1991]). Зависимость от православных идей видна уже в том, что в своих размышлениях и трудах о Боге он берет на вооружение методы апофатического богословия. Делая упор на самосовершенствование как путь к Богу, Толстой также заставляет вспомнить православную идею *теозиса*, или обожения[4]. Обе эти концепции занимают центральное место в понимании Толстым Иисуса Христа и смысла следования его учению; это неудивительно, если учесть, что в православном богословии апофатизм и теозис взаимосвязаны. Но то, как применяет Толстой эти понятия в собственных сочинениях о Боге, Иисусе Христе и строительстве личности, в конечном счете приводит к выводам, весьма расходящимся с православным богословием.

Толстой верил, что его бунт против общепринятых представлений о вере, Боге и Христе открывает возможность достичь рая на земле и осуществить его юношескую мечту о создании прак-

---

[4] Р. Густафсон пишет: «Обожение влечет за собой полное преображение "я", отвращение от всякой личной страсти, желания, восприятия и рассуждения: это возвращает нас к жизни "в Боге". Толстовская концепция жизненного пути следует этой доктрине обожения. Она предполагает "вечно растущую душу", которая все больше и глубже участвует в истинной жизни и в конечном итоге приходит в единение со Всем» [Gustafson 1986: 104–105].

тической религии для научного века. Основные принципы этой новой религии Толстой изложил в четырех произведениях, которые, по его замыслу, должны были стать составными частями более крупного сочинения. Первой была «Исповедь», где, как уже упоминалось выше, рассказано о его кризисе неверия, попытках обрести Бога и веру, а также о невозможности достичь этого в рамках верований и практик православной Церкви. «Исповедь» должна была послужить своеобразным предисловием к «Критике догматического богословия» (1880–1884, опубл. 1891), где он продолжает систематически сокрушать — с возмущением, яростью и сарказмом — все устои православного учения и религиозной практики, полностью, по его мнению, противоречащие тому, чему учил Христос в Евангелиях. «Соединение и перевод четырех Евангелий», (1880–1884, опубл. 1892), написанное тогда же, когда он работал над «Критикой», призвано восстановить истинное учение Христа, отделив «чистую воду жизни» от «грязи и тины», замутнивших ее чистоту в дошедших до нас книгах Нового Завета (24: 806). Для этого Толстой объединил все четыре Евангелия, убрал из них рассказы о чудесах и сократил упоминания социально-исторических реалий, чтобы обнажить «самое строгое, чистое и полное метафизическое и этическое учение, выше которого не поднимался до сих пор разум человеческий» (Там же: 814). И наконец, в трактате «В чем моя вера» (1884) Толстой излагает катехизис новой персональной веры, в котором сводит весь свой гигантский умственный, эмоциональный и физический труд над тремя предыдущими произведениями в одну краткую и четкую апологию новой веры — веры разума и просвещения.

Желание Толстого отделить Христа от его учения было так велико, что Иисус как личность почти полностью исчезает из его гармонизированных Евангелий. Отвергая «Штраусов и Ренанов» за их упорное стремление поместить Иисуса в конкретную историческую реальность и подчеркнуть его человеческую природу (в частности, то, что он «непременно потел и ходил на час» (62: 414), как с издевкой жаловался Толстой в письме к Н. Н. Страхову), Толстой превращает своего Иисуса в бестелесную фигуру, демонстративно оторванную от любой конкретной исторической реальности. Как утверждает А. Кокобобо, «в последних частях "Соединения" он перестает быть человеком из плоти» и «превращается в абстракцию, чистое олицетворение собственного учения» [Kokobobo 2008: 10]. В то же время этот «абстрактный» Христос, конечно же, не божественное существо. Скорее, он, как считает Д. Матуал, «самый красноречивый и самый авторитетный выразитель толстовского учения» [Matual 1992: 14]. Проще говоря, Евангелия предоставили Толстому лучший материал для формулирования его собственных давних убеждений. И действительно, в письме В. Г. Черткову 1884 года Толстой называет свое Евангелие «лучшим проявлением своей мысли». Это была, по его словам, «та одна книга, которую (как говорят) человек пишет во всю свою жизнь» (24: 981).

Поэтому неудивительно, что Толстой не мог удержаться, чтобы не приспособить свой перевод с греческого под собственные нужды, прибегая к «педантичным буквализмам, редкостным словам и напыщенным формулировкам» [Matual 1992: 54], когда этого требовала необходимость. В своих неопубликованных воспоминаниях домашний учитель семьи Толстых И. М. Ивакин рассказывает о том, как Толстой приходил к нему из кабинета с греческим Евангелием и просил перевести тот или иной отрывок. Часто он оставался недоволен тем, что перевод совпадал с общепринятым церковным вариантом. «А вот такой-то и такой-то смысл придать этому месту нельзя?» [Гусев 1957: 980] — спрашивал он.

В августе 1887 года в письме М. А. Новосёлову Толстой и сам признаётся, что в его переводе «много должно быть таких мест <...> где натянут смысл и перевод искусствен». Но тут же добавляет: «Это произошло оттого, что мне хотелось как можно более деполяризировать, как магнит, слова церковного толкования» (64: 62–63).

Два года спустя Толстой записывает в дневнике, что эксперимент удался не вполне: «Читал с ним [Ивиным] Евангелие, свое изложение, и мне многое не понравилось: много ненужных натяжек. Хорошо бы исправить, но едва ли я могу теперь. И едва ли это нужно» (50: 36).

Таким образом, неудивительно, что Евангелие Толстого несет на себе сильнейший отпечаток личности его автора, и толстовский

Христос, которого мы там встречаем, похож скорее на самого Толстого в последние тридцать лет жизни: выступает против богатства, собственности и общества, критикует почти все человеческие институты и проповедует примат духовной жизни над телесной. Этот Христос — одновременно обыкновенный человек и необыкновенный провидец, но, разумеется, лишенный каких-либо чудотворных свойств или сил. В его биографии нет ни непорочного зачатия, ни свадьбы в Кане Галилейской, ни хождения по водам, ни изгнания бесов, ни чудесных исцелений, ни преображения, ни воскресения. Вместо чудес даются комментарии — либо во вступлении к каждой евангельской главе, либо внутри самой главы. Эти комментарии, с одной стороны, излагают прозаические события, которые евангелисты впоследствии приукрасили и превратили в сказки о чудесах, с другой — разъясняют рациональную суть учения Христа, как его понимал Толстой.

Так, например, Иисус не исцеляет больного у купальни Вифезда, а просто говорит ему: «Не дожидайся исцеления от чуда, а сам живи, сколько в тебе есть силы, и не ошибайся в смысле жизни» (24: 848). Таким же образом Иисус накормил пять тысяч человек не потому, что умножил хлебы, а потому, что все стали делиться друг с другом пищей: «И Иисус сказал: так вот и делайте. Не то нужно, чтобы себе каждому добывать пищу, а нужно то, что велит дух в человеке: отдавать другим что есть» (Там же: 849). Еще в одном фрагменте исцеление слепого, как выясняется, вовсе не было исцелением в буквальном смысле, а только в переносном. В своем пересказе Толстой пользуется словом «темный» вместо «слепой», которое здесь должно пониматься как «невежественный», — такой перевод гораздо лучше подходит для того, что хочет выразить Толстой:

> 6, 7. И Иисус открыл темному учение о том, что он сын Бога духа, и, познав это учение, темный познал свет.
> 8, 9. И те, которые прежде знали человека этого, не узнали его. Он был похож на прежнего, но стал другим человеком.
> 11. Он же сказал: я тот же, но Иисус открыл, что я сын Бога, и мне открылся свет, и я увидел то, что не видал прежде (Там же: 881).

Эти примеры можно приумножать. Суть в том, что в каждом случае учение Христа возвышается над его деяниями, и учение это есть не что иное, как выражение и разъяснение «разумения», которое в космологии Толстого занимает место Логоса, слова Божия. Именно «разумение» (с корнем «разум») в толстовском Евангелии ставится «в основу и начало всего» и «дает истинную жизнь»; именно его «темнота не может погасить» и именно оно «в лице Иисуса Христа проявило себя во плоти». И именно учение Иисуса есть «совершенная и истинная вера», потому что она состоит «в исполнении разумения» (Там же: 817). Это разумение Толстой суммирует в пяти правилах, которые берет из Нагорной проповеди: не сердись; не смотри ни на кого с вожделением; не клянись; не противься злу злом; люби тех, кто тебя ненавидит[5]. Эти пять правил стоят в центре глав 4 и 9 толстовского Евангелия и составляют суть его пересмотренного христианского вероисповедания. Согласно Толстому, выполнение этих «столь простых, определенных заповедей» способно быстро «установить царство бога на земле» (23: 368, 370) — цель, которую он предвидел еще в 1855-м.

Можно резонно возразить, что эти заповеди не так уж просты и, если на то пошло, не очень-то разумны. Ренан назвал Христовы заповеди «совершеннейшим идеализмом» [Ренан 1906: 287],

---

[5] Разъяснение этих пяти правил см. в [24: 218–255]. К моменту написания работы «В чем моя вера» понимание Толстым заповеди о любви к врагам изменилось, так как в ней для него было слишком много от недостижимой «идеальной цели» [24: 250]. Под врагами, объясняет Толстой, Иисус понимал чужеземцев, которые не считались ближними, поскольку в заповеди ясно противопоставлены ближние и враги: «Вы слышали, что сказано: люби ближнего твоего, ненавидь врага твоего» (см. [24: 246–249]). В этом понимании, однако, игнорируется призыв Иисуса любить «обижающих и гонящих нас», а также «злых» и «неправедных» (Мф 5: 44–45). В Евангелии от Луки Иисус говорит: «Благотворите ненавидящим вас, благословляйте проклинающих вас и молитесь за обижающих вас» (Лк 6: 27–28), что также указывает на то, что любить врагов означает любить тех, кто нас ненавидит, — первоначальное понимание этой заповеди Толстым ясно из его трактовки этой темы в «Войне и мире» и «Анне Карениной». К 1907 году Толстой вернулся к своей изначальной концепции: «Да, да, любить враговъ, любить ненавидящихъ не есть преувеличение, какъ это кажется сначала, это — основная мысль любви» [56: 55].

невозможным в реальном обществе. С одной стороны, Толстой, как и Иисус, требует от людей, чтобы они поступали вопреки человеческой природе. С другой — он призывает нас жить согласно возвышенным и труднодостижимым идеалам Христа, но без идеи Христовой благодати (столь важной в произведениях Достоевского), которая помогла бы нам с этим справиться. В этом отношении он демонстрирует собственную радикальную веру — но не во Христа, а в силу человеческого разума. Однако для Толстого вопрос о неразумности учения Христа никогда не стоял: везде и всюду он подчеркивает, что это учение взывало целиком и полностью к его разуму.

В то же время, однако, вера Толстого в силу разума и его требование проводить четкие границы между божественностью учения Христа и небожественностью самого Христа привели писателя к пониманию, что Иисус не мог быть единственным носителем божественного откровения. Другие религиозные традиции также должны предлагать жизнеспособные пути к истинному смыслу жизни. Эту мысль выражает Лёвин в «Анне Карениной», задавая себе вопрос, почему «откровение ограничивается одною христианскою церковью» — а как же «верования буддистов, магометан»? (19: 396). Толстой часто, особенно в последнее десятилетие своей жизни, практически без оговорок, объединял имя Христа с именами таких духовных наставников, как Будда, Сократ, Конфуций, и других «веривших разуму и служивших ему» (72: 528)[6], так как именно на основе разума Толстой строит свою метафизику.

Для любого читателя трудов Толстого о религии то, что он превозносит разум как основу веры, не будет неожиданностью. Здесь он расстается с апофатической теологией как таковой, с ее упором на внерациональный подход к единению с Богом. Хотя Толстой признает непостижимость Божества, его отрицательный путь к Богу берет за отправную точку разум, необходимый, чтобы достичь «разумения жизни», которое и есть Бог и которое «сделалось плотью» в Иисусе Христе (24: 43). Это также вывод,

---

[6] См. также [73: 9–10].

который мы должны сделать из самой основательной художественной трактовки Толстым своей новой веры — его последнего романа «Воскресение», публиковавшегося частями в 1899 году. В этом «закатном» романе Толстой с нетерпимостью и осуждением разоблачает институциональное зло, обрушившееся на Россию, и предлагает бороться с ним посредством разума, способами, содержащимися как в его собственной «религии Христа», так и в трудах прогрессивных мыслителей — Г. Спенсера, Г. Джорджа и К. Маркса.

Христос «Воскресения»

О реальном случае, на котором основан сюжет романа, Толстому рассказал знаменитый юрист А. Ф. Кони. Проститутку, нищую и больную тифом, судили за кражу. Поразительным образом один из присяжных узнал в ней молодую женщину, которую он соблазнил много лет назад, когда она была служанкой в доме его родителей. Девушка (ее звали Розалия Они) забеременела, была выгнана из дома и вскоре стала проституткой. Позже ее обвинили в краже ста рублей у клиента, и она предстала перед судом, где была узнана своим первым соблазнителем. Терзаемый чувством вины за то, что стал причиной ее падения, аристократ навестил ее в тюрьме и предложил ей выйти за него замуж, но она умерла, прежде чем истек четырехмесячный срок ее заключения [Гудзий: 329–330; Шкловский 1963: 690–695; McLean 2002: 96–99].

Толстой с перерывами работал над романом с 1889 по 1899 год. За десять лет первоначальный сюжет эволюционировал от истории о сексуальном соблазнении и чувстве вины к широкому обвинению институтов так называемого цивилизованного общества, включая систему уголовного правосудия, правительственную бюрократию, православную церковь и классовые структуры, которые закрепляют социальное и юридическое неравенство перед законом. Когда роман был опубликован, эти его аспекты произвели сенсацию, и он мгновенно стал самым популярным произведением Толстого в России. А. П. Чехов прочел его залпом и назвал «замечательным художественным произведением», а самым интересным счел то, как у Толстого изображены «князья, генералы, тетушки, мужики, арестанты, смотрители» [Чехов ПСС, 9: 30]. Иными словами, его восхитила безупречная передача Толстым ущербной социальной реальности царской России, но не история отношений Нехлюдова с Катюшей Масловой, которую он назвал «самым неинтересным» в романе. Попытку Толстого интегрировать в повествование свои любимые евангельские отрывки Чехов также раскритиковал.

Хотя успех «Воскресению» с его откровенно религиозным заглавием принесла скорее содержавшаяся в нем социальная критика, нежели духовные откровения, роман тем не менее служит поздним и весьма важным выражением взглядов Толстого на природу веры, личность Иисуса Христа и смысл Бога. По сути, в «Воскресении» раскрывается особая, отдельная христология — непосредственный результат напряженного изучения Толстым Евангелий и его личной своеобразной религии, «очищенной от веры и таинственности». Казалось бы, на этом этапе творчества Толстого его личная христология должна была бы давать направление социальной критике, но на самом деле все наоборот: социальная критика в романе главенствует над христологией. В результате христология здесь оказалась даже более радикальной, чем намеревался сам Толстой. Апофатизм Толстого — отрицание Христа с целью обнаружить Бога в его учении — приводит к непредвиденному результату: Бог целиком изымается из жизни людей, которых Толстой пытается воскресить в романе, и это оказывается непреднамеренным сведением на нет всей его концепции Христа.

Собственно, «Воскресение» во многом основывается именно на этой концепции: роман призван не только разоблачить социальное зло, но и указать в поступках эгоистичного и развращенного Нехлюдова способ преодоления этого зла с помощью учения Иисуса Христа. В романе, эпиграфами к которому служат четыре изречения Христа из трех Евангелий и который завершается пространными цитатами из Евангелия от Матфея, Толстой ясно дает понять, что христианская идея играет в нем не меньшую роль, чем социальная критика, и что эти две линии по сути неразрывно связаны. В принципе, роман может быть прочитан как расширенная трактовка евангельской притчи о богатом юноше (Мк 10: 17–31 и Мф 19: 16–30) — притчи, которая парадоксальным образом ни разу в романе не упоминается. Как и герой притчи, Нехлюдов должен ответить на призыв Христа достичь более высокой степени святости, чем простое соблюдение заповедей. Он призван быть совершенным. «Иисус сказал ему: если хочешь быть совершенным, пойди, продай имение твое и раздай нищим; и будешь иметь сокровище на небесах; и приходи и следуй за Мной» (Мф 19: 21). Именно это и пытается сделать Нехлюдов в романе. Он хочет избавиться от собственного богатства, стоящего между ним и другими людьми, и усовершенствоваться на пути Христа. В «Воскресении» не показано, удалось ли Нехлюдову достичь совершенства, но фиксируются первые шаги, которые он делает на пути к тому, чтобы стать лучше.

Подобно Пьеру Безухову в «Войне и мире» и Константину Лёвину в «Анне Карениной», Дмитрий Нехлюдов в «Воскресении» ищет Бога и так же, как они, поначалу лишь смутно сознает это. Его поиск вызван острым чувством вины за судьбу Катюши Масловой, соблазненной им в доме его теток горничной; забеременев от него, она теряет работу, и это приводит ее к неизбежной проституции и нищете. До этого момента сюжет Толстого соответствует рассказу А. Ф. Кони, вплоть до участия Нехлюдова в качестве присяжного в судебном процессе над Масловой. Однако, в отличие от Розалии Они из рассказа Кони, Маслову обвиняют не в воровстве, а в убийстве клиента. Таким образом, ставки в сюжете Толстого повышаются, так как речь на суде идет о жизни и смерти Масловой.

На идейно-содержательном уровне, однако, суд над Масловой вершится не из-за того, что она виновна в смерти купца. Символика суда в другом. Когда в суде ее просят назвать свое имя, Маслова называет себя не настоящим, а профессиональным именем — Любовь. Как утверждает Р. Густафсон, намек Толстого ясен: идет «суд над любовью» [Gustafson 1986: 48]. Слово «любовь» подразумевает несколько значений. Конечно, сексуальная любовь (эрос), идефикс Толстого в поздние годы и частая мишень его гнева, осуждается. Но под судом находится и весь смысл любви между мужчиной и женщиной — об этом говорят пространные отступления, касающиеся прошлых отношений между Нехлюдовым и Масловой, а также все прочие события, происходящие в романе. Но главное, возможно, то, что и Бог, и Иисус Христос как выражение или олицетворение божественной любви (агапе) тоже оказываются в значительной степени под судом, не в последнюю очередь потому, что оба причастны к происходящему в зале суда и к тому, что произошло между Масловой и Нехлюдовым десять лет назад.

Нехлюдов знакомится с семнадцатилетней Масловой, проводя лето у тетушек в деревне. Студент третьего курса университета, он ищет деревенской тишины и покоя, чтобы закончить сочинение о земельной собственности. В это время он молодой идеалист, последователь идеи Г. Спенсера о том, что частное землевладение несправедливо, и проекта Г. Джорджа о единой земельной подати, который мог бы способствовать отмене частной собственности на землю. Он настолько убежден в справедливости выводов Спенсера и Джорджа, что в родительском имении раздает крестьянам землю, унаследованную им от отца. На эту тему он и пишет свое сочинение. Его политический идеализм в этот период жизни сочетается с личной неискушенностью. Девятнадцатилетний Нехлюдов, как сообщает рассказчик, — «вполне невинный юноша», в том числе в сексуальном плане: «Он мечтал о женщине только как о жене» (32: 44)[7]. В этом состоянии невинности он впервые встречает Маслову.

Их отношения так же целомудренны и радостны, как красота их райского окружения, но Нехлюдов уезжает, так и не осознав, что влюбился. Три года спустя, успев поступить на военную службу, Нехлюдов возвращается в имение тетушек, уже целиком развращенный пребыванием в гвардейском полку. Символично, что прибывает он в Страстную пятницу: его роковая страсть к Катюше пробудится именно в конце Страстной недели, во

---

[7] Далее указываются страницы в скобках.

время празднования Пасхи. Ирония очевидна: в то время как Христос, воскреснув, торжествует над плотью, Нехлюдов поддается слабостям плоти и соблазняет Маслову.

Целомудренность поцелуя-христосования, которым они обмениваются на пасхальной заутрене, спустя несколько часов разрушается, когда Нехлюдов как бы против воли целует Катюшу в шею. Это напоминает о дихотомии плоти и духа, стоявшей в центре жизни и духовной борьбы самого Толстого, а также символизирует ущербную, по его мнению, природу понимания православной Церковью Христа и христианской жизни. То, что Нехлюдов мог в день Пасхи навязать Масловой свои ухаживания и соблазнить ее в ту же ночь, уже говорит о том, что весь обряд и церемония прекрасной пасхальной всенощной не способствовали внутреннему обращению. Именно сосредоточенность Церкви на внешних обрядах за счет пренебрежения к внутренним состояниям и есть, по Толстому, главный недостаток институционализированной религии.

В этом эпизоде авторская позиция явно не выражена, но вскоре осуждение православных доктрин и догм перерастает в резкую полемику, равно как и нападки Толстого на тело и ту жизнь, которую он называет «животной». То и другое обладает скрытой связью. Православная вера в Бога, воплотившегося в Иисуса Христа, равносильна низведению духа до плоти, ограничению безграничного Бога. По мнению Толстого, Бог должен оставаться невыразимым, Христос должен быть отделен от Бога, и оба должны быть отграничены от всего, что связано с телом и телесной жизнью. Торжество Христа именно в том, что он победил искушения и желания плоти ради служения духу, и этим он указывает путь остальным: мы тоже должны отринуть свое животное «я» и жить по велению духа. Здесь проводится четкое различие между типами любви. Плотская любовь и любовь между полами вообще — эрос в привычном нам употреблении термина — оказывается в «Воскресении» развратной и развращающей; только через агапическую любовь — бескорыстную, безусловную, жертвенную любовь; любовь к врагам — можно различить природу Божьей любви и источник истинной жизни.

Это противопоставление духовного животному, агапе — эросу, заметно в романе уже в главе 13 первой части, в описании Нехлюдова, вернувшегося в дом тетушек новоиспеченным офицером. Он стал «совершенно другим человеком», это уже не тот студент, что писал в летние дни свое сочинение: «Тогда своим настоящим *я* он считал свое духовное существо, — теперь он считал собою свое здоровое, бодрое, животное *я*» (48). Несколькими страницами ниже Толстой снова подчеркивает эту двойственность: «В Нехлюдове, как и во всех людях, было два человека. Один — духовный, ищущий блага себе только такого, которое было бы благо и других людей, и другой — животный человек, ищущий блага только себе» (53). В день Пасхи после обеда животное *я* берет верх, и Нехлюдов, мучимый страстью к Масловой, решается соблазнить ее.

На протяжении всего романа Толстой то и дело отождествляет удовлетворение физических нужд с жизнью ради животного *я*: например, отец невесты Нехлюдова ест со смаком, у него «жирная шея», «красное лицо с чувственными смакующими губами» (90). По Толстому, тело как вместилище животного *я* — источник всех зол. Этот тезис особенно настойчиво звучит, когда речь идет о Масловой. Полная грудь и соблазнительная фигура Катюши распаляют страсть Нехлюдова и постоянно привлекают к ней нежелательное внимание похотливых мужчин. В начале романа ее тело гротескно обозначается как место «блуда со всеми и вся» с помощью гомеровского списка тех, кто приобщился к ее плотским прелестям: она спит «с молодыми, средними, полудетьми и разрушающимися стариками, холостыми, женатыми, купцами, приказчиками, армянами, евреями, татарами, богатыми, бедными, здоровыми, больными, пьяными, трезвыми, грубыми, нежными, военными, штатскими, студентами, гимназистами — всех возможных сословий, возрастов и характеров» (11). Как будто на свете не осталось ни одного мужчины, который не предавался бы разврату с Масловой.

Едва ли можно считать совпадением, что вскоре после ретроспективного эпизода обольщения Катюши Нехлюдовым начинаются выпады Толстого против телесности и православных представлений о воплощенном Боге. Так, в суде зачитывается медицинский отчет о наружном и внутреннем осмотре «огромного, толстого и еще распухшего, разлагающегося трупа веселившегося в городе купца» (69) — документ такой же раздутый, как и сам отравленный купец. Достойно дополняя список мужчин, которые в целях разврата пользовались телом Масловой и злоупотребляли им, он зачитывается больше часа и представляет собой ужасающий перечень частей тела, пострадавших от воздействия яда и разложения. Фрагменты, с которыми знакомят читателя, — «Из отверстий носа, обоих ушей и полости рта вытекает пенистая сукровичная жидкость, рот полуоткрыт» (69) — предназначены для того, чтобы вызвать отвращение, ведь сцена явно символична. Как отмечает Дж. Бейли, зловоние трупа купца «отравляет атмосферу всего романа» [Bayley 1968: 258].

Чтобы подчеркнуть связь между трупом купца и развратным телом Масловой как знаками худшего греха, свойственного жизни ради животного я — секса, — Толстой рисует перед нами образ еще одного тела, где смерть как неизбежная расплата плоти безошибочно связывается с сексуальностью. Это изображение тела матери Нехлюдова на картине, висящей в его гостиной:

> Художник, очевидно, с особенным стараньем выписал грудь, промежуток между двумя грудями и ослепительные по красоте плечи и шею. Это было уже совсем стыдно и гадко. Что-то было отвратительное и кощунственное в этом изображении матери в виде полуобнаженной красавицы. Это было тем более отвратительно, что в этой же комнате три месяца тому назад лежала эта женщина, ссохшаяся, как мумия, и все-таки наполнявшая мучительно тяжелым запахом, который ничем нельзя было заглушить, не только всю комнату, но и весь дом. Ему казалось, что он и теперь слышал этот запах (99–100).

Полуобнаженная женщина на портрете тут же вызывает в памяти Нехлюдова его невесту Мисси, которую он «видел на днях также обнаженной» (100), — она демонстрировала ему новое бальное платье. Как и запах от тела умирающей матери, это воспоминание вызывает у него отвращение.

На протяжении всего романа главной бедой и главным соблазном Нехлюдова оказывается секс, то есть эротическая любовь. И, разумеется, обольщение Масловой служит как основным двигателем сюжета романа, так и стимулом к личному обращению Нехлюдова. Подобно Толстому, Нехлюдов обнаруживает, что секс — это та сторона человеческой природы, которая серьезнее всего препятствует нравственной жизни. Примечательно, что главным доводом в пользу женитьбы на Мисси Нехлюдов считает то, что его сексуальное влечение обретет законный способ реализации: «женитьба... устраняя неправильность половой жизни, давала возможность нравственной жизни» (18). Конечно, Мисси ясно дает понять, что готова выйти за него. Но недавняя встреча в зале суда меняет Нехлюдова, и теперь он не может смотреть на Мисси иначе как на символ власти и привилегий своего класса, класса, ответственного за бедственное положение таких людей, как Маслова. В результате он обнаруживает, что отдаляется от нее и ее семьи.

Но даже посвятив себя помощи Масловой и другим таким же несправедливо осужденным узникам (служению другим как упражнению в агапической любви), Нехлюдов должен быть настороже. По рекомендации своей тетушки он встречается с Mariette Червянской, женой влиятельного тюремного чиновника, известного особой бессердечностью по отношению к заключенным. Нехлюдову нужно, чтобы Mariette ходатайствовала перед мужем за Лидию Шустову, посаженную в крепость за связи с революционерами. Mariette не только проявляет сочувствие, но и кокетничает, и при встрече они с Нехлюдовым обмениваются улыбками, которые выдают их взаимное влечение. После того как ее муж способствует освобождению Шустовой, Mariette приезжает в гости к тетушке Нехлюдова, и они с Дмитрием флиртуют; Нехлюдова привлекает «тот взгляд блестящих глаз, который сопровождал эти слова молодой, красивой и хорошо одетой женщины» (288). Между ними моментально возникает сексуальное притяжение: «Глаза их, смотревшие друг на друга под шумок разговора, не переставая спрашивали: "можешь любить меня?", и отвечали: "могу", и половое чувство, принимая самые неожиданные и радужные формы, влекло их друг к другу» (289).

После тревожного из-за влечения к Mariette ночного сна Нехлюдов просыпается с чувством, «что он накануне сделал какую-то гадость» (290). Он снова посвящает все свое время активной общественной деятельности. Позже, вновь встретившись с Mariette в театре, Нехлюдов понимает, что «ей и не нужно было ничего сказать ему, но нужно было только показаться ему во всей прелести своего вечернего туалета, с своими плечами и родинкой, и ему было и приятно и гадко в одно и то же время» (302). Возвращаясь вечером из театра, он осознает, что Mariette ничем не отличается от красивой проститутки, которая встретилась ему на Невском, «и на лице ее и во всей фигуре видно было сознание своей скверной власти» (303). Связь очевидна: секс и сексуальность способны превратить в проститутку любую женщину, так как эрос в мире Толстого — это любовь, движимая соблазном и развратом. Еще хуже то, что общество возвело этот вид сексуальности в идеал. «Отвратительна животность зверя в человеке», размышляет Нехлюдов. Когда она «скрывается под мнимо-эстетической, поэтической оболочкой и требует перед собой преклонения», ты «весь уходишь в него, не различая уже хорошего от дурного» (303).

Конечно, последствия половой распущенности и опасность жизни ради животного *я* особенно трагично сказываются на жизни Масловой. Маслова и ее судьба в романе дают понять, что секс — это акт, связанный со всем возможным злом, какое только может поразить человечество. Занятие проституцией очень быстро ожесточает ее и извращает ее взгляд на мир. Она говорит себе, что «главное благо всех мужчин, всех без исключения — старых, молодых, гимназистов, генералов, образованных, необразованных, — состоит в половом общении с привлекательными женщинами, и потому все мужчины, хотя и притворяются, что заняты другими делами, в сущности желают только одного этого» (152). По сути, «весь мир представлялся ей собранием обуреваемых похотью людей», и вывод, который она из этого делает, состоит в том, что «она не только не последний, а очень важный человек» (155), потому что именно ее больше всего хотят все эти люди. И лишь попав под влияние заключенных-революционеров, она начинает понимать, что ошибалась. Урок, который она усвоила, предполагается, должен усвоить и читатель: тело — это тупик, будь то распутное тело Масловой, труп купца, непристойно обнаженные тела Mariette, матери Нехлюдова и его невесты, или, возвращаясь к христологии романа, даже тело Христа на распятиях, которые висят в общественных учреждениях. Это тоже тупик — по причинам, которые Толстой вскоре проясняет.

В первой части романа тело Христа на распятиях или его изображение на иконах и картинах особенно бросается в глаза в те моменты, когда его учение нарушается особенно вопиющим образом: в зале суда, во время процесса над Масловой (ч. 1, гл. 7); в тюремной камере, где содержатся Маслова и другие женщины (ч. 1, гл. 30 и 32); у входа в тюрьму (ч. 1, гл. 41). Глядя на большое изображение распятия, висящее в нише в «сборной» комнате тюрьмы, Нехлюдов поражен его неуместностью: «"Зачем это?" — подумал он, невольно соединяя в своем представлении изображение Христа с освобожденными, а не с заключенными» (142).

Еще большее несоответствие, связанное с *corpus Christi*[8], обнаруживается во время церковной службы, которую посещают Маслова и другие заключенные, где хлеб и вино превращаются в тело и кровь Христа, а потом употребляются в пищу. Весь эпизод представляет собой разработку любимого литературного приема Толстого — остранения[9]. Читатели должны увидеть службу «остраненно», подобно тому, как в «Войне и мире» Наташа воспринимает оперу: там, где от зрителя ожидается приостановка неверия[10], толстовская героиня демонстрирует, напротив,

---

[8] Тело Христово (*лат.*) — *Примеч. пер.*

[9] В. Б. Шкловский пишет: «Целью искусства является дать ощущение вещи, как видение, а не как узнавание; приемом искусства является прием "остранения" вещей и прием затрудненной формы, увеличивающий трудность и долготу восприятия» [Шкловский 1929: 13].

[10] Приостановка неверия (suspension of disbelief, иногда менее точно переводится как «подавление недоверия») — временная готовность зрителя или читателя принять условный мир художественного произведения за реальный (понятие введено С. Т. Кольриджем в 1817 году). — *Примеч. пер.*

наивный, буквалистский взгляд. Наташа видит только толстых певцов в обтягивающих панталонах, поющих и размахивающих руками на фоне плоских картонных декораций. Смысл приема остранения у Толстого в том, чтобы показать скрытую реальность, которую нам мешает увидеть «автоматизм восприятия». Именно таким «наивным» взглядом читатель должен смотреть на церковную службу: рассказчик и здесь отказывается вызвать у него «приостановку неверия» и, подобно Наташе, описывает сцену так, как ее видит, пользуясь метким выражением Д. Орвин, «ужасающий упрощающий взгляд» [Orwin 2006: xiii]:

> Сущность богослужения состояла в том, что предполагалось, что вырезанные священником кусочки и положенные в вино, при известных манипуляциях и молитвах, превращаются в тело и кровь Бога. Манипуляции эти состояли в том, что священник равномерно, несмотря на то, что этому мешал надетый на него парчевый мешок, поднимал обе руки кверху и держал их так, потом опускался на колени и целовал стол и то, что было на нем. Самое же главное действие было то, когда священник, взяв обеими руками салфетку, равномерно и плавно махал ею над блюдцем и золотой чашей. Предполагалось, что в это самое время из хлеба и вина делается тело и кровь, и потому это место богослужения было обставлено особенной торжественностью. <...> После этого считалось, что превращение совершилось, и священник, сняв салфетку с блюдца, разрезал серединный кусочек начетверо и положил его сначала в вино, а потом в рот. Предполагалось, что он съел кусочек тела Бога и выпил глоток Его крови (135).

Причащаются также дети, а дьячок в это время «веселым голосом пел песню о том, что дети едят тело Бога и пьют Его кровь» (136). После чего священник, «допив там всю находившуюся в чашке кровь и съев все кусочки тела Бога» (136), «старательно» обсасывает усы, в точности как отец Мисси, когда ест бифштекс и пьет вино.

Издевка, с которой Толстой изображает самый сакральный момент богослужения, очевидна, — собственно, именно за такие выходки он и был отлучен от православной Церкви. Отвращение к телу и его функциям, заданное в гротескной описи распухшего трупа мертвого купца и связываемое с половым актом как таковым, подтверждается в описании «поедания тела Божия» во время евхаристии как разновидности чудовищного людоедства, а позже находит зловещее отражение в рассказах, которые слышит Нехлюдов о беглых бродягах, прибегающих к людоедству, чтобы выжить в тайге (см. ч. 3, гл. 19). Как и во всех произведениях Толстого, читатели должны видеть структуру «сцеплений», посредством которых создается смысл в его вымышленной вселенной. В данном случае Толстой прямо намекает на то, что людоедство есть людоедство, занимаются ли им бродяги в тайге или православные верующие, причащающиеся на богослужении. Христология Толстого просто не может принять идею, будто Иисус — это Бог, чье тело верующие должны поедать, пусть даже мистически.

В целом нервозность Толстого по отношению к телу и его настойчивое утверждение, что Христос — это человек, победивший плоть ради служения духу, взаимосвязаны и указывают на одно и то же решение: отказ от плоти. Следовать за Христом значит отречься от тела и жить ради духа, и эта мысль исходит не столько от Иисуса Христа, сколько от апостола Павла, который подробно развивает ее в Посланиях к римлянам (8: 1–13) и галатам (5: 13–26). Когда Павел предупреждает: «Если живете по плоти, то умрете, а если духом умерщвляете дела плотские, то живы будете» (Рим 8: 13), он предвосхищает философскую и богословскую направленность «соединенного Евангелия» Толстого, хотя сам Толстой ни за что бы этого не признал. Толстой обвинял Павла в искажении учения Иисуса тем, что он «связал его с учением о фарисейском предании и потому со всеми учениями Ветхого Завета» (24: 808). «Это-то учение о предании, этот принцип предания было главной причиной извращения христианского учения и непонимания его» (Там же), — утверждает Толстой. В этом отношении Толстого можно включить в длинный список других мыслителей и скептиков, которые точно так же обвиняют Павла в искажении учения Иисуса или «изобретении» собственного христианства, которое мифологизирует и обожествляет историческую личность, Иисуса[11].

По мнению Толстого, эта мифологизация излишня: ведь Христос и так являет собой идеальный пример самосовершенствования, преодоления плоти и следования воле Божией; он не нуждается в том, чтобы из него самого делали бога. Однако, говоря о самосовершенствовании и торжестве над плотью, Толстой, конечно, не имел в виду идею обожествления тела, свойственную православной концепции теозиса. Преображение тела — в подражание преображению самого Иисуса на горе Фавор — было для него идеей не менее фантастической и отталкивающей, чем воскресение тела. Иисус Толстого символизирует совершенно иную цель. Вместо *обожествления* плоти он показывает, как ее нужно *дисциплинировать*. Таким образом, Христос Толстого, особенно в «Кратком изложении Евангелия», должен представлять собой скорее дух, чем плоть, даже если он так же смертен и небожествен, как все остальное человечество.

В романе задача отделения Христа в понимании Толстого от Христа Церкви и традиционного христианства — то есть отделения развоплощенного толстовского Христа от воплощенного христианского Христа — решается в апофатическом ключе: читатели узнают, кто такой Христос, через осознание, кем Христос *не является*. Так, Христос не является Иисусом, которого проповедует английский миссионер-евангелист, который появляется в конце романа и чье представление о следовании Христу —

---

[11] Первый серьезный научный труд, в котором выдвигается эта теория, — книга гегельянца Ф. Х. Баура «Павел, апостол Иисуса Христа» («Paulus, der Apostel Jesu Christi», 1845). За ним последовали многие другие авторы, наиболее известный из которых — Ф. Ницше в своем трактате «Антихрист» (1895) — обвиняет Павла в том, что он сделал из христианства формулу, «чтобы превзойти всякого рода подземные культы, например Осириса, Великой Матери, Митры, и чтобы суммировать их» [Ницше 1990 2: 688]. Лютеранский теолог В. Вреде утверждал, что «Павел не имел никаких точек соприкосновения с Иисусом» [Вреде 1907: 89], что между Иисусом и сыном Божьим, изображенным у Павла, лежит огромная пропасть. Среди более поздних работ о Павле как «мифологизаторе» Иисуса см. [Maccoby 1986; Wilson 1998].

в раздаче экземпляров Евангелия арестантам, многие из которых неграмотны. Христос отсутствует в жизни привилегированных классов, а также неотесанных масс, которые, если в них и есть какая-то вера, верят, по сути, *не во Христа*, а в то, что «надо верить в эту веру» (138). Христос, наконец, отсутствует в распятиях, иконах и картинах, висящих в залах суда, тюрьмах и церквах, поскольку Христос «Воскресения» — это не богочеловек, которому поклоняются христиане и чье тело и лик так откровенно выставляются напоказ там, где систематически попирается его учение. Но это и не смертный исторический Иисус — еврейский странствующий проповедник и философ I века. Христос, как становится ясно из романа, вообще не является телом, корпусом в физическом смысле; скорее, это корпус учений, который все читают, но никто ему не следует, — «логос, разумение», как формулирует Толстой в дневниковой записи (50: 54). Именно с этим корпусом учений читатель сталкивается в эпиграфах к роману, а Нехлюдов — при чтении Евангелия от Матфея в гостиничном номере. Это и есть Христос Толстого — не богочеловек, а божественная проповедь.

Чтобы следовать этому Христу, нужно, во-первых, понимать, что если в Иисусе и есть какая-то божественность, то она заключается в его учении, а не в его личности; во-вторых, этому божественному учению, этому Христу нужно следовать *буквально*. Нужно, например, поступать именно так, как велит Христос в Евангелии от Матфея: «Отвергнись себя, и возьми крест свой, и следуй за Мною», потому что «кто хочет душу свою сберечь, тот потеряет ее, а кто потеряет душу свою ради Меня, тот обретет ее» (Мф 16: 24–25). В потере своей «души», то есть в отказе от собственности, от привилегированной и праздной жизни ради служения Богу и ближним, Нехлюдов, несомненно, ее нашел. Он, как и гласит заглавие романа, «воскрес». Конечно, это воскресение в сугубо переносном смысле — знак нового понимания своей жизни и того, как ее прожить. То понятие воскресения, которое чаще всего связывается с Христом, — воскресение тела — Толстому, безусловно, чуждо. Таким образом, заглавие романа несет в себе умышленную иронию. Вера во Христа не ведет к воскресению тела, и воскресения тела нет ни в романе Толстого, ни в его христианстве. Есть лишь его отвержение.

Это отвержение тела в первую очередь связано с толстовской критикой сексуальной любви, которая, что важно, находится в центре сюжета романа — ведь в конце концов именно «любовь» в нем подвергается суду. Здесь снова остро ощущается противостояние между эросом и агапе, и уже заранее понятно, какая любовь победит в романе. Дух должен преодолеть тело. Свое крайнее выражение и разрешение тема секса в романе находит в образах политзаключенных Владимира Симонсона и Марьи Павловны Щетининой — оба они презирают секс. Симонсон, платонически любящий Маслову, считает, что «размножение людей есть только низшая функция человека, высшая же состоит в служении уже существующему живому» (370). Марья Павловна, в свою очередь, «смотрела на [секс] как на что-то непонятное и вместе с тем отвратительное и оскорбительное для человеческого достоинства» (369). Собственно, «отвращение, которое обе они испытывали к половой любви» (368), и скрепляет дружбу между Марьей Павловной и Масловой; последняя предсказуемым и абсолютно символичным образом в конце концов соглашается на платоническую супружескую жизнь с Симонсоном, отвергнув ради этого брачное предложение Нехлюдова. Так Толстой разрешает в романе проблему половой любви — полностью отвергая ее и освобождая Нехлюдова от его связанной с сексуальностью вины как раз вовремя для его духовного возрождения. Маслова отказывается от своего профессионального имени Любовь ради любви под другим именем — агапе. Это и есть ее «воскресение». Теперь и Нехлюдов должен искать воскресения через агапе, вытесняющую из его жизни эрос.

Как известно, Толстой ни разу не применяет слова «воскресение» ни к духовному преображению Нехлюдова, ни, если уж на то пошло, к перемене, произошедшей с Масловой. Кроме заглавия, речь о воскресении идет только в гл. 39 первой части, в сатирическом описании богослужения, где воскресший Иисус Христос упоминается в нелепом перечне отрывков из Евангелия от Марка и Деяний апостолов, в которые прихожанам предписано верить. В «Соединении и переводе четырех Евангелий» Толстой переводит это слово как «пробуждение жизни» (50: 54; 24: 316–317) и «восстановление к жизни от смерти» (24: 316–317).

И все же исключительно переносный смысл воскресения в романе вызывает некоторые вопросы. Если Христос — не исторический Иисус и не воплощенный Бог, а «разумение жизни» из «Соединения…» и «Краткого изложения Евангелия», то есть не божественное тело, а корпус божественных учений, то чем отличается учение Христа от позитивистской политической теории Г. Спенсера или теории земельного налога Г. Джорджа, которые легли в основу мировоззрения юного Нехлюдова и сыграли роль в его «воскресении» — пробуждении его забытого я десять лет спустя? Их роль в его воскресении представляется не менее, а может быть, и более значительной, чем роль Евангелия от Матфея, учитывая преображающее воздействие трудов Спенсера и Джорджа на жизнь Нехлюдова. Толстой не указывает, каким образом Евангелие от Матфея может изменить жизнь Нехлюдова: роман просто заканчивается тем, что Нехлюдов его читает. Повествователь сообщает лишь, что для Нехлюдова началась «совсем новая жизнь» (445), но станет ли Евангелие от Матфея центром этой новой жизни или просто очередным «прогрессивным текстом», подстегивающим его общественно-политическую активность, неясно. В самом деле, если учесть, что политические активисты и социалистическая философия изображены в романе доброжелательно, может быть, вернее было бы предположить, что в его финале царит дух Маркса, а не Матфея.

Это не праздный вопрос, потому что в третьей части романа в историях политических активистов, таких как Симонсон, Крыльцов, Маркел Кондратьев, Набатов, Марья Павловна и Вера Богодуховская (при всей ироничности имени и фамилии последней), перед нами предстают персонажи, достигшие духовного «воскресения» исключительно политическими средствами, не прибегая к Христу и Евангелиям:

> Различие их от обыкновенных людей, и в их пользу состояло в том, что требования нравственности среди них были выше тех, которые были приняты в кругу обыкновенных

людей. Среди них считались обязательными не только воздержание, суровость жизни, правдивость, бескорыстие, но и готовность жертвовать всем, даже своею жизнью, для общего дела (374–375).

Также и Маслова, что важно, достигает духовного преображения, как отмечает В. Б. Шкловский, «без чтения Евангелия» [Шкловский 1963: 703]. Собственно, больше всего на нее влияют политические ссыльные, а не Нехлюдов и, уж конечно, не Христос. Она называет их «чудесными людьми» и благодарит Бога за тюремное заключение, которое свело ее с ними (367).

На самом деле нет ничего удивительного в том, что цитаты из Священного Писания в начале и в конце книги создают ощущение чужеродности, искусственности (как указывал А. П. Чехов[12]): ведь «хорошие», по мнению Масловой и Толстого, революционеры — это люди, живущие в просветленном состоянии «воскресения», или разумения, не имеющего ничего общего ни с Евангелием, ни с вообще с Христом. Конечно, Толстой не скрывает своего презрения к «дурным» революционерам, таким как властолюбивый Новодворов, ограниченный и тщеславный, чьи «нравственные качества» были «ниже среднего уровня» (400). Но большинство революционеров, описанных в романе, — либо трагические жертвы царского гнета, либо достойные восхищения идеалисты.

Таким образом, к концу романа Толстой загоняет себя в некоторый тупик. Его презрение к «животному я» обернулось страхом перед телом. Тело должно быть дисциплинированным, чтобы избежать ожидающей его страшной участи, гротескно подчеркнутой описанием распухшего трупа купца и зловонного, ссохшегося, как мумия, тела умирающей матери Нехлюдова, — такой

---

[12] «Конца у повести нет, а то, что есть, нельзя назвать концом. Писать, писать, а потом взять и свалить все на текст из евангелия, — это уж очень по-богословски. […] Почему текст из евангелия, а не из корана? Надо сначала заставить уверовать в евангелие, в то, что именно оно истина, а потом уж решать все текстом» [Чехов ПСС, Письма 9: 30].

конец ждет всех, кто живет ради тела, будь то непристойно обнаженные матери и дочери, блудящие проститутки или звероподобные мужчины, поедающие красное мясо и соблазняющие женщин. Нужно отказаться от жизни ради тела, взять крест свой и следовать за Христом, который, теперь раскрытый с помощью апофатического богословия романа, оказывается не Иисусом истории и не воплощенным Богом, но корпусом божественных учений. Тем не менее как корпус божественных учений Евангелие мало чем отличается от других «священных текстов» романа, таких как «Капитал» К. Маркса или политическая философия Г. Спенсера. Представляется, что все эти произведения в равной степени способны привести человека к личному просветлению, которое так превозносит Толстой в своем романе.

Таким образом, апофатизм Толстого вызывает сомнения. Если Христос — не Бог, а Бог — это всего лишь смутное чувство удовлетворения и нравственной правоты, которое испытывает Нехлюдов в минуты, когда живет по совести, то в романе есть не только место для других нравственных ориентиров, но и явная возможность окончательно избавиться от Бога. Более того, если в служении животному *я* виновата «сформированная обществом структура желаний» [Gustafson 2009: xiv] Нехлюдова, то необходимо изменить и среду, в которой сформировались эти желания, — отсюда и заигрывание романа с марксизмом. Строить Царство Божие, как в «Воскресении», так и в других произведениях Толстого, означает не только измениться самому, но и в конечном счете изменить общество. А для этого требуется не только воскресение, но и восстание, и к концу романа Толстой уже близок к тому, чтобы прямо высказать это. Здесь апофатическая теология романа неожиданно ударяется о твердые скалы радикального материализма, грозящие разбить ее вдребезги.

Когда Толстой писал «Воскресение», одобрение марксистской революции вряд ли входило в его намерения, но она, несомненно, присутствовала в его мыслях. Из его писем и дневников явствует, что в годы работы над романом он постоянно размышлял о социализме, революции, Марксе, Спенсере и Джордже. В целом Толстой опасался реальных политических перемен. Дневниковая запись от 26 февраля 1889 года гласит: «Политического изменения социального строя не может быть. Изменен[ие] только одно нравственное, внутреннее человека» (50: 41–42). А девять лет спустя (3 августа 1898 года) Толстой с поразительной прозорливостью выражает в дневнике свои сомнения по поводу марксистской революции: «Если бы даже случилось то, что предсказывает Маркс, то случилось бы только то, что деспотизм переместил[ся] бы. То властвовали капиталисты, а то будут властвовать распорядители рабочих» (53: 206). Как бы то ни было, после событий 1905 года и полдесятилетия спустя после завершения «Воскресения» Толстой, похоже, меняет свой взгляд на революцию. В письме Э. Кросби (Ernest Crosby) он пишет (по-английски): «As to the disturbances that are going on now, they are only the precursors of the great revolution which I hope will begin at once everywhere and will consist in the annihilation of state power» («Что касается беспорядков, происходящих сейчас, они только предвестники великой революции, которая, надеюсь, начнется везде одновременно и будет состоять в уничтожении государственной власти») (73: 138). Так, спустя шесть лет после выхода в свет «Воскресения» Толстой, похоже, начинает сочувственно относиться к идее революции.

Других властителей дум Нехлюдова — Г. Спенсера и Г. Джорджа — Толстой оценивал по-разному. Ему нравился Джордж и не нравился Спенсер. «Я не поклонник Сп[енсера]», пишет он в письме 1904 года, объясняя это отсутствием каких-либо «grandes pensees» (великих мыслей) в трудах Спенсера (75: 82). А в 1891 году он жалуется Н. Н. Страхову, что Спенсер для него «не в коня корм. Я совсем забыл уже то действие, к[оторое] производит на меня Спенсер, но при попытке прочтения этой брошюрки повторялось много раз испытанное прежде: не скука, но подавленность, уныние и физическая невозможность читать дальше одной страницы» (65: 276).

Но Толстой был прямо противоположного мнения о Джордже, чей проект единого земельного налога он хвалит не только в романе, но и в жизни. «Чем больше я узнаю его, тем больше я его уважаю, — пишет он Э. Кросби в 1894 году, — и удивляюсь равнодушию цивилизованного мира к его деятельности» (67: 273). Стремление Нехлюдова во второй части романа ввести единую земельную подать в своих поместьях — это, безусловно, попытка Толстого популяризировать идеи Джорджа в России [Stavis 2016: 75–93]. Тут читатель обнаруживает одну из причин, по которой «воскресение» Нехлюдова оказывается не только духовным, но и политическим пробуждением: Толстой явно хотел, чтобы роман стал средством выражения его собственных взглядов на проблемы, терзавшие его страну, и на различные пути — политические, социальные и духовные — излечения этих недугов. Роман «Воскресение» вовсе не замышлялся исключительно как изложение религиозных взглядов Толстого.

Таким образом, читатели, ожидающие найти в романе «воскресение» в религиозном смысле или встречу с Христом веры, обнаруживают в нем вместо этого историю политического обращения, а кроме того, встречаются с экономистами и философами-материалистами. Вместо того чтобы служить объяснением «религии практической, которая не обещает будущее блаженство, но дает блаженство на земле», последний роман Толстого местами напоминает политический трактат в романной форме. Причину такого результата обнаружить нетрудно. В пустое апофатическое пространство толстовских поисков Христа и Бога втягиваются, как в вакуум, другие фигуры: К. Маркс, Г. Спенсер, Г. Джордж. Пусть Нехлюдов в конце романа и читает Евангелие от Матфея, но сочинения Маркса, Спенсера и Джорджа также явно способствуют его воскресению. Евангелие в последнем романе Толстого оказывается таким же радикальным политическим текстом, как «Капитал» Маркса, который в финале так жадно глотает революционер Маркел Кондратьев. Хотя сам Толстой мог этого и не осознавать, апофатическая теология его романа сумела вписать Иисуса Христа в революцию, хотя и на два десятилетия ее опередила. Когда А. А. Блок в поэме «Двенадцать» поставил Христа во главе банды головорезов-красногвардейцев, он лишь завершил жест, невольно начатый Толстым в его итоговом романе «Воскресение».

Глава 6
Век веры
Христос в русской литературе XX века

> ...Так идут державным шагом —
> Позади — голодный пес.
> Впереди — с кровавым флагом,
> И за вьюгой невидим,
> И от пули невредим,
> Нежной поступью надвьюжной,
> Снежной россыпью жемчужной,
> В белом венчике из роз —
> Впереди — Исус Христос.
>
> А. Блок. «Двенадцать»

Рост секуляризма в России достиг апогея в событиях революции 1917 года, и тогда неверие окончательно восторжествовало. Самое поразительное в таком исходе то, что к нему пришла страна с единой государственной православной религией и почти тысячелетней историей веры — как будто подтверждая предположение Достоевского, будто грань между пламенной верой и воинствующим атеизмом на самом деле прозрачна, что условия, способствующие вере, могут так же легко и внезапно породить яростный атеизм, порой в неожиданных формах. Однако при близком рассмотрении советского века возникает соблазн выдвинуть противоположный аргумент: воинствующий атеизм в конечном итоге привел к возрождению в СССР веры, в частности среди интеллектуалов и писателей, выступавших против правительства, которое становилось все более тоталитарным. Собственно, можно даже утверждать, что Советский Союз как официально атеистическое государство, где Церковь преследовалась, а вера высмеивалась, стал идеальным пространством отрицания, из которого писатели смогли в апофатическом духе заново разглядеть природу веры, не заслоняемую положительной культурной концептуализацией. На самом деле, конечно, отношения между верой и неверием в советском веке гораздо сложнее, чем может подразумевать столь удобная формулировка. Во-первых, советское правительство вскоре сделало государственной религией идеологию, снабдив ее подобающим «священным преданием» и галереей мирских святых. Во-вторых, внушать приверженность революционному делу помогали учение и жизнь самого Христа; это подтвердил А. А. Блок, в своей знаменитой поэме поставивший Иисуса Христа во главе двенадцати большевиков-революционеров.

Путь, который привел к появлению Иисуса Христа в гуще революции, начался на исходе века неверия — периода, который в русской культуре называют расплывчатым термином «безвременье», что означает период культурного и социального застоя. Этим словом Блок озаглавил одну из первых своих статей 1906 года, посвященную размышлениям о русском обществе и о культуре на распутье. Прежде, пишет Блок, «природа, искусство и литература были на первом плане», теперь же люди «стали посвящать все свое время государственной службе — и перестали понимать искусство. Музы стали невыносимы для них. Они утратили понемногу, идя путями томления, сначала Бога, потом мир, наконец — самих себя» [Блок СС: 5: 68].

Осуждая свой век, Блок одновременно дает общее определение болезни fin de siècle, охватившей русское общество, и выражает предчувствие некоего катастрофического перелома. Таким образом, фоном для рождения века веры в русской литературе было ощущение социального и культурного краха и надвигающегося апокалипсиса как кульминации последних беспокойных десятилетий века неверия. Общество утратило веру и в православие, и в литературу как свод ответов на вопросы, задаваемые жизнью. С церковью соперничали многочисленные неканонические системы верований, в частности анархическое христианство Толстого, православные секты (скопцы, хлысты, духоборы, молокане), сохранившиеся и в XX веке, а также представители различных ответвлений протестантизма; она подвергалась нападкам со стороны радикалов и материалистов, провозгласивших смерть Бога и обличавших равнодушие церковников к социальному неравенству и несправедливости.

Корифеи русского реализма либо умерли (Достоевский — в 1881 году, за месяц до убийства Александра II, Тургенев — двумя годами позже), либо сошли с литературной сцены (как Толстой после «Анны Карениной»); появились новые авторы, отвечавшие запросу все более грамотной публики на произведения популярного, развлекательного характера. Пышным цветом расцвели малые жанры — рассказ, очерк и повесть, — в то время как толстые, насыщенные идеями романы, обращенные к «проклятым вопросам», исчезли с горизонта. Как писал критик М. О. Меньшиков в статье 1891 года, литература в последние десятилетия XIX века утратила свою «облагораживающую силу» [Меньшиков 2012: 135]. Русская публика стала читать исключительно для развлечения. В конце века неверия в литературе, как и во всех видах искусства, чувствовалось «изнеможение от избытка старых средств и до боли, до сумасшествия напряженные поиски новых» (Там же: 146), подходящих для «движения общества вперед» и «возрождения его "пророческим" призывом» (Там же: 145). Реализм был уже не в силах выполнить эту задачу. Требовалось новое, более возвышенное искусство, и первым его провозвестником стал один из родоначальников русского символизма Д. С. Мережковский, который в ряде своих лекций способствовал нащупыванию пути назад к Иисусу Христу.

Символисты и Иисус Христос

Прочитанный Д. С. Мережковским в 1892 году цикл лекций «О причинах упадка и о новых течениях современной русской литературы» обозначил начало того, что вскоре стало символистским течением в России. Часто называемое первым манифестом русского символизма, сочинение Мережковского представляет собой всестороннюю оценку того, как господствующие в обществе тенденции позитивизма и материализма привели русскую литературу к кризису. Именно против этого материализма выступает Мережковский. Русская литература и русское общество, по мнению писателя, страдают одним и тем же недугом, и недуг этот по сути духовный. Философские искания своего времени Мережковский определяет как борьбу двух диаметрально противоположных мировоззрений — «самого крайнего *материализма* и страстных *идеальных* порывов духа. <...> Последние требования религиозного чувства сталкиваются с последними выводами опытных знаний». Или, как он формулирует абзацем выше, «Никогда еще люди так не чувствовали сердцем необходимости верить и так не понимали разумом невозможности верить» [Мережковский ПСС, 8: 536].

По оценке Мережковского, именно Достоевский и Толстой привнесли в русскую литературу мистическое содержание (Там же: 540). Мережковский видит в этом «начала нового идеализма», благодаря которому «мистическое чувство вторгалось в пределы точных опытных исследований и разрушало их» (Там же: 535–536). Согласно Мережковскому, этот новый идеализм уже расцвел во французском символизме, язык которого с его аллюзиями, символами и кажущейся неуловимостью смысла указывает путь к мистическому искусству откровения, способного раскрывать духовные истины. Поэт уже не просто писатель, а первосвященник и ясновидец.

Мережковский цитирует знаменитую строчку из тютчевского стихотворения «Silentium» (1830) — «мысль изреченная есть ложь» — как напоминание об ограниченности языка для выражения смыслов в новом идеализме и о необходимости расширения художественной впечатлительности. Эту мысль — и ширящееся дело символизма — подхватывает в своих ранних сочинениях В. Я. Брюсов, заявляя, что поэтический язык Пушкина уже не в состоянии выразить новые реалии России fin de siècle. Хотя стихотворения — свои и чужие, — которые он публикует в трех сборниках под названием «Русские символисты» в 1894 и 1895 годах, больше прославились своей скандальностью, чем художественными достоинствами, Брюсов намеревался создать новый вид поэтического языка и одновременно основать новое литературное движение. В своей программной статье «Ключи тайн» (1904) он изложил собственную теорию искусства как метода познания вне рассудочных форм, пользуясь которым художник запечатлевает моменты прозрения, данные ему иррациональным озарением. Хотя Брюсов и критиковал в 1894-м мистические стороны символизма, он тем не менее объявляет задачей искусства раскрытие «затемненной сущности» души художника[1], таким образом выказывая символистский интерес «к внутреннему или трансцендентному миру Идеала» — интерес, который «выдает постоянную жажду религиозной или псевдорелигиозной веры» [Basker 2001: 138].

На самом деле мистическая тенденция характерна как для ранних, так и для поздних этапов русского символизма и его авторов; точно так же интерес к декадентскому самокопанию, пессимизму и искажениям реальности, характерный для первой волны русского символизма (примерно 1894–1906 гг.), был отчасти унаследован второй волной (1906–1917). Русский символизм, никогда не составлявший единого течения, был «сборным пунктом» совершенно разных талантливых художников, которые отвергли «господство позитивной науки», условности и мораль буржуазного общества умирающего века в пользу трансцендентального мира за пределами постигаемого пятью эмпирическими чувствами[2].

Отвечая своему времени, русские символисты перешли от декадентских или болезненных рассуждений о порочной жизни города к обращениям к высшей духовной реальности или выражению предчувствия ждущего Россию катаклизма исторического

---

[1] См. статью 1899 года «О (sic) искусстве» [Брюсов СС 6: 43–54].

[2] В 1902 году Брюсов писал: «Господство позитивной науки проходит... [...]. Нам стало тесно, душно, невыносимо. Нас томят условные формы общежития, томят условные формы нравственности, самые условия познания, все, что наложено извне» [Брюсов 1990: 62].

масштаба. На рубеже веков в России преобладали апокалиптические настроения, часто принимавшие форму ожидания катастрофического конфликта между Европой и Азией, где центральным полем битвы стала бы Россия. Впервые апокалипсис в России предстал как очередное монгольское завоевание в стихотворении В. С. Соловьева «Панмонголизм» (1894). В. Я. Брюсов и А. А. Блок последовали его примеру и выдали собственные вариации на тему вторжения из Азии: Брюсов под влиянием политических волнений 1905 года написал стихотворение «Грядущие гунны», а Блок через несколько месяцев после Октябрьской революции 1917 года — «Скифов».

Собратья-символисты Д. С. Мережковский и А. Белый разделяли те же эсхатологические представления, но реагировали на надвигающийся Армагеддон по-разному: Мережковский отстаивал своего рода апокалиптическое христианство; Белый обратился к соловьевской теософии, которая позже уступила место антропософии Р. Штайнера. В свою очередь Блок, из всех троих настроенный наименее философски, провозглашал эклектический мистицизм, который вскоре сменился мрачным и мизантропическим взглядом на мир, превратившийся в хаос[3]. Каждый из троих на определенном уровне знаменует собой поворот вспять от своего века, несмотря на то что двое из них — Белый и Блок — приняли революцию, которая в конечном итоге установит первое в мире официально атеистическое государство.

Однако вера может пониматься по-разному — это ясно показали как эзотерические духовные искания символистов, так и утопические устремления революционных движений в России. Белый настаивал на том, что в большевистской революции присутствует религиозный аспект, и в этом убеждении он был далеко не одинок. В свою очередь, Мережковский видел в политическом перевороте возможность для «религиозной революции», которая могла бы привести к постапокалиптическому христианскому анархическому обществу без правительства, законов

---

[3] См. прекрасное исследование Б. Г. Розенталь о трактовке этой темы Мережковским, Белым и Блоком [Rosenthal 1980].

и насилия (см. [Rosenthal 1980]). Блок же понимал неизбежное уничтожение интеллигенции старого мира в огне революции как своего рода нравственно-мистическое искупление прошлых грехов — часть самосожжения Святой Руси, необходимого для ее очищения и возрождения. Безусловно, мало кто веровал так же истово, как архитекторы нового советского порядка. Революция заменила для них религию новой светской мифологией, которая за какие-то пятнадцать лет породила культы Ленина и Сталина, чьи жизни, идеи и место в истории были возведены в псевдобожественный статус. Таким образом, возрождение духовной, идеалистической и религиозной мысли в русском модернизме fin de siècle подготовило почву для века, в котором вера как таковая буквально носилась в воздухе. Неудивительно, что и Блок, и Белый ответили на революцию стихами, куда постарались внедрить образ Христа, ища в главной фигуре христианского апокалипсиса средство выражения сути апокалипсиса своего времени.

Белый написал длинное стихотворение «Христос воскрес» в апреле 1918 года, когда надежды на лучшее будущее были особенно сильны. Текст, разбитый на двадцать четыре части, представляет собой жизнеописание Христа, начиная от его крещения в реке Иордан и заканчивая распятием и воскресением. При этом в историю Христа Белый вписывает сцены из современной ему революционной России. В 15-й части Россия предстает как угнетенная страна, но до нее доходит весть о неминуемом воскресении — революции. В следующей части паровозы, дождь и телеграфная лента все вместе провозглашают: «Да здравствует Третий Интернационал!» (притом что Третий Интернационал был учрежден только год спустя). В последующих частях «сухие трески револьверных взрывов» заглушают речи «расслабленного интеллигента», паровозы «поют о братстве народов», стреляют пулеметы, и революция вершит свою великую мистерию. В конце поэмы Россия уподобляется «облеченной солнцем Жене» из Откровения Иоанна Богослова, а сияние, ознаменовавшее крещение Христа в начале поэмы, «опускается на каждого из нас». В свете этого сияния «бури вострубленной весны», заменившие Святой дух, дышат на каждого человека Божьей благодатью, и «огненное горло» возглашает: «Сыны Возлюбленные, — Христос Воскрес!» [Белый 1966: 385–401].

Поэма Белого отражает революционный и религиозный мессианизм ее автора, видевшего в страданиях России Голгофу, необходимую для окончательного спасения страны. Христос воскрес в России под видом революции, провозгласившей «новое Евангелие среди бури и крови» [Slonim 1962: 193]. Поэма Блока, напротив, представляет собой блестящее, новаторское и противоречивое свидетельство о времени, значительно превосходящее поэму Белого по художественным достоинствам, но гораздо более двусмысленное в своих суждениях о революции, Иисусе Христе и их взаимосвязи. Стилистически поэма — поразительный сплав городского уличного жаргона, революционной риторики, церковных архаизмов и частушечного стиха, разделенных фрагментами возвышенной поэтической речи. Тематически она выглядит как смесь внешне не связанных между собой мотивов. Это одновременно идеологическая карикатура на пережитки старого мира (толстопузый поп, барыня в каракуле, длинноволосый писатель-«вития», потрепанный буржуй и его облезлый пес); история любовного треугольника, закончившаяся убийством (линия Катьки — Ваньки — Петрухи); аллегория стихийной бури революции в образе вселенской вьюги; и притча, завершающаяся утверждением Иисуса Христа, второе пришествие которого совершилось в карательном насилии революции.

Главная сюжетная линия «Двенадцати» строится на любовном треугольнике. Группа из двенадцати красногвардейцев-головорезов марширует по завьюженному Петрограду, упиваясь свободой от оков Церкви и государства и готовясь «пальнуть пулей в Святую Русь», чтобы защитить революцию. Почти сразу же их отвлекает известие, что подруга их товарища Петрухи Катька гуляет с Ванькой, солдатом враждебной стороны. Семь из двенадцати частей поэмы повествуют о развитии и последствиях ожесточенного конфликта Петрухи и Ваньки, в результате чего Катька получает пулю в голову из винтовки Петрухи. Ванька убегает, а отряд красногвардейцев продолжает свое шествие по улицам; убийство решено считать пустячным эпизодом по сравнению с делом, которому они служат, и по сути оно даже подзадоривает их в том, чем они заняты, — патрулировании столицы, а заодно и ее беззаконном разграблении. К концу поэмы красногвардейцы продолжают обходить город «дни и ночи напролет», а вьюга усиливается с каждым их шагом, то открывая, то пряча впереди, среди снежной пыли фигуру, машущую красным флагом. Остановить фигуру не могут ни угрозы, ни выстрелы, и двенадцать вынуждены так и маршировать вслед за незнакомцем, который, как сообщает нам рассказчик в последней строке, есть не кто иной, как Иисус Христос «в белом венчике из роз». Так одним росчерком отряд красногвардейцев из шайки двенадцати разбойников как будто превращается в братство двенадцати апостолов.

Поэма Блока вызвала возмущение в обоих идеологических лагерях. Верующим появление Христа в конце поэмы показалось кощунственным; большевики сочли его неуместным и опасным пережитком. Притом что споры, вызванные поэмой, были неминуемы, ассоциирование Иисуса с большевиком-красногвардейцем едва ли стало великим христологическим открытием. За полвека до поэмы Блока Белинский утверждал, что живи Христос в его время, он был бы социалистом. Многие русские революционеры второй половины XIX века — А. И. Желябов, В. И. Засулич, В. Н. Фигнер и многие другие — вдохновлялись жизнью, учением и жертвой Иисуса Христа, пусть даже отвергали его божественность и провозглашавшую ее Церковь (см. [Bergman 1990]). В 1881 году, во время суда над народовольцами, организовавшими убийство Александра II, Желябов заявил: «...православие отрицаю, хотя сущность учения Иисуса Христа признаю. Эта сущность учения среди моих нравственных побуждений занимает почетное место» [Процесс 1906: 6][4]. Е. Сазонов,

---

[4] В письме Исполнительного комитета Народной воли Александру III от 10 марта 1881 года говорилось: «...виселицы [...] так же бессильны спасти отживающий порядок, как крестная смерть Спасителя не спасла развратившийся античный мир от торжества реформирующего христианства» (цит. по: [Фигнер 1921: 338]).

в 1904 году убивший министра внутренних дел В. Плеве, писал родным из тюрьмы: «...мои революционные и социалистические верования слились воедино с моей религией. Я считаю, что мы — социалисты — продолжаем дело Христа, который проповедовал братскую любовь между людьми и умер, как политический преступник, за людей» (цит. по: [Варшавский 1956: 238]). Так что Христос или его образ никогда не был далек от революционного дела в России.

Блок, со своей стороны, не сомневался в верности своего решения включить в поэму образ Христа: в дневниковой записи от 10 марта 1918 года, шесть недель спустя после завершения поэмы, он утверждает, что «то обстоятельство, что "Христос с красногвардейцами"», должно быть ясным для любого, кто читал Евангелие и размышлял о нем: «Я только констатировал факт: если вглядеться в столбы метели на *этом пути*, то увидишь "Исуса Христа"» [Блок СС, 7: 330]. Еще за недели до написания «Двенадцати» Блок непрестанно думал о Христе, вынашивая замысел новой пьесы об Иисусе (см. [Мочульский 1948: 397])[5]. Однако, изображая собственного Иисуса в «Двенадцати», он остался не очень доволен результатом; в той же дневниковой записи от 10 марта он признавался: «Но я иногда сам глубоко ненавижу этот женственный призрак» [Блок СС, 7: 330].

Противоречивое отношение Блока к образу Христа в «Двенадцати» отражает двусмысленность самой поэмы. В конце концов, какое место занимает Иисус в поэме и в революции? Не служит ли идея «Христа с красногвардейцами» отзвуком ренановской концепции Иисуса: смертный образец нравственного авторитета, борющийся за человеческую справедливость, — иными словами, Иисус как политический активист? Или Иисус «в белом венчике из роз» — всего лишь метафора святости тех потрясений и страданий, которые переживает Россия, в духе поэмы Белого? Зачем вообще Блоку или революции нужен Христос?

---

[5] См. также [Блок СС доп. т.: 386].

Иисус, Ленин и революция

В исследовании «Литература и революция» (1924), где целая глава посвящена Блоку, Л. Д. Троцкий, теоретик марксизма, создатель Красной армии и первый ее главнокомандующий, предлагает свой ответ: «Христос никак не от революции, а только от прошлого Блока» [Троцкий 1924: 91]. "Двенадцать" — не поэма революции, — считает Троцкий. — Это лебединая песня индивидуалистического искусства, которое приобщилось к революции». И появление Иисуса в поэме — всего лишь попытка Блока «спасти художественный образ Христа, подперев его революцией» (Там же: 89). Блок, как объясняет Троцкий, тяготел «к двум главным уклонам: мистическому и революционному», но на обоих его «тревожная хаотичность» так и «не разрешилась до конца» (Там же: 88–89). Поэтому, заключает Троцкий, «Блок не наш. Но он рванулся к нам» (Там же: 93).

То же можно сказать об Иисусе. Несмотря на известное высказывание В. И. Ленина (в письме Горькому) о том, что «всякий боженька есть трупоположство» [Ленин ПСС 48: 228], ничто не мешало видным большевикам, таким как А. А. Богданов и первый нарком просвещения А. В. Луначарский, утверждать, что «Иисус истории был далеким предшественником сегодняшней революции» (см. [Bergman 1990: 230–236]). Луначарский видел в нем «своеобразного вождя пролетарских масс Галилеи», считал, что Иисус, несмотря ни на что, «пролетарский герой, учитель великой любви и великой ненависти тоже» [Луначарский 1908: 155], и, по-видимому, придерживался этого взгляда с 1908 до 1927 года, пока его мнение радикально не изменилось[6]. Собственно, именно Богданов, Луначарский и Горький в межреволюционный период стремились придать марксизму метафизическое измерение, приписывая пролетарской программе божественные аспекты.

---

[6] В 1927 году в докладе на публичном диспуте с митрополитом и христианским социалистом А. И. Введенским Луначарский заявляет, что история Иисуса — это «чистейший миф от начала до конца» [Луначарский 1972: 233; см. Bergman 1990: 231–236].

Это направление мысли, называемое богостроительством, было порождено одновременно православной культурой, против которой выступали его приверженцы, и нараставшим в предреволюционные десятилетия «прометейством» большевизма. Богостроители не обожествляли тело в подражание Богочеловеку Иисусу Христу, но стремились внушить людям веру в возможность совершенствования человека без обращения к сверхъестественным средствам. Богостроительство было реакцией на движение богоискателей, возникшее на рубеже веков в кругу Д. С. Мережковского и З. Н. Гиппиус и ратовавшее за новое религиозное сознание. Луначарский надеялся направить все хорошие качества религии — ее эмоциональную отзывчивость, способность воодушевлять, нравственные ориентиры и чувство высшей цели — в новый, его собственный, светский ее вариант, который придал бы революции отчетливый религиозный характер. Бог, воплотившийся в Иисуса Христа, больше не указывал путь к вечной жизни: человекобог должен был сам достичь бессмертия научным и коллективным путем (о богостроительских идеях в ранние годы большевизма в России см. [Bergman 1990: 238–242]).

Вера в то, что человеческий разум и наука могут служить средством, с помощью которого человечество в конце концов решит все свои проблемы, была общим местом для радикальных материалистов XIX века и стала преобладающим убеждением века советского. Традиционная религия и вера в Бога были несовместимы с человеческим разумом и новым большевистским государством. Поэтому практически сразу после революции большевики развернули кампанию против Церкви, которая привела к конфискации и порче церковного имущества, арестам и расстрелам священников (к 1930-м годам число репрессированных достигло десятков тысяч), запрету на публикацию религиозных материалов, закрытию семинарий и монастырей.

В то же время, отмечает М. Стейнберг, как это ни парадоксально, сами революционные условия «взращивали религию и религиозный дух» во многом благодаря «революционному энтузиазму, ожиданиям и перспективам, порожденным революцией и большевистским радикализмом» [Steinberg 2002: 250]. Представление о деле революции как о своеобразной религии в России пошло еще от А. И. Герцена, и те, кто служил этому делу, выказывали пыл истинно верующих. Некоторые религиозные чувства, связанные с революцией, были прямым следствием апокалиптических настроений рубежа веков и сопровождавшего их мистического ужаса. Религиозный дух также никуда не исчезал среди крестьян и рабочих, которые по-прежнему чувствовали в своей жизни потребность в обрядах и священных символах, особенно в свете всех потрясений, которые принесла революция.

Государство пыталось заполнить вакуум, образовавшийся в результате подавления организованной религии, внешними атрибутами собственной веры. Вместо крестин придумали ритуал «октябрин». «Красные свадьбы» и «красные похороны» заняли место венчаний и панихид. Религиозные праздники в советском календаре были заменены государственными. Роль религии как регулятора личного поведения вытеснялась настойчивыми призывами к личной гигиене и нравственным поступкам, звучавшими в плакатах, газетах и официальных заявлениях. Переименовывались улицы и города, и так создавался новый пантеон советских героев, мучеников и святых. Религиозные метафоры часто использовались в революционных контекстах (самыми распространенными были ссылки на крест, распятие и Голгофу) (см. [Steinberg 2002: 254, 262–267; Stites 1989: 109–123]). А культ Ленина начал интенсивно развиваться задолго до его безвременной кончины в 1924 году.

Отец революции 1917 года и ее защитник во время последовавшей за ней Гражданской войны, Ленин вызывал не просто уважение и восхищение: его любили и восхваляли. Его пятидесятилетие в апреле 1920 года стало всенародным праздником, с портретами, плакатами, изданием новых биографий (одна из них вышла массовым тиражом в 200 000 экземпляров) и поэтических од. 28 апреля 1920 года свою поэтическую дань Ленину впервые публично огласил В. В. Маяковский. Стихотворение было опубликовано в «Красной газете» 5 ноября 1922 года, и именно оно задало псевдорелигиозный тон, который вскоре станет общепринятым в применении к Ленину: «Пожарами землю ды́мя / везде, где народ испленен, / взрывается / бомбой / имя: / Ленин! / Ленин! <...> Я / в Ленине / мира веру / славлю / и веру мою» [Маяковский 1963: 47][7].

Религиозная лексика здесь закономерна. Ощущение, будто дело социализма — это единственное истинно святое дело человечества, присутствовало всегда. Воздействие религиозных форм и мотивов также легко прослеживается в плакатах и листовках периода Гражданской войны, многие из которых по композиции напоминали древнерусские иконы (см. [Bonnell 1997]). Подобные чувства вызывал и сам Ленин. Как сообщает Н. Тумаркин в своем исследовании культа Ленина, первая волна откровенного мифотворчества была спровоцирована покушением на Ленина в 1918 году (см. [Тумаркин 1997: 79–86]). В 1920 году М. Горький заявляет, что Ленин стал «легендарной личностью», и в «эпоху преобладания религиозных настроений» его «сочли бы святым». Горький, однако, это одобряет, потому что «область гражданской деятельности во все времена создавала гораздо больше истинно святых людей, если под святостью подразумевать бескорыстное, бесстрашное служение интересам народа, свободы, истины» [Горький 1920][8]. Три года спустя, когда Ленин выздоравливал после первого серьезного инсульта, но еще задолго до его смерти, появились первые «ленинские уголки», призванные заменить красные углы с иконами, сохранившиеся во многих крестьянских домах, и привить крестьянину почтительное отношение к вождю. Старания возвысить образ вождя в период его медленного выздоровления вскоре переросли в создание вульгарного открытого культа, несмотря на возражения семьи Ленина.

Определяющим моментом в разрастающемся культе Ленина стала его смерть в январе 1924 года. Посыпались предложения и требования присвоить различным учреждениям и самому городу Петрограду имя Ленина; кроме того, в риторике, окружавшей имя вождя, драматически усилилась религиозная составляющая. Так, редактор газеты «Известия» заявил, что имя Ленина «вошло

---

[7] Стихотворение «Владимир Ильич!» (1920). — *Примеч. пер.*
[8] См. также [Velikanova 1996: 36].

в святцы» [Стеклов 1924]. В. В. Маяковский в стихотворении «Комсомольская», написанном на смерть Ленина, намекает на его «воскресение» и «вечную жизнь»: «Ленин жил, / Ленин жив, / Ленин будет жить» [Маяковский 1963: 96–100]. Плакат, где этим коммунистическим «символом веры» сопровождается изображение похожего на пророка Ленина, вскоре стал одной из самых распространенных икон вождя. По выражению Р. Стайтса, после смерти Ленин сделался «отсутствовавшим до тех пор лицом Бога рабочих» [Stites 1989: 103; см. Великанова 2001: 163–190].

Несмотря на возражения вдовы Ленина и таких видных большевиков, как Троцкий, Каменев и Бухарин, в похоронах Ленина присутствовало столько псевдорелигиозных атрибутов (включая пальмовые ветви, украшавшие зал, где было выставлено тело для прощания), что, по словам Дж. Бергмана, трудно было не «предположить, что основатель советского государства имеет нечто общее с основателем христианства» [Bergman 1990: 244]. Кульминационным моментом в канонизации вождя, однако, стало решение забальзамировать тело Ленина и выставить его на постоянное обозрение в специально построенном для этой цели мавзолее на Красной площади. Хотя мумифицированное тело — не то же самое, что обожествленное, сама идея публично выставить тело Ленина имеет параллель в русской православной церкви, считающей чудесную нетленность тела святого важным признаком святости. Возможно, именно на эту параллель намекал Сталин, когда, одобряя идею Л. Б. Красина о вечном хранении и публичной демонстрации тела вождя, высказал предложение, чтобы Ленин был похоронен «по-русски» [Тумаркин 1997: 164].

Для Красина это был не просто символический повод сохранить тело Ленина. Подобно Горькому и Луначарскому, Красин одно время был откровенным приверженцем богостроительства, и чем бы ни была продиктована мысль выставить тело Ленина напоказ, смерть вождя дала прекрасную возможность как можно более публично высказать идеи богостроительства в молодом советском государстве. Но Красин пошел еще дальше. К богостроительству он примешал основанную на теории русского философа-космиста Н. Ф. Федорова веру в научно обоснованное воскрешение мертвых. Красин надеялся, что тело Ленина можно будет сохранить до тех пор, пока наука не найдет способ его реанимировать, или «воскресить» [Grier 2003: 70]. Уже в 1921 году Красин заявлял: «Я уверен, что наступит момент, когда наука станет так могущественна, что в состоянии будет воссоздавать погибший организм… <…> когда по элементам жизни человека можно будет восстановить физически человека» [Ольминский 1931: 149–50][9]. Дж. Янг в своем исследовании русского космизма отмечает: «Если Христос был первопроходцем мифического воскресения, то Ленин, ожидающий своего часа в стеклянном гробу, мог бы стать первым воскрешенным наукой» [Young 2012: 180]. Хотя Комиссия по похоронам, в которую входил Красин, была переименована в «Комиссию по увековечению памяти В. И. Ульянова-Ленина», никаких попыток реанимации не делалось. Вместо этого по прошествии семи месяцев после смерти Ленина Комиссия по увековечению отчиталась в успешном сохранении тела Ленина на длительное время. 1 августа 1924 года мавзолей Ленина торжественно открылся для публики. В Советской России начался век веры.

Хотя культ Ленина был на время отодвинут в тень культом Сталина, он продолжался на протяжении почти всей истории советского государства. Ленин был символом коммунизма и его святым. Маленькие и гигантские бюсты Ленина, портреты и фотографии, плакаты и значки с Лениным и цитаты из Ленина были формами выражения новой государственной религии и ее катехизисом. Как это ни парадоксально, предметом поклонения в этой религии служил не тот, кто, согласно верующим, воскрес и продолжает жить, а тот, чье неоспоримо мертвое тело было выставлено на постоянную публичную экспозицию на Красной площади. Но тело Ленина, пусть и превращенное в священную реликвию, ясно обозначило, что в самом сердце советской власти находится не что иное, как «могильник» [Мерридейл 2019: 194]. И это в конечном счете оборачивается проблемой, в частности для иконографии Ленина. В худшем случае Ленин был превращен

---

[9] Цит. по: [Тумаркин 1997: 164].

в неодушевленный предмет и опошлен массовым воспроизведением его образа в китчевых поделках — символ тупика, в который зашла материалистическая философия в Советском Союзе. В лучшем же случае из него делали чистую абстракцию, символ идей и идеалов коммунизма, но такой же далекий от реальности, как и его героические изображения, все меньше похожие на неприметного невысокого человека с фотографий.

Не менее парадоксально и изображение Ленина в советской литературе. Даже будучи культовой фигурой, отцом-основателем и символом советского коммунизма, и несмотря на параллели, проводившиеся между ним и Христом, не похоже, чтобы Ленин когда-либо вдохновлял советских писателей так, как Иисус, даже в достаточно поздние годы советской власти. Всепоглощающий культ личности Сталина, зародившийся во время празднований его пятидесятилетия в 1928–1929 годах и процветавший до его смерти в марте 1953 года, безусловно, сыграл важную роль в том, что наследие и слава Ленина подавались в умеренных дозах и отодвигались на задний план. Притом что в первые годы прихода к власти, да и позже, Сталин ради собственного политического успеха обильно цитировал Ленина, вскоре стало ясно, что истинным объектом всеобщего поклонения был сам Сталин. «Обожествление» Сталина в последующие двадцать пять лет привело к тому, что образ Ленина, его труды и наследие, пусть и вездесущие, и основополагающие, уравнивались по своему значению со сталинскими, если не вытеснялись ими. Между тем образ Христа, промелькнувший впереди блоковских красногвардейцев, продолжал тревожить советскую литературу, хотя попытки заменить его в сознании населения Лениным и Сталиным шли бешеными темпами.

Христос в советской литературе до «Доктора Живаго»

Учитывая религиозную атмосферу двух предреволюционных десятилетий и псевдорелигиозные аспекты самой революции, литературные отсылки к Христу в первые десять лет советской власти едва ли кого-нибудь удивят. Самые распространенные упоминания Христа и христианских образов у пролетарских писателей-большевиков в первые годы после революции рассматривает М. Стейнберг. Согласно его исследованию, типичные образы в творческом изображении революции — это «распятый народ, обещание избавления от страданий, апокалиптическая последняя битва, воссоединение живых и мертвых и наступление новой эры» [Steinberg 2002: 264] (подробно об этом — в книге Стейнберга, глава седьмая, «Сакральное измерение революции»). Единственная последовательная литературная христология — «Мастер и Маргарита» М. А. Булгакова — будет создана лишь в 1930-е годы, после чего еще три десятилетия пролежит неопубликованной. Однако упоминания Иисуса, пусть мимолетные, но весьма значимые, все же присутствуют в произведениях некоторых крупнейших писателей 1920-х годов.

Неудивительно, что в произведениях, написанных после революции, почти все отсылки к Христу пародийны. Лучший пример — образ Христа, созданный Е. И. Замятиным. «Священным писанием» для Замятина была ересь[10]; «еретические» наклонности стали причиной его юношеского бунта против Церкви, ее доктрин и догматов (позже, после смерти отца, приходского священника и учителя закона Божьего, он писал о православии в резко сатирическом ключе). Будучи «еретиком» по характеру, он слыл неблагонадежным также в глазах советского государства. В 1908 году он вышел из партии большевиков (в которую вступил в 1905-м), а после 1917 года дважды был арестован[11]. Его роман «Мы», завершенный в 1920 году, отчасти по этим причинам не был опуб-

---

[10] В 1919 году Замятин писал: «Мир жив только еретиками: еретик Христос, еретик Коперник, еретик Толстой» («Завтра»). — *Примеч. пер.*

[11] В 1919 году писатель был одновременно с несколькими другими деятелями культуры (в том числе А. А. Блоком) ненадолго арестован по делу «левых эсеров», а в сентябре 1922 года снова подвергся аресту в составе группы известных философов и литераторов, которых правительство решило выслать из России (причиной, по-видимому, послужила публикация «контрреволюционных» сказок «Арапы» и «Церковь Божия» в «Петербургском сборнике» в феврале 1922 года). — *Примеч. пер.*

ликован в Советском Союзе до 1988 года (впервые он вышел в 1924 году в Нью-Йорке, в переводе на английский язык).

Еретический взгляд на мир составлял как стержень личности писателя, так и главную тему романа «Мы», повествующего о попытках горстки революционеров бороться с тоталитарным Единым Государством далекого будущего, управляемым богоподобным Благодетелем. Революционеры, назвавшие себя Мефи (сокращение от «Мефистофеля», искусителя в легенде о Фаусте), пытаются перетянуть на свою сторону главного инженера правительственного проекта «Интеграл» — ракетного корабля, призванного подчинить обитателей других планет «благодетельному игу разума» Единого Государства и «заставить их быть счастливыми» [Замятин 1989: 549][12]. Мефи же хотят использовать «Интеграл» в своих целях. Центральный конфликт романа — это противопоставление «математически безошибочного», но безжизненного «совершенства» Единого Государства безграничной свободе покрытых короткой шерстью чужаков, живущих за Зеленой стеной. История рассказывается в форме дневниковых записей правоверного инженера Д-503, чья преданность правительству подвергается жестокому испытанию; от него читатели узнают о законах, ритуалах и принципах Единого Государства.

Хотя самыми явными мишенями сатиры Замятина служат научный социализм, военный коммунизм и рационализация труда, христианство здесь также подвергается критике как отдаленный прообраз Единого Государства. Д-503 называет христиан «наши (хотя и очень несовершенные) предшественники», считая, что они хорошо понимали главную коллективистскую заповедь Единого Государства: "Мы" — от Бога, а "Я" — от диавола» (619). В другом эпизоде тайная революционерка I-330, отвечающая за вербовку Д-503, называет себя и своих товарищей «антихристианами» (640). Как будто подчеркивая сходство между христианством и Единым Государством, Д-503 уподобляет ежегодный День Единогласия (когда Благодетель единогласно переизбирается вождем) Пасхе. В этот самый главный день года Благодетель

---

[12] Далее цитируется по этому изданию с указанием страниц в скобках.

прославляется как «новый Иегова» (627), а Единое Государство сравнивается с «единой Церковью» (625). В одном из эпизодов Благодетель даже объясняет Д-503 тайный смысл распятия Христа. По версии Благодетеля, Бог, допустивший смерть собственного сына и сжигающий на адском огне всех непокорных, — жестокий Бог. Однако жестокость Бога только вселяет в Благодетеля уверенность в том, что «истинная, алгебраическая любовь к человечеству — непременно бесчеловечна» (668); эту истину должен усвоить и Д-503, чтобы играть роль «послушного сына» Единого Государства.

Эту тему подкрепляют свойства сомнительной фигуры Христа, которыми наделен Д-503, в чьем образе нетрудно обнаружить христологические ассоциации [Gregg 1988: 66]. Сорок дневниковых записей — хроника его искушения бунтаркой I-330 — напоминают о сорока днях, проведенных Иисусом в пустыне. Он приближается к возрасту Христа: ему 32 года, когда происходит его метафорическое «распятие» — «экстирпирование фантазии» (599), операция, уничтожающая участок мозга, который отвечает за воображение. Он также намекает на распятие и воскресение Христа: «Пусть я прибиваю или меня прибивают — может быть, это одинаково» (670), — записывает он в своем дневнике, задаваясь вопросом, кто он — один из тех, кто помогает казнить Мессию, или, напротив, казнимый Мессия. Замятин явно подразумевает первое, ведь соглашаясь подвергнуться Великой Операции и таким образом предавая революцию, Д-503 фактически выворачивает наизнанку христианскую идею спасения. Он не жертвует собой, чтобы освободить других — он просто снова превращается в истинно верующего, каким был до того, как начал вести дневник.

Ирония в том, что христоподобную жертву приносит как раз мятежница-«антихристианка» I-330. Захваченная стражей и подвергнутая пытке под Колоколом, в конце романа она храбро идет на казнь, отказавшись предать товарищей. Д-503 дважды замечает, что ее лицо «перечеркнуто крестом» (577, 623), и читатель может увидеть в ее готовности умереть ради других неожиданный намек на Христа и его самопожертвование. Так предводительница повстанцев парадоксальным образом воплощает едва заметную, но положительную христологию в романе, в целом рассматривающем христианство весьма критически.

Откровенные христологические намеки присутствуют также в романе Ю. К. Олеши «Зависть» (1927), посвященном конфликту между старым миром и новым советским обществом. Все ассоциации подобного рода связаны с образом Ивана Бабичева, самозваного чудотворца и пророка, олицетворяющего смертный приговор уходящей эпохе. Однако все христологические отсылки в «Зависти» нарочито вывернуты наизнанку. Так, например, Иван превращает не воду в вино, а вино в воду [Олеша 1974: 59][13]. Он называет себя не царем иудеев, а «королем пошляков» (60). И хотя в предпоследней главе романа Ивана символически распинают, а его ученик Николай Кавалеров, как будто изображая апостола Петра, кричит: «Учитель! Я умру с вами!» (92), никакого распятия на самом деле нет, и весь этот эпизод, как и другие во второй части романа, — лишь порождение пьяного бреда. Иван не совершает искупительных актов и не дает никаких нравственных поучений. Несколько его так называемых чудес — либо фокусы, либо просто легенды. По сути, в этом романе Христос как второй Адам, посланный Богом, чтобы искупить грех первого Адама, совершенно излишен. Эта роль занята Володей Макаровым, воспитанником брата Ивана Андрея.

Володя и Валя (дочь Ивана) — истинные Адам и Ева советской литературы 1920-х. В них воплощено советское представление о «новом человеке», для которого социалистическая реальность служит новым садом Эдема, утопическим раем, где люди возвращаются к первозданному состоянию совершенного физического здоровья и абсолютной веры. Такими видят молодых людей Иван и Кавалеров — два представителя старого мира, — когда смотрят, как Володя и Валя занимаются во дворе физкультурой. «Почти голый» Володя — образчик физического совершенства. Валя в спортивных туфлях, ноги ее «сильно заголены» (81), и вся она — будущий «инкубатор» для «новой породы», которая должна населить «новый мир» великого советского эксперимента (58).

---

[13] Далее цитируется с указанием страниц в скобках.

Распоряжается этой мечтой о новом мире Андрей Бабичев, брат Ивана. Он опекает Володю и пытается спасти Валю от ее отца, соединив ее с Володей, молодым человеком, чья цель, как он формулирует в письме к Андрею, — стать «человеком-машиной» (45), совсем в прометеевском духе советской эпохи, призывающей веровать не в Бога, а в человека и машины, материалистский аналог Бога в новом веке. (Иван называет машину «божеством этих грядущих людей (73).) Хотя роль Христа, по-видимому, сводится лишь к тому, чтобы вместе с Иваном и его «апостолом» Кавалеровым символизировать уходящую эпоху, Олеша не высмеивает их, так как Иван и Кавалеров помимо прочего встают на защиту чувств «жалости, нежности, гордости, ревности, любви» (61), которым в новом веке суждено отмереть. Вместе с автором они тревожатся о том, какие формы примет этот Новый Иерусалим, — одна из причин, по которым «Зависть» попала в опалу советской критики.

Как и Олеша, И. Э. Бабель тоже с трудом приспосабливал свое творчество к требованиям времени. Его сборник рассказов «Конармия» (1926) о Первой конной армии С. М. Буденного, описывающий этнические, религиозные и политические столкновения во время Гражданской войны, содержит поразительные отсылки ко Христу. Рассказчик Кирилл Лютов легко узнаваем как двойник самого Бабеля, который, как и его вымышленный герой, был евреем-интеллектуалом, уроженцем юга России и служил в армии Буденного бок о бок с казаками, печально известными своим антисемитизмом. Поскольку значительная часть боевых действий происходит на польской территории, Лютов знакомится с католическими священниками и костелами, и Христос, с которым он там сталкивается, — Христос картин и рассказов либо олицетворяемый людьми, — зачаровывает его. Если в «Зависти» Христос служит знаком уходящего века, то в «Конармии» он часто символизирует кротость и сострадание в жестокие времена, но изображается так, что в нем неожиданным образом подчеркивается очень земная, даже приземленная человечность. В частности, в трех рассказах суть человечности Иисуса утверждается весьма нетрадиционным образом — через сексуальную связь.

В первый раз человечность Христа проявляется в половом акте в истории, изложенной паном Аполеком, героем одноименного рассказа. Пан Аполек — бродячий художник, вписывающий лица своих деревенских заказчиков в изображения сцен из Библии и святых, вплоть до самого Христа, чем навлекает на себя гнев местных церковных властей. Лютову при встрече он рассказывает о том, «что Исус, сын Марии, был женат на Деборе, иерусалимской девице незнатного рода» [Бабель 1990 2: 23][14]. По версии Аполека, Дебора была обручена с молодым израильтянином, торговавшим слоновыми бивнями. Но в брачную ночь, увидев мужа, приблизившегося к ее ложу, она так испугалась, что «изрыгнула все съеденное ею за свадебной трапезой» (24). Обескураженный жених тут же созвал всех гостей, чтобы они высмеяли ее. Иисус, присутствовавший на свадьбе и видевший это, почувствовал такую жалость к женщине, «жаждавшей мужа и боявшейся его», что «соединился с Деборой, лежавшей в блевотине». Торжествующая Дебора выходит к гостям и объявляет о случившемся. Иисус незаметно выходит из зала и удаляется «в пустынную страну, на восток от Иудеи, где ждал его Иоанн», а девять месяцев спустя у Деборы рождается его сын (24).

Совсем не похожая на свадьбу в Кане, эта история так же «возмутительна», как религиозная живопись Аполека, и преследует ту же цель: она утверждает онтологическую значимость обычного грешного человека. И утверждает кощунственно, так как Иисус в ней совершает действие, немыслимое для Сына Божьего, — внебрачный половой акт, причем в самой унизительной и отвратительной обстановке. История звучит непристойно и оскорбительно — недаром случайный слушатель предрекает, что пан Аполек «не умрет на своей постели» (23, 25). Но тем категоричнее провозглашается в ней родственность Христа самым униженным людям, так что его нравственная красота раскрывается новым, пусть и скандальным способом. Несомненно, именно в этом и состоит намерение пана Аполека, и именно это притягивает к нему рассказчика. «Я дал тогда обет следовать примеру

---

[14] Далее указываются страницы в скобках.

пана Аполека», — признается Лютов, отдавая должное художнику за то, что тот открыл ему «укрытое от мира евангелие» (18).

Такая же связь между человечностью Христа и половым актом присутствует в двух других рассказах, «Сашка Христос» и «Песня». В первом четырнадцатилетний народный пастух из станицы и его отчим заражаются сифилисом от нищенки, прибившейся к ним в городе, где они работали в артели. Весной они возвращаются в станицу, чтобы возобновить крестьянские работы, и Сашка просит, чтобы его отпустили в пастухи, в частности потому, что не хочет видеть, как отчим-сифилитик спит с его матерью. После отказов и угроз отчим в конце концов соглашается. Став пастухом, Сашка прославился на всю округу своим простодушием и получил прозвище Сашка Христос. Люди приходят к нему облегчить душу, и никто не сердится на Сашку «за его любовь и за его болезнь» (53). Так он становится своеобразным святым. По сути, сифилис, которым он болен, делается для него средством *imitatio Christi*. Как и в рассказе «Пан Аполек», Иисус становится видимым благодаря профанному половому акту.

В конце концов Сашку призывают на военную службу, и он оказывается в одном отряде с Лютовым, который сводит с ним дружбу, привлеченный его кротостью. Сашка вновь появляется в одном из последних рассказов сборника, «Песня», где мирит Лютова со вдовой, в избе которой тот квартирует. Лютов злится, заподозрив, что хозяйка варила своему сыну щи с мясом, а ему ничего не оставила. Уверенный, что она прячет остатки, Лютов угрожает женщине оружием. Но тут приходит Сашка и играет им на гармонике песни, чтобы успокоить Лютова. Лютов смягчается, но измученная своей жизнью и войной женщина продолжает жаловаться. Сашка Христос жалеет ее и «оказывает ей внимание» (127) — ложится с ней в постель, воспроизводя таким образом историю Христа и Деборы и в третий раз в сборнике утверждая связь между физической близостью и божественным состраданием.

Четвертый и последний пример связи между Христом и половым актом у Бабеля встречается в рассказе «Иисусов грех», написанном до «Конармии». Здесь Иисус вмешивается в жизнь плодовитой и похотливой горничной «при номерах» Арины, прижившей двух внебрачных детей с дворником Серегой. Когда Серегу забирают в армию, она обращается к Иисусу за помощью, и Господь посылает ей ангела, который все четыре года службы Сереги будет ей «и защита, и хахаль». Иисус обещает Арине, что она не забеременеет от ангела, «потому забавы в нем много, а серьезности нет» [Бабель 1990 1: 116]. Однако в первую же ночь, которую они проводят вместе, Арина — на шестом месяце беременности от Сереги — нечаянно душит ангела во сне. Разгневанный Господь прогоняет ее с глаз своих. Оставшуюся без защиты Арину теперь преследуют все — «кухонные мальчишки, купцы и инородцы», ищущие сексуальных утех. Наконец, вне себя от горя, она показывает небесам свой девятимесячный живот и взывает к Господу. Иисус, видя ее страдания, просит у нее прощения. «Нету тебе моего прощения, Иисус Христос, — отвечает она, — нету» (Там же: 118). В отличие от рассказов на ту же тему из «Конармии», здесь божественное сострадание не раскрывается в неожиданном контексте внебрачного секса. Напротив, отказ Иисуса искать в беспорядочной половой жизни Арины средство восстановления гармонии создает разрыв между профанным и божественным, в результате чего сам Иисус теряет цельность и получает за это выговор.

Бабелевский приземленный Иисус — самый вызывающий образ Христа в советские двадцатые годы. А роман И. Г. Эренбурга «Необычайные приключения Хулио Хуренито и его учеников» являет собой пример того, как можно было развернуть образ Христа в якобы просоветском ключе. Написанный в 1921 году, изданный в 1922 году в Берлине, а в 1928-м — и в Советском Союзе, представляет собой пародийное «евангелие», герой которого, мексиканец (называемый «Учителем» — сатирическая карикатура на Христа), путешествует по Европе, собирает группу из семи учеников и высмеивает пороки западной буржуазной цивилизации. Но сатира романа нацелена и на некоторые аспекты большевистского государства. Когда накануне революции группа «верующих» завершает свой путь в Москве, Хуренито иронически восхваляет «железное иго» большевизма, сатирически приветствуя исторически необходимое уничтожение свободы. Погибает он, подобно Христу, в свой тридцать третий день рождения.

К концу двадцатых годов упоминания Христа стали носить исключительно неодобрительный характер. Так, например, в романе И. А. Ильфа и Е. П. Петрова «Золотой теленок» (1931) мошенник Остап Бендер дважды уподобляется Христу, но сравнение это нужно в основном для того, чтобы показать, что тот и другой — продукты ушедшей эпохи. В частности, Бендер рассказывает, как ему «пришлось в одном городишке несколько дней пробыть Иисусом Христом», и он «даже накормил пятью хлебами несколько тысяч верующих» [Ильф и Петров 2000: 225]. Во втором случае, чувствуя, как мир рушится вокруг него, он сокрушается, что, достигнув возраста Христа, так ничего и не сделал: «Учения я не создал, учеников разбазарил, мертвого Паниковского не воскресил» (Там же: 372–373). В обоих случаях ассоциации с Христом служат идеологически выдержанной сатире и звучат тем более нелепо, что сам Остап, неверующий, «отрицательно относился к раввинам, далай-ламам, попам, муэдзинам, шаманам и прочим служащим культа» (Там же: 221).

По мере того как десятилетие подходило к концу и Сталин наращивал свою власть, образ Христа все реже появлялся в советской литературе. Таков был результат антирелигиозной кампании, которая велась властями все двадцатые годы и не поощряла каких бы то ни было упоминаний Иисуса и религии вообще, кроме самых пренебрежительных. Журнал «Безбожник», который начал выходить в декабре 1922 года, высмеивал все религиозные верования и регулярно публиковал разоблачения попов и раввинов как продажных эксплуататоров, а также стихи, пародии, шаржи и карикатуры, развенчивавшие все аспекты веры. «Безбожник» и другие подобные издания постоянно связывали церковь с эксплуататорскими классами, репрессивным царским правительством и его западными аналогами. На фоне этой все более назойливой кампании были возможны только самые отталкивающие портреты Христа.

К концу 1920-х годов интерес к Иисусу Христу в советской литературе был постепенно вытеснен формирующейся парадигмой другого типа героя, рожденного исключительно революцией и советской действительностью, воспетого в таких романах, как «Чапаев» Д. А. Фурманова (1923), «Железный поток» А. С. Серафимовича (1924), «Цемент» Ф. В. Гладкова (1925), «Разгром» А. А. Фадеева (1927), «Тихий Дон» М. А. Шолохова (1928–1932) и «Как закалялась сталь» Н. А. Островского (1932). Эти романы стали каркасом литературного «метода», который впоследствии назовут социалистическим реализмом, — направления, санкционированного государством и находившегося под государственным надзором; официально оно было провозглашено на Первом съезде советских писателей в 1934 году[15]. Новые «положительные герои» соцреалистического канона олицетворяли ценности государства, а новые повествования нередко в нравоучительном тоне описывали созревание этих героев или их «обращение» в образцовый идеологический конформизм, показывали их непоколебимую преданность строительству социализма; или же прославляли их подвиги укрощения природы своими машинами, умом и стальной решимостью. Эти герои воплощали в себе иной вид святости — святости идеологии советского государства, основанной на ценностях марксизма-ленинизма. Время Христа прошло, пришло время новых героев. На съезде писателей в 1934 году это ясно дал понять в своей речи М. Горький: «Христос, "сын божий", — единственный "положительный" тип, созданный церковной литературой, и на этом типе неудачного примирителя всех противоречий жизни особенно ярко показано творческое слабосилие церковной литературы» [Горький СС, 27: 303].

Вместо Христа источником и идеалом возвышенного знания в советской литературе 1930-х годов стал считаться Ленин; впрочем, вскоре его в этой роли затмил Сталин. Встречи с Лениным или Сталиным, даже самые мимолетные, приравнивались к божественным мигам. В романе Н. А. Островского «Как закалялась сталь» известие о смерти Ленина сопровождается завыванием вьюги; сильные люди, не плакавшие десятилетиями,

---

[15] Эти замечания основываются на всестороннем исследовании советского социалистического реализма К. Кларк «Советский роман; история как ритуал» [Кларк 2002].

рыдают без стеснения; паровозы в депо и на железной дороге скорбно гудят, знаменуя величие умершего[16]. Но хотя Островский здесь и демонстрирует великую любовь народа к Ленину, ирония в том, что сам вождь редко упоминается в других местах романа. Эту иронию усугубляет то, что Павел Корчагин, автобиографический герой Островского, странным образом отсутствует в главе, описывающей воздействие смерти Ленина на рабочие кадры, — это одна из немногих глав книги, где он не фигурирует. А поскольку он там отсутствует, Островскому не удается прочнее связать своего самоотверженного правоверного героя с отцом русской революции. Притом что, согласно рассказчику, смерть Ленина привела в большевистскую партию многие тысячи людей, сам Ленин в романе — не более чем абстракция. Его упоминание придает тексту некую идеологическую сакральность, но не более того — странно для произведения, столь очевидно нацеленного на создание новой советской мифологии.

Судьба Сталина в советской литературе была совсем иной. Со временем на страницах некоторых советских романов он превратился в живое божество. Яркий пример псевдообожествления Сталина можно найти в романе П. А. Павленко «Счастье», получившем в 1947 году Сталинскую премию. Его герой, тяжелораненый ветеран войны Алексей Воропаев, оказывается неожиданно для себя вызван к Сталину в Ялту накануне совещания Большой тройки в феврале 1945 года. Воропаев отказался от перевода на канцелярскую работу в Москву, на теплое местечко в военном бюрократическом аппарате, чтобы остаться в Крыму и помочь восстанавливать тыл. Сталин, услышав об этом, желает лично видеть Воропаева. Но когда Воропаев является и впервые видит Сталина, он не может пошевелиться, парализованный внезапной встречей с божеством: «...ноги ему не подчинялись. Он *увидел Сталина*»[17].

Во время беседы охваченный благоговением Воропаев старается как можно лучше отвечать на вопросы Сталина, который

---

[16] См. гл. 5 романа.

[17] См. гл. 7 романа. Здесь и далее цит. по: [Павленко 1953].

в конце концов хвалит Воропаева и его единомышленников за их решение восстанавливать тыл. Прощаясь с Воропаевым, вождь посмотрел смотрит ему прямо в глаза и «как-то сверкнул лицом, точно по лицу его промчался луч солнца» — сдержанное подтверждение неземной сущности вождя.

Воропаев, в свою очередь, сообщает товарищам, что после мимолетной встречи с божеством он «за сегодня помолодел <...> на тысячу лет». Сталин перевернул ему душу. Его товарищи поражены и, как ни странно, несколько напуганы, когда Воропаев рассказывает, что дал Сталину полный отчет об их замечательной работе по восстановлению деревни. Они взволнованы тем, что он назвал Сталину их имена, и вслух строят предположения, сумеют ли они оправдать высокие ожидания вождя и продолжит ли он впредь интересоваться их деятельностью. Когда товарищи расходятся по своим делам, раздумывая, как изменится их жизнь теперь, когда Сталин знает об их существовании, одна из товарищей, Лена, начинает петь, «и долго ее тонкий, почти ребяческий голос прорывался сквозь шум улицы»; запела она от любви к Сталину или по другим причинам, Павленко не объясняет.

Булгаков, Пастернак и Христос

Как и вымышленный Воропаев, М. А. Булгаков и Б. Л. Пастернак тоже мимолетно соприкасались с советским божеством, хотя и не при личной встрече. Каждый из них получил телефонный звонок. Булгакову позвонили 18 апреля 1930 года, почти через месяц после того, как он написал советскому правительству письмо, в котором жаловался, что критика холодно принимает его произведения, и просил разрешения выехать из страны[18]. В телефонном разговоре Сталин задал писателю три вопроса: действительно ли он хочет выехать за границу, согласен ли он работать в Художественном театре и желает ли он лично встретиться со Сталиным и поговорить. На первый вопрос Булгаков

---

[18] Первая публикация письма в СССР [Чудакова 1987: 194–198].

ответил отрицательно, а на два других — восторженным «да» (правда, личная встреча так и не состоялась). Пастернаку Сталин позвонил четырьмя годами позже, в 1934-м: в то время диктатор раздумывал, что делать с поэтом О. Э. Мандельштамом. Мандельштам тогда был арестован и приговорен к трем годам высылки якобы за то, что написал резко критическое стихотворение о Сталине. Сталин спрашивал Пастернака о его отношениях с поэтом и о том, считает ли он Мандельштама «мастером». Пастернак уклончиво ответил: «Это не имеет значения... Почему мы всё говорим о Мандельштаме и Мандельштаме, я так давно хотел с вами поговорить». — «О чем?» — «О жизни и смерти», — ответил Пастернак, и Сталин повесил трубку[19].

И Булгаков, и Пастернак были разочарованы телефонными разговорами со Сталиным и чувствовали себя обманутыми из-за того, что их желание лично и подробно поговорить со Сталиным так и не исполнилось. Дж. Кертис называет отношение Булгакова к Сталину «политически наивным и даже сомнительным в моральном отношении» [Curtis 1992: 112]. То же можно сказать о Пастернаке, который, согласно Н. Б. Ивановой, «был увлечен Сталиным» [Иванова 2001]. Хотя оба автора сомневались в благодетельности Сталина, каждый из них писал произведения, восхвалявшие диктатора. Два стихотворения Пастернака во славу вождя были напечатаны в «Известиях» 1 января 1936 года (Там же)[20]. Весной того же года у Булгакова созрела идея написать пьесу о Сталине, о его революционной деятельности в Грузии, в Батуме (ныне Батуми); пьеса так и должна была называться — «Батум». Тремя годами позже Булгаков написал эту пьесу по заказу Московского Художественного театра, который намеревался поставить ее к 60-летнему юбилею диктатора.

---

[19] Разговор, известный во множестве вариантов, здесь приводится по версии А. А. Ахматовой [Ахматова 2001: 44], которую Дж. Гивенс, в свою очередь, цитирует в английском переводе по [Barnes 1998: 92]. — *Примеч. пер.*

[20] Стихотворения «Мне по душе строптивый норов...» (полный вариант из 13 строф, а не сокращенный, вошедший в последующие собрания, из которого исключены намеки на Сталина) и «Я понял, всё живо...», где прямо упоминаются и Ленин, и Сталин.

Ясно, что и для Булгакова, и для Пастернака Сталин был своего рода «злым гением», который тревожил их воображение и распространял свою власть на их жизнь и средства к существованию. Последним и окончательным их обращением к Сталину и эпохе стали два произведения, прославившие их на весь мир: «Мастер и Маргарита» и «Доктор Живаго». Ни в одном из них не упоминается имя Сталина и не говорится о нем напрямую (почти все события в «Докторе Живаго» происходят до укрепления власти Сталина), но оба содержат явные намеки на него в отсылках к Риму и римским императорам. Эти отсылки появляются почти в самом начале каждого из романов, на первых же двадцати страницах. В «Мастере и Маргарите» Иешуа Га-Ноцри (булгаковский Иисус Христос) приговаривается Понтием Пилатом к смерти исключительно за нарушение «закона об оскорблении величества» — за публичные заявления о том, что «царство истины и справедливости» когда-нибудь вытеснит всех земных кесарей [Булгаков 1977: 42]. Этот исход совершенно не соответствует Евангелиям, где Пилат вообще не находит состава преступления в действиях Иисуса, и намекает скорее на современную Булгакову реальность, в которой отрицательные отзывы о Сталине считались криминалом (сатирическое стихотворение Мандельштама о Сталине первоначально «рассматривалось как террористический акт» [Barnes 1998: 90][21]). Позже, когда к Пилату приходит начальник тайной стражи, они поднимают обязательный тост: «За тебя, кесарь, отец римлян, самый дорогой и лучший из людей!..» [Булгаков 1977: 383], что напоминает тосты, которые традиционно провозглашались за Сталина во время его правления как в официальной, так и в неофициальной обстановке.

В романе Пастернака дядя Юрия Живаго Николай Николаевич Веденяпин противопоставляет Евангелие Христа и «сангвиническое свинство жестоких, оспою изрытых Калигул, не подозревавших, как бездарен всякий поработитель» [Пастернак СС, 3: 14]. Намек на такого же «оспою изрытого» и жестокого Сталина ясен,

---

[21] См. также [Морев 2019]. — *Примеч. пер.*

так же как упомянутая Веденяпиным «хвастливая мертвая вечность бронзовых памятников и мраморных колонн» (Там же) Рима неминуемо вызывает в памяти помпезную архитектуру и монументальную скульптуру расцвета сталинской эпохи. Юрий Живаго мог бы умереть в 1929 году — это не помешало бы обнаружить в романе уровень, на котором предпринимается попытка понять события, сделавшие возможным приход к власти такого тирана, как Сталин.

Чтобы противостоять великой неназываемой тьме своего времени, оба писателя выбрали сходный путь. Каждый из них решил написать роман, скрытым субъектом которого был бы сам Христос; таким образом они создали два величайших пасхальных романа русской литературы. Как и у Достоевского и Толстого, их христология была скорее апофатической — Христос, явленный отрицательными средствами. На фоне напыщенности советской политической риторики и раздутого культа личности Сталина Булгаков и Пастернак предлагают образы Христа, который намеренно стерт, отчужден, преуменьшен, недооценен или даже неузнаваем и негероичен.

Этот Христос появляется исподволь и смутно проявляется в сложном переплетении вставных сюжетов и рамочных повествований, которые способствуют окончательной расшифровке христологии у каждого автора. Ни у Булгакова, ни у Пастернака Христос не проповедует и не оставляет учений. Его присутствие в романах проявляется исключительно в том, что каждый автор обращается к одному и тому же эпизоду из жизни Христа: его добровольному участию в событиях Страстной недели. Именно в этом нарративе Страстной недели Христос становится видимым как мерило эпохи.

По сути, каждый роман содержит два нарратива Страстной недели: предметом первого служит агапе (самоотверженная любовь Иисуса к человечеству), а второго — эрос (любовные истории Мастера и Маргариты у Булгакова и Юрия и Лары у Пастернака). Как будет показано в последующих главах, между этими нарративами в каждом тексте имеется весьма важная связь. В отличие от христианских романов Достоевского и Толстого, где эрос и агапе выступают как отдельные, взаимоисключающие виды любви, в «Мастере и Маргарите» и «Докторе Живаго» земная, эротическая любовь на самом деле помогает раскрыть любовь божественную, агапическую, хотя способы, которыми это делается в каждом романе, свои у каждого автора. Ни в том, ни в другом случае связь между личной, сексуальной любовью и любовью небесной, божественной не является прямой. Идеализированные или возвышенные любовные истории служат лишь средством, с помощью которого становится видна еще более высокая и идеальная любовь.

Любовные истории заглавных героев обоих романов тесно сплетены и с двумя другими общими для обоих авторов темами: священностью домашнего пространства и святостью личности. С помощью второй темы декларируется персонализм, столь характерный для христологии Достоевского и Толстого. Первая же тема обращена к новой советской реальности: к проблеме личного пространства в советской утопии. Тема священного домашнего пространства в каждом романе также напрямую связана с персонализмом. Посягательство на достоинство человеческой личности начинается с лишения ее личного пространства. Отсутствие личного пространства принимает форму бездомности — мотив, играющий важную роль в обоих романах и имеющий прямое отношение к христологии, ведь, как напоминает нам Иисус в Евангелиях, «лисицы имеют норы и птицы небесные — гнезда, а Сын Человеческий не имеет, где приклонить голову» (Мф 8: 20, Лк 9: 58).

Бездомность Христа перекликается с бездомностью изгнанных или лишенных дома героев обоих романов, устанавливая между ними важное родство. Мастер в первый раз предстает перед читателем в психиатрической клинике, куда добровольно отправился после ареста и заключения, потеряв любимую подвальную квартиру, занятую доносчиком Алоизием Могарычем. В клинике он заводит дружбу с поэтом, чей псевдоним подчеркивает положение Мастера, — Иваном Бездомным. В свою очередь, для сироты Живаго одно чужое жилье сменяется другим, и отовсюду он в конце концов изгоняется или уходит: дом братьев Громеко в Москве, имение Крюгеров в Варыкине, «множество комнат и полуразрушенных углов», которые он делит со своим товарищем-беженцем Васей Брыкиным («по-разному нежилых и неудобных» [Пастернак СС, 3: 468]), или квартира, в которой в конце романа он живет со своей гражданской женой Мариной, дочерью бывшего дворника в доме Громеко, Маркела Щапова. Это, как и многое другое, характеризует и Мастера, и Юрия как фигуры Христа, хотя у них немало личных слабостей, которые могли бы заставить в этом усомниться.

В письме 1946 года Пастернак пишет о будущем романе: «Я в нем свожу счеты с еврейством, со всеми видами национализма (и в интернационализме), со всеми оттенками антихристианства и его допущениями» и добавляет: «Атмосфера вещи — мое христианство» [Пастернак СС, 3: 454]. Булгаков в «Мастере и Маргарите» тоже «сводит счеты»: с современной ему литературной средой — это само собой, но также и с атеизмом того времени и времен его юности. Он разрабатывает собственную разновидность христианства, отличную от православия; по всей видимости, оно должно служить писателю необходимым убежищем и защитой от испытаний эпохи. В век веры, когда коммунистическая идеология стала новой религией, а Сталин — ее верховным полубогом, Булгаков и Пастернак сформулировали альтернативное представление о вере, символом которой был Иисус Христос, но приспособленный к советской реальности, — Христос, по сути, их собственного изобретения. С каким бы опозданием ни дошли эти произведения до читателя, именно заданные в них образы Христа стали главенствующими для всей советской эпохи.

Глава 7
«Имейте в виду, что Иисус существовал»
Образ Христа у М. А. Булгакова

> И наконец если доказан чорт, то еще неизвестно, доказан ли бог?
> *Достоевский, «Братья Карамазовы», 4. 11. 9.*

«Безбожник» и писатель

В отличие от Достоевского и Толстого, для которых фигура Иисуса Христа оставалась в центре внимания на протяжении всей их творческой жизни, М. А. Булгаков всерьез обратился к Иисусу как исторической или теологической фигуре только в своем последнем романе «Мастер и Маргарита», который завершил незадолго до смерти в возрасте 48 лет от нефросклероза — той же болезни, от которой скончался его отец. Он работал над романом с 1928 по 1940 год, причем уничтожил один из вариантов в 1930-м. Черновые фрагменты он читал избранным друзьям, постоянно исправляя и меняя написанное. Рукопись получала все новые предварительные заглавия, от «Черного мага» и «Копыта инженера» до «Великого канцлера» и «Князя тьмы», но во всех черновых вариантах последовательно сохранялось одно: идея первой главы, появившаяся даже раньше, чем главные герои романа. Редактор и поэт обсуждают Иисуса Христа; в это время появляется дьявол и свидетельствует о том, что Иисус существовал, рассказывая им историю о Понтии Пилате и некоем Иешуа Га-Ноцри, — вариант имени Иисуса, который, возможно, впервые встретился Булгакову в опубликованной в 1922 году пьесе С. М. Чевкина «Иешуа Ганоцри: беспристрастное открытие истины» [Соколов 2006: 519][1].

Рассказ дьявола мало чем напоминает истории из четырех Евангелий: Христос в нем предстает всего лишь бродячим философом, а внимание почти целиком и полностью сосредоточено на личности и характере римского прокуратора. Это «евангелие от сатаны»[2], загадочным образом подтверждающее существование Иисуса, но по всей видимости отрицающее его божественные свойства, с самого начала оставалось центральной частью замысла романа. Из одной главы в ранних черновиках оно в окончательном варианте разрослось до четырех и составило роман безымянного писателя, называющего себя Мастером.

Хотя герой этого «евангелия» скорее Пилат, чем Иисус[3], образ Христа в нем весьма примечателен: он не похож ни на Иисуса четырех евангелистов, ни на то, каким его изображала историческая школа библейской критики, ни на фигуру Иисуса в советской антирелигиозной литературе 1920-х годов авторства, например, Демьяна Бедного[4]. Непочтительное, карикатурное изображение Иисуса было общим местом в большевистской кампании против религии, «главным рупором» которой был Д. Бедный, этот «неофициальный поэт-лауреат нового режима» [Struve 1971: 30].

Сатирическая поэма «Новый завет без изъяна евангелиста Демьяна» (1925), где пародируются Евангелия, а Христос выведен как «лгун, пьяница и бабник» [Бедный 1965: 380], — один из самых примечательных литературных образчиков антирелигиозной пропаганды, которую вели такие журналы, как «Безбожник», где

---

[1] Чевкин С. М. Иешуа Ганоцри. Безпристрастное открытие истины в 5 д. и 6 карт. Симбирск: Изд. авт., 1922. — *Примеч. пер.*

[2] Самый ранний вариант первой главы романа о Пилате озаглавлен «Евангелие от Воланда». См. [Лосев 2006: 41].

[3] Мастер говорит Воланду, что написал роман о Понтии Пилате (а не об Иисусе Христе). См. главу 24 романа «Мастер и Маргарита».

[4] Настоящее имя — Ефим Алексеевич Придворов (1883–1945).

регулярно печатался Д. Бедный. Вполне вероятно, что именно Демьян Бедный послужил для Булгакова прототипом Ивана Бездомного, поэта-безбожника, получившего задание написать поэму о том, что Иисуса никогда не существовало. Собственно, сама антирелигиозная литература служит не только предметом первой главы романа Булгакова, но и, вполне возможно, импульсом к написанию всей книги.

В дневниковой записи от 5 января 1925 года Булгаков рассказывает, как специально ходил в редакцию «Безбожника» под предлогом, будто ему нужны старые номера журнала. Ему удалось получить одиннадцать номеров, которые он принес домой и стал просматривать. То, что он нашел на их страницах, вполне могло послужить отправной точкой для романа, к которому он приступит примерно через три года. В дневнике Булгаков записывает:

> Когда я бегло проглядел у себя дома вечером номера «Безбожника», был потрясен. Соль не в кощунстве, хотя оно, конечно, безмерно, если говорить о внешней стороне. Соль в идее, ее можно доказать документально: Иисуса Христа изображают в виде негодяя и мошенника, именно Его. Нетрудно понять, чья это работа. Этому преступлению нет цены [Булгаков, Булгакова 2001: 55].

Хотя Булгаков говорит здесь о кощунстве, изображение Иисуса в «Безбожнике» вызвало у него чувства гораздо более личные, чем обиду за церковь. Хотя в квартире, где он умер, висели иконы, большинство комментаторов сходятся во мнении, что писатель, по-видимому, «не испытывал к исторической церкви ничего кроме презрения» [Bethea 1989: 201n29]. Здесь он расходится во мнениях со своим отцом, А. И. Булгаковым (1859–1907), профессором богословия, в изобилии публиковавшимся в альманахе Киевской духовной академии. Однако, отвергая отцовскую церковь, Булгаков, скорее всего, не отвергал отцовской христианской веры. Третья жена Булгакова, Елена Сергеевна, с которой во многом был списан характер Маргариты, коснулась вопроса веры супруга в 1967 году, вскоре после того, как роман «Мастер и Маргарита» в сокращенном цензурой виде был опубликован в журнале «Москва»: «Верил ли он? Верил, но, конечно, не по-церковному, а по-своему. Во всяком случае, когда болел, верил — за это я могу поручиться» [Соколов 1996: 511]. Это свидетельство подтверждается тремя дневниковыми записями, датированными октябрем 1923 года. Булгаков почти всю жизнь страдал слабым здоровьем и нередко утешался тем, что надеялся на Бога[5]. Позже, сочиняя первые наброски «Мастера и Маргариты» в то время, когда враждебность к его произведениям в литературной среде росла, он написал на верхнем поле одной из правок рукописи: «Господи, помоги мне закончить роман. 1931» [Чудакова 1976а: 97].

Явственно религиозным настроением проникнут также его первый роман «Белая гвардия» (1925), сочувственно повествующий о мытарствах семьи Турбиных во время сорокасемидневной оккупации Киева националистическими украинскими войсками С. Петлюры в 1918 году, — самое автобиографичное произведение Булгакова. Как и в «Мастере и Маргарите», в «Белой гвардии» присутствуют и идея Иисуса Христа, и поэт-атеист, который, подобно Ивану Бездомному, отрекается от собственной антирелигиозной поэзии.

Еще одно связующее звено между двумя романами — роль в их генезисе родителей Булгакова. «Если мать мне служила стимулом создания романа "Белая гвардия", — пишет Булгаков в автобиографической заметке осенью 1926 года, — то по моим замыслам образ отца должен быть отправным пунктом для другого замышляемого мною произведения» [Proffer 1984: 3, 178, 525][6].

Если к замыслу «Мастера и Маргариты» Булгакова действительно подтолкнула память об отце, то можно сделать два предположения. Во-первых, учитывая этот источник вдохновения,

---

[5] «Нездоровье мое осложненное, затяжное. Весь я разбит. Оно может помешать мне работать, вот почему я боюсь его, вот почему я надеюсь на Бога» [Булгаков, Булгакова: 34; см. 32, 35].

[6] См. Булгаков М. А. «Заметки автобиографического характера». Отдел рукописей Российской государственной библиотеки, фонд 281, коробка 1269, ед. хр. 6. Запись была сделана со слов Булгакова его знакомым П. С. Поповым.

весьма маловероятно, как отмечает Дэвид Бетеа, что «Мастера и Маргариту» следует читать как «легкомысленную пародию или развенчание христианской веры» [Bethea 1989: 201]; напротив, Булгаков, похоже, полон решимости своим романом защитить Христа как от крайнего принижения со стороны советской власти, так и от догматики православного учения — защитить именно для того, чтобы утвердить обновленный, созвучный времени образ Иисуса. Во-вторых, вопрос о богословии — науке, которую изучал и преподавал его отец, — в применении к темам романа оказывается весьма важным. Действительно, в центре произведения стоит уникальная христология, которая движет всеми прочими элементами разных сюжетных линий романа.

Однако в главном труде своей жизни Булгаков не только вырабатывает и излагает идеи о личности и значении Христа и о природе веры — он также исследует трудности и опасности окончательных выводов о Христе или вере из страха, что эти выводы могут быть ошибочно приняты за незыблемую доктрину. В конце концов, именно религиозные и политические догмы служат мишенью сатиры, столь ярко выраженной в романе. Не отрицая полностью Христа традиционной веры и не поддерживая концепцию исторической критики о небожественном происхождении Иисуса, роман Булгакова представляет собой своеобразное апофатическое упражнение в христологии отрицания, основанное на тайне и мистификации и призванное привести нас к более верным рассуждениям. Главная тайна романа касается личностей двух героев из сферы богословия: Иешуа Га-Ноцри и Воланда — соответственно Христа и Сатаны. Ни тот, ни другой нисколько не похожи на Христа и Сатану христианского учения. Иешуа противоположен евангельскому Христу практически во всем, от биографии до деяний и учения, тогда как образ Воланда, решительно подтверждающего существование Иисуса, выглядит необъяснимо положительной трактовкой главного злодея христианской космологии. Все это кажется некой бессмыслицей, порождением булгаковской методологии мистификации: роман ставит вопросы, на которые нет простых ответов.

Напротив, булгаковский текст на всех уровнях демонстрирует повествовательную неопределенность, цель у которой одна: не допускать окончательной интерпретации или, выражаясь теологически, избегать катафатических (то есть утвердительных) суждений о Божестве. Просветление в романе приходит по пути отрицания (*via negativa*), идущего из царства неведения. Все откровения Булгакова о природе веры, личности Христа и смысле «настоящей, верной, вечной любви» (как он называет отношения между Мастером и Маргаритой) таковы, что их отправная точка может быть только отрицательной.

Мистификация, парадокс и двусмысленность: обращения, Христос и неоконченная рукопись

Первые главы «Мастера и Маргариты» пронизаны отрицательной теологией и христологией: трудно найти лучшую отправную точку для рассуждений на эти темы, чем разговор двух атеистов с дьяволом о существовании Бога и Иисуса Христа. По логике вещей, атеисты Берлиоз и Бездомный должны были бы прекрасно столковаться с дьяволом; но выясняется, что у них с Воландом очень твердые и, как ни странно, противоположные взгляды на существование Бога и Иисуса Христа. Воланд парадоксальным образом отстаивает существование Бога, а об Иисусе заявляет безапелляционно: «Имейте в виду, что Иисус существовал. <...> не надо никаких точек зрения. <...> просто он существовал, и больше ничего» [Булгаков 1977: 25].

Рассуждения Воланда сбивают с толку и ошеломляют не только Берлиоза и Бездомного: читатель тоже сбит с толку и заинтригован. Похоже, весь смысл первых двух глав как раз и состоит в том, чтобы мистифицировать и удивлять нас, ставить нас перед очевидными противоречиями и заваливать бесчисленными ссылками на древних историков, всяческих богов мировой мифологии, светских и религиозных философов и теологов. В этом отношении глава 1 — мечта комментатора: упоминаются греческий философ Филон Александрийский; еврейский историк Иосиф Флавий; римский историк Корнелий Тацит; Осирис, египетский бог загробной жизни; Фаммуз, сирийско-финикийский полубог; Мардук, вавилонский бог солнца; Уицилопочтли, ацтекский бог войны; греческий бог Адонис; фригийский бог Аттис; персидский бог Митра; три новозаветных волхва; католический богослов Фома Аквинский (не упомянутый по имени, но на пять его доказательств существования Бога ссылается Воланд); немецкий философ И. Кант; немецкий поэт Ф. Шиллер; библеист Д. Ф. Штраус; Герберт Аврилакский, богослов и математик, ставший в 999 году римским папой Сильвестром II.

Не меньше озадачивает и глава 2, в которой евангельская история встречи Иисуса с Понтием Пилатом полностью пересмотрена, снабжена многочисленными археологически точными описаниями Иерусалима I века, и при этом в ней выведен совершенно не соответствующий привычным представлениям Иисус, называющий себя Иешуа Га-Ноцри. Сирота из города Гамалы, полагающий, что его отец был сирийцем, этот Иешуа бродит по сельским дорогам и проповедует философию мира и любви; его сопровождает не двенадцать учеников, а только один, Левий Матвей, который записывает все, что он говорит, причем делает это неправильно. Что должен подумать читатель, прочитав первые две главы романа?[7]

Мистификация, конечно, была одним из излюбленных литературных приемов Булгакова. Э. Проффер называет это «стремление мистифицировать» одной из «важных черт характера Булгакова», о которой «постоянно упоминали все, кто его знал» [Proffer 1984: 6]. Жена Булгакова Елена Сергеевна свидетельствует, что в мае 1939 года, дописав эпилог к «Мастеру и Маргарите»,

---

[7] В тупике оказался и А. З. Вулис, автор послесловия к сокращенному цензурой варианту «Мастера и Маргариты», опубликованному в журнале «Москва»: он признаётся, что оказался безнадежно не готов воспринять булгаковские экскурсы в область теологии, демонологии, черной магии и библейской истории. Эта реакция характерна для многих читателей романа того времени (см. [Чудакова 1987а: 12–13]).

он устроил для узкого круга друзей чтение романа, и реакцией слушателей были тревога и испуг (см. [Чудакова 1976а: 136]). Но стремление запутывать читателя или держать его в неведении в «Мастере и Маргарите» — не просто важный художественный прием: это также средство достижения цели. Подобно Берлиозу и Бездомному в главе 1, читатель должен оставаться в недоумении, пока его наконец не просветят. То есть правда начнет брезжить перед ним, лишь когда он до конца осознает степень собственного невежества. В этом ясно просматривается методика апофатических изысканий о природе Бога. В столкновении с Воландом Берлиоз проигрывает и погибает, так как неспособен понять, что в постижении истины ему препятствует не что иное, как его хваленая эрудиция[8]. Что еще хуже, Берлиоз пользуется своими знаниями, чтобы вводить в заблуждение других, в данном случае поэта Бездомного.

Как ни иронично это звучит, невежественное неверие в романе на самом деле служит плодородной почвой для духовного обращения — это ясно видно на примере Ивана, первого «обратившегося» персонажа «Мастера и Маргариты». Иван человек «невежественный», в чем он сам признаётся при первой встрече с Мастером (172). Во всех отношениях это типичный советский массовый поэт: неглубокий, малообразованный доктринер. Он не верит ни в Бога, ни в Иисуса не потому, что изучал или обдумывал этот вопрос, а потому, что Берлиоз попросил его написать антирелигиозную поэму. В одной из ранних редакций романа Берлиоз вообще занимает должность редактора атеистического журнала под названием «Богоборец»; для этого-то журнала Иван, по-видимому, и пишет поэму о невозможности существования Иисуса. Отсылка к «Безбожнику» узнается безошибочно; это выглядит подтверждением тому, что посещение Булгаковым

---

[8] На самом деле, как указывает Б. В. Соколов, образованность Берлиоза поверхностна. По мнению Соколова, все познания Берлиоза в мифологии, философии и религии почерпнуты им непосредственно из Энциклопедического словаря Брокгауза и Ефрона, к которому обращался во время работы над романом и сам Булгаков [Соколов 1996: 541–542].

редакции журнала в 1925 году действительно повлияло на замысел «Мастера и Маргариты»[9].

Иван живет исключительно сердцем при отсутствии ума, но это в конечном счете оказывается положительным качеством. Истинно «неверующий», он реагирует на вызов, брошенный Воландом его атеизму, не учеными аргументами, как Берлиоз, а бурными эмоциями. Когда Воланд упоминает в разговоре кантовское доказательство Бога (шестое, нравственное доказательство, упомянутое в книге после пяти сформулированных Фомой Аквинским), Иван брякает, что отправил бы за это Канта на три года в Соловки. Позже, после рассказа Воланда о Понтии Пилате (история, которую читатель узнает из первой главы романа Мастера), Иван запальчиво заявляет, что дьявола тоже не существует. И когда, как и предсказывал Воланд, трамвай отрезает Берлиозу голову, Иван сломя голову бросается в безумную погоню за Воландом, Коровьевым и Бегемотом по всей Москве.

И все же Иван, наш невежественный атеист, оказывается первым в романе «уверовавшим»: он переходит от состояния невежества (атеизма) к просветлению (подразумеваемому признанию существования Бога) через отрицание (признание существования дьявола, который, хотя сам и не Бог, служит седьмым доказательством Бога[10]). Это происходит во время его первой встречи с Мастером в психиатрической клинике, куда он попадает после своих безумных поисков Воланда. Там Мастер, заинтригованный рассказом Ивана о Воланде и Понтии Пилате,

---

[9] Эта деталь присутствует в рукописи 1929 года «Копыто инженера» (см. [Лосев 2006: 54]). «Богоборец», кроме того, — возможный перевод древнееврейского слова «Израиль» (ישראל) — то есть имя, которое дал основателю израильского монотеизма сам Бог в награду за то, что тот с ним боролся. Ирония в том, что само Писание называет человека, служившего столпом веры, богоборцем, — этот момент важен по отношению к персонажам, рассматриваемым в данном исследовании, — тем, кто сопротивляется Богу, но несет христологическое послание, таким как Иван Карамазов, Ставрогин, Шатов, Кириллов, Нехлюдов и обратившийся Иван Бездомный. Я благодарен анонимному рецензенту за это наблюдение.

[10] Об этом недвусмысленно говорит название главы 3 — «Седьмое доказательство».

спокойно объясняет, что на Патриарших прудах тот повстречался не с кем иным, как с Сатаной. Слушая объяснения Мастера, Иван в конце концов все понимает, и то, что он при этом переживает, иначе чем обращением не назвать. С этого момента он становится новым человеком[11]. Не зря во время беседы с Мастером рассказчик называет его «неузнаваемым Иваном» (172).

Как всякий новообращенный, Иван изменился. Он встал на новый путь, на путь отречения от своего прежнего «я» (он клянется Мастеру, что больше не будет писать «чудовищных» стихов), чтобы пробудиться для новой нравственной и духовной действительности. Он не только признает существование сверхъестественного мира, но и раскаивается в том, что писал антирелигиозные стихи. И после того как он обращается из *homo soveticus* в человека, верующего в сверхъестественное, функция Ивана в романе практически завершается. Далее он появляется лишь дважды: в главе 17, когда к нему являются бесплотные призраки Мастера и Маргариты, и в эпилоге, где Иван, ставший профессором истории, в первое весеннее полнолуние совершает паломничество к скамейке на Патриарших прудах, потом идет к дому, где когда-то жила Маргарита, ночью видит кошмарный сон о распятии, и лишь после этого, под влиянием успокоительного, видит во сне Пилата с Христом и Мастера с Маргаритой, поднимающихся по широкой лунной дороге. Таким образом, его роль в книге во многом сводится к статусу первого неверующего, обратившегося в веру, хотя это апофатически понятая вера, так как к ней ведет отрицательный путь (он верит в дьявола, но еще не нашел дороги к Богу).

Второй новообращенный персонаж в романе — Маргарита; неудивительно, что, появившись в романе, она вытесняет нашего первого новообращенного, так что мы снова встречаемся с ним лишь через двести страниц: ее присутствие помогает объяснить

---

[11] Процесс обращения на самом деле начинается двумя главами раньше, в главе 11 — «Раздвоение Ивана», где «ветхий Иван» разговаривает с «новым Иваном» за несколько мгновений до того, как в его палату прокрадывается Мастер.

его отсутствие, ведь история его обращения закончилась, а ее — только начинается. В день встречи с пособником Воланда Азазелло она, проснувшись утром, провидчески произносит: «Я верую», используя вместо нейтрального «верю» глагол с сильной религиозной коннотацией. Однако, как и у Ивана, ее заявление о вере, первоначально не имеющее объекта, в конечном счете, как вскоре обнаруживает читатель, направлено на Воланда. Но вера Маргариты в дьявола, как и вера Ивана, по логике автора, подтверждает существование Бога, так как сам Воланд и есть доказательство существования Бога. Таким образом, Маргарита, как и Иван, свидетельствует о существовании Бога, не заявляя об этом напрямую. Подтверждается и тем, что после того, как Воланд возвращает сожженную рукопись Мастера целой и невредимой, она восхваляет его: «Всесилен! Всесилен!» (363). Это вполне понятно, но то, что она путает объекты приложения этого эпитета, говорит само за себя. В иудеохристианской традиции дьявол никогда не назывался всесильным. Всесилен только Бог. Применяя к дьяволу несвойственный ему эпитет, Маргарита фактически раскрывает истинный (хотя и невысказанный) объект своей похвалы: Бога.

Эти две истории «обращения через отрицание» демонстрируют высшую степень мистификации в романе, мистификации через апофатизм. Из невежества, неверия или веры в дьявола Булгаков, как по волшебству, извлекает веру в Бога, — во-первых, объявляя дьявола седьмым доказательством существования Бога, а во-вторых, прозрачно намекая на лежащую в основе апофатическую истину: «Бог — не дьявол». Как и все подобные истины, достигнутые апофатическим путем, она приближает нас к пониманию того, каким должен быть Бог. Таким образом, «обращения» Ивана и Маргариты служат примером *via negativa*, которая в конце концов должна привести к вере в Бога, и существование Иисуса — тема вступительных глав романа — оказывается той скрытой осью, вокруг которой вращается весь роман.

Но вера в романе также несколько проблематична, так как направлена «мимо» своего истинного предмета. Иван и Маргарита вначале уверовали в дьявола, и утверждать, что они верят в Бога, можно только с помощью логического умозаключения. Более того, ни тот, ни другая никак не выказывают веры во Иисуса Христа, хотя Маргарита, например, в восторге от рассказа Мастера о Пилате и Иешуа Га-Ноцри. Пусть дьявол служит седьмым доказательством Бога, пусть даже способен указать своеобразный апофатический путь к вере в Бога, но Бог, как представляется, все же отсутствует в романе, во всяком случае, почти не упоминается. Аналогичную загадку представляет фигура Иисуса, который как будто тоже отсутствует в романе, ведь Иешуа Га-Ноцри ничуть не похож на евангельского Иисуса. Если, по подсказке Воланда, в существование Иисуса следует верить, то тут же встают вопросы о его истинной личности — вопросы, на которые с момента публикации романа все мы тщетно пытаемся ответить. Кто такой Иисус: еврейский бродячий философ или божественный Сын Божий?[12]

---

[12] В одном из первых в СССР откликов на роман В. Я. Лакшин утверждает, что Иешуа «не всесильный бог», а смертный человек, «пошедший до конца за свои убеждения», и в этом ничем не отличается от Жанны д'Арк или декабристов (см. [Лакшин 1968: 300]). У этой интерпретации нашлось много сторонников. Э. Проффер в своем добросовестном биографическом исследовании называет Иешуа «обычным человеком, страдающим за свои убеждения», который «никоим образом не должен рассматриваться как бог» [Proffer 1984: 548, 641n32]. Г. Эльбаум сравнивает его с Сократом — другим философом, казненным за убеждения, которого роднят с Иешуа такие черты, как смирение, простодушие и доброжелательность (см. [Эльбаум 1981: 52]). В прочтении Л. Милн Иешуа — «архетипическая жертва-"другой", наделенная властью прощать» [Milne 1990: 246]. Л. Уикс видит в нем подобие «странствующего философа» из группы «Семинар Иисуса», который проповедует «бесплатное лечение», «бесплатное питание», «религиозное и экономическое равенство» и «непосредственное физическое и духовное общение друг с другом» [Weeks 1996: 50] (Л. Уикс цитирует Д. Кроссана [Crossan 1991: 421–22]). Бывший русский православный протодиакон А. Кураев согласен с тем, что булгаковский Иешуа — не Христос, но по другой причине. По его мнению, «пилатовы главы» сами по себе «кощунственны и атеистичны», а сам Иешуа — не что иное, как «карикатура на атеистический (толстовский) образ Христа» [Кураев 2006: 34, 38]. Некоторые исследователи связывают Иешуа с гностицизмом, утверждая, что в его образе, как и в романе в целом, скрывается «тайное знание». Так, Дж. Круговой написал целую монографию, в которой пытается показать, каким образом это знание («гносис») «тща-

Вопрос о сущности Иешуа — лишь один из тех, что ставятся в романе, но так и остаются открытыми. Конечно, недосказанность — отличительный признак хорошей литературы. Однако в случае «Мастера и Маргариты» одна из причин недосказанности, а также бросающихся в глаза нестыковок и противоречий[13] состоит в том, что роман, технически говоря, не окончен. Булгаков начал вносить в роман окончательные правки в октябре 1939 года [Лосев 2006: 552], но, по свидетельству его вдовы Елены Сергеевны, успел дойти только до разговора Маргариты с Азазелло в начале второй части — продвинуться дальше ему помешала болезнь. Как сообщает М. О. Чудакова, судя по многочисленным исправлениям, которые он сделал в первой части, некоторые фрагменты второй части могли подвергнуться существенной переработке, не будь Булгаков так тяжело болен [Чудакова 1976а: 140–141].

Этим может объясняться «размытость единой темы» в романе, отмеченная, например, М. Фрэнк, которая видит в «энциклопедическом размахе» «разрозненных частей» одновременно недостаток и достоинство [Frank 1981: 292][14]. Притом что одни иссле-

тельно зашифровано в сложно структурированной ткани романа» [Krugovoy 1991: 292]. См. также [Barratt 1987: 171–172, 320–323; Haber 1999: 347–360]. Э. Хабер полагает, что, будучи гностическим Христом, Иешуа скорее дух, чем тело, тот, кто «ни разу не появляется в романе лично, а только опосредованно — через "вестника"-Воланда, в снах Ивана Бездомного и в художественных прозрениях Мастера» [Haber 1999: 356]. Другие исследователи, напротив, уверены, что, несмотря на все отличия от библейского Христа, Иешуа в конечном счете и есть «библейский Христос» — основанием для этого служит его сверхъестественное явление в финале романа. См. [Frank 1981: 292]. См. также [Rosenshield 1997: 199n30; Ericson 1991]. М. Фрэнк заходит особенно далеко, предполагая, что «главный грех» Мастера, из-за которого он заслужил «покой», но не «свет», состоит в том, что в своем романе он умолчал о божественной сущности Иешуа [Frank 1981: 292].

[13] Перечень несоответствий и нестыковок, возникших из-за «незавершенности» романа, приводится в [Curtis 1987: 132].

[14] Э. К. Райт отмечает, что Мастер и Маргарита — «неаккуратное произведение, при этом не предоставляющее логических обоснований». Кроме того, он упоминает «ошеломляющую массу подробностей», способную воспрепятствовать пониманию со стороны читателя [Wright 1978: 261].

дователи не считают незавершенность романа недостатком, другие, как, например, автор биографии Булгакова А. Н. Варламов, утверждают, что это одна из причин, по которой «Мастер и Маргарита» не дотягивает до звания лучшего произведения Булгакова [Варламов 2008: 734][15]. Но, как бы мы к этому ни относились, незавершенность романа должна приниматься во внимание при любой критической интерпретации. Прежде всего следует задаться вопросом: если перед нами «неоконченная рукопись», меняет ли это наш подход к чтению, и если да, то каким образом? Являются ли пропуски, противоречия и явное отсутствие связи между некоторыми фрагментами результатом неполноты рукописи или же по меньшей мере некоторые из них имеют тематическую или структурную цель? «Незавершенность» булгаковской рукописи особенно важна, когда речь заходит о вопросах, касающихся Иешуа, поскольку не ясно — по крайней мере читателям, — является ли роман о Пилате и Христе также неоконченной рукописью. Ведь в повествование из него включены только четыре главы. Написал ли Мастер что-то еще? Мастер прямо говорит, что окончил роман, поэтому логично было бы предположить, что он состоял более чем из четырех глав. Тогда для читателей роман Мастера — это тоже неоконченная рукопись, ведь они лишены возможности узнать, что написано в других его главах, которые могли бы пролить больше света на личность и природу Иешуа Га-Ноцри.

И наконец, как насчет третьей неоконченной рукописи в романе — той, которую пишет Левий Матвей? «Сожги ты, прошу тебя, свой пергамент!» — умоляет его Иешуа (32). Но Левий Матвей не соглашается. Напротив, когда в четвертой главе романа Мастера его приводят к Пилату, единственное, что он позволяет себе принять от прокуратора — это кусок чистого пергамента, явный намек на то, что Левий намерен продолжать свои за-

---

[15] Э. Проффер пишет: «Многие великие соборы остались недостроенными; также и многие великие произведения не были завершены, от "Мертвых душ" до "В поисках утраченного времени". Судьба распорядилась, чтобы роман остался таким, какой он есть, — Булгаков бы наверняка отнесся к этому с пониманием» [Proffer 1984: 530].

писи. О том, чтобы сжечь рукопись, не может быть и речи. В любом случае, как напоминает нам Воланд, «рукописи не горят» (363): нельзя недооценивать силу письменного слова, его способность проникать в мир и оказывать на него воздействие. Пусть Иешуа и не говорил «решительно ничего из того, что там записано» (32), но Левий Матвей, по-видимому, все же закончил свое Евангелие и распространил по свету свое слово о Иешуа, верное или неверное, — во всяком случае, это подразумевается у Булгакова. И если принять исходную установку на то, что рукопись Левия искажает «настоящее» учение Иешуа, и согласиться с теми исследователями, которые, подобно Э. Проффер, заключают, что Булгаков «пренебрегал исторической достоверностью Нового завета» [Proffer 1984: 559], то придется согласиться и с тем, что, по логике Булгакова, именно так работает литература: тексты обладают собственной реальностью, и способы их воздействия на культуру выходят за рамки вопросов об исторических источниках и даже об исторической достоверности.

Такие художники, как Мастер, «угадывают» истину посредством творчества. Но искусство — это не документальная передача реальности. Выслушав рассказ Ивана о встрече с Воландом, Мастер «молитвенно» складывает руки и шепчет: «О, как я угадал! О, как я все угадал!» (171) — ведь якобы подтвердилась правдивость его истории о встрече Пилата с Иешуа[16]. На самом же деле никто никогда не узнает, действительно ли Мастер «все угадал». Также никто не узнает, действительно ли рассказ Воланда об Иешуа на Патриарших прудах — это правдивый рассказ очевидца о встрече Пилата с Христом (и если да, то насколько он совпадает с первой главой Мастера), или Воланд просто пересказывает первую главу романа Мастера (и тогда неизвестно, насколько правдиво изложены события), или же это действительно одно и то же (что следует из реакции Мастера). Таким образом,

---

[16] Дж. Кёртис отмечает, что булгаковская «концепция вдохновения Мастера роднит подход Булгакова с неоплатонистской романтической традицией, согласно которой абсолютная истина существует в высших сферах, куда временами может проникнуть лишь художник силой своего вдохновения» [Curtis 1987: 147].

недосказанность в романе распространяется на вопросы, которые никак не связаны с его незавершенностью, но непосредственно касаются тематики и структуры. Однако это не мешает ни «роману в романе», ни обрамляющему его повествованию оказывать собственное культурное воздействие или предлагать собственную христологию отрицания.

С христологической точки зрения неопределенность в романе имеет апофатическую направленность: это способ избежать категоричных или утвердительных суждений о Божестве. Прибегая к прерывности и противоречиям в повествовании, Булгаков аналогичным образом демонстрирует отказ от формулирования понятий или прямого обозначения вещей на уровне сюжета: так, «обращение» Ивана и Маргариты лишь подразумевает, а не открыто утверждает существование Бога или Иисуса Христа. На сюжетном уровне неопределенность также играет свою роль: равноправные сюжетные линии, резко различающиеся по тематике, стилю и жанру, усложняют задачу осмысления романа или решения загадок его космологии. Булгаков, похоже, хотел, чтобы его текст сопротивлялся интерпретации, а не способствовал ей. Чтобы понять булгаковского Христа, читатель должен понять причину, по которой роман сопротивляется интерпретации, а также функцию этого сопротивления в прояснении вопросов о Боге и Иисусе, которые Булгаков ставит, начиная с первых глав книги.

Апории, Аквинат и неопределенность

Одно из главных препятствий к интерпретации заключено в наличии в романе трех сюжетных линий, каждая в своем стиле и жанре. Первая — посещение дьяволом Москвы и сатирическая деконструкция советской действительности. Вторая — еще один московский сюжет — история Мастера и Маргариты, рассказанная в романтическом стиле со слегка завуалированными отсылками к реальным литераторам. И последняя линия — сюжет романа Мастера о встрече Пилата с Иешуа Га-Ноцри в Иерусалиме I века — реалистическое повествование в витиеватом стиле с акцентом на психологии характеров. Трудно устоять перед попыткой разобраться в этих соперничающих сюжетных линиях, обнаружить в них художественное единство и тематический стержень, который объединил бы и привел в гармонию разные уровни стиля и сюжета. Но эта задача кажется невыполнимой. Какую сюжетную линию считать главной? Какой жанр преобладает? Что, в конце концов, перед нами: комическая сатира? Пародия? Аллегория? «Роман с ключом»? Сказка? Пасхальный роман с явной христологией?

Для некоторых критиков «жанровая неустойчивость» романа — его сильная сторона, открывающая «простор для интерпретаций» [Barratt 1987: 100]. Другие настаивают, что это «только кажется, будто в романе нет единства и последовательности», — на самом же деле в нем присутствует «высший порядок» нарративной логики [Proffer 1984: 100]. Третьи полагают, что многочисленные «апории и дизъюнкции» текста вводят в заблуждение тех, кто пытается объединить отдельные части романа [Rosenshield 1997: 190]. Согласно Г. Розеншильду, если читать текст как сплошное повествование, сказочный мир Мастера и Маргариты и гоголевская сатира, связанная со свитой Воланда, угрожают взаимоуничтожиться; к тому же ни один из этих двух нарративов не поднимается до уровня психологического реализма ершалаимской линии; именно из-за этого «роман так и не смог обрести единство смысла (смыслов)» (Там же: 210).

Но, может быть, в невозможности вычленить из романа единый внятный смысл и состоит в значительной степени его значение, независимо от того, входило ли это в замысел автора, и невзирая на то, что некоторые видят в этом недостаток. На каком-то уровне роман так притягателен *именно потому*, что сопротивляется нашим попыткам свести его к единому смыслу — этот результат отражает отношение самого Булгакова к проблеме веры и его скрытую полемику с советской литературной бюрократией, стремившейся сделать с литературой именно это: навязать ей монолитный смысл. Если авторитет в литературе означает необоснованное право на окончательную интерпретацию смысла, то «Мастер и Маргарита» — роман, которым этот авторитет с упоением подрывается. Иными словами, в романе воспевается неопределенность — собственно текста и та, в которой пребываем мы, читатели.

Неопределенность — главное философское основание, заявленное в тот самый миг, когда в роковой весенний день Воланд садится на скамейку рядом с Берлиозом и Бездомным; это олицетворенная самим Воландом идея, что вещи не всегда таковы, какими кажутся. На протяжении следующих трехсот страниц Булгаков представляет читателям одну загадку за другой, включая личность Воланда, цель его путешествия, смысл пересмотра Евангелий в ершалаимских главах, личность Иешуа Га-Ноцри и личности заглавных персонажей нашего романа: Мастера, который впервые появляется только в главе 13, и Маргариты, чья биография рассказывается лишь в середине книги. Неудивительно, что исследователи и критики так долго пытаются разгадать загадки романа: едва взяв в руки книгу, читатель вынужден только этим и заниматься.

Хотя некоторые «дизъюнкции и апории», о которых говорит Розеншильд, могли быть выправлены, если бы Булгаков успел окончательно отредактировать книгу, вполне возможно, что главные тайны романа изначально и не были предназначены для полной разгадки; точно так же для того, чтобы роман имел успех и нравился читателю, не требовалось сводить в единое повествование соперничающие сюжетные линии. Тайна — вот центральная тема произведения, в котором нерешенные вопросы приводят героев и читателей в квазиапофатическое неведение, позволяющее хотя бы мимолетно увидеть высшие истины. Первое и самое яркое олицетворение этой тайны в романе — Воланд; при этом он весьма явственно указывает на другую загадочную фигуру романа, стоящую в центре всех трех сюжетных линий, — Иешуа Га-Ноцри. Таким образом, Воланд воплощает одну тайну и формулирует другую, давая ход всем последующим событиям.

Как и Берлиоз с Бездомным, читатель первым делом задается вопросом, кто такой Воланд и зачем он приехал в Москву. По первым трем главам складывается впечатление, будто единственная цель его приезда — оспорить заявление Берлиоза о том, что Иисус никогда не существовал и что Бога тоже нет. В качестве доказательства Воланд приводит два поразительных аргумента. Первый — рассказ о разговоре Понтия Пилата с Иисусом, не имеющий почти ничего общего с каноническими евангельскими повествованиями и служащий свидетельством очевидца, который может подтвердить существование Иисуса, потому что лично присутствовал на балконе у Пилата. Второй аргумент в пользу Бога — сам Воланд как седьмое доказательство существования Бога.

Эти доказательства существования Иисуса и Бога — не просто уловки дьявола. И не просто сюжетный прием, используемый как завязка истории наших титульных персонажей, которые еще не появились на сцене. Скорее, они выводят на поверхность очень серьезный метафизический пласт романа. Кроме того, это первые залпы, выпущенные Булгаковым в самое сердце советской материалистической идеологии, — уверенность, будто действиям человека можно дать исключительно естественно-научное объяснение, без обращения к духовному миру или Богу, управляющему историей. «Сам человек и управляет», — убежден Бездомный (19). Разум царит безраздельно; никакой религии нет, есть только рациональность.

Именно насчет двух последних пунктов и возражает Воланд. В своем метафизическом споре с Берлиозом Воланд упоминает И. Канта и ссылается на пять доказательства бытия Бога, выведенных католическим богословом и философом Фомой Аквинским, — отсылка, странным образом проигнорированная в комментариях к двум последним по времени английским переводам «Мастера и Маргариты» и практически не замечаемая исследователями «Мастера и Маргариты»[17]. При этом Булгаков ссылается на Фому Аквинского не шутя и не между делом: его пять доказательств не только открывают нам нечто важное о теологии самого Булгакова, но и указывают на культурную

---

[17] Упоминания об Аквинате, как ни странно, отсутствуют и в литературе о романе, как российской, так и западной. Единственное исключение — [Ericson 1991: 19].

критику со стороны писателя. Более того, Воланд придает этим доказательствам дополнительный вес, считая их вместе с «нравственным доказательством» Канта шестью доказательствами, на которых основывается «седьмое», его собственное. И наконец, что, пожалуй, особенно важно, Воланд, ссылаясь на доказательства Фомы Аквинского, втягивает Берлиоза в хитроумное состязание, где пытается обыграть Берлиоза в его собственной игре — опоре на разум как на способ постижения сверхъестественного.

Пять доказательств Фомы Аквинского, называемые также «пятью путями», порождены тем же типом мышления, который стремится обосновать бытие Бога с помощью логических предпосылок. В своих доказательствах Аквинат опирается на аргументы от движения, от действующей причины, от необходимости, от неравенства степеней совершенства и от порядка мира. Поскольку Воланд их не формулирует, вкратце приведем их здесь для большей ясности. Первое доказательство отталкивается от движения. Оно гласит, что, если какие-то предметы в мире движутся, значит, существует некий двигатель, который привел их в движение. Поскольку число двигателей не может быть бесконечным, нечто должно служить источником всякого движения, так называемым перводвигателем. Этим перводвигателем, несомненно, является Бог. Во втором доказательстве Аквинат приводит те же аргументы в применении к причине и следствию. Ничто не может быть действующей причиной самого себя. Для этого нечто должно предшествовать самому себе, что невозможно. Однако во Вселенной наблюдается явный порядок действующих причин. Поскольку число причин не может быть бесконечным, должна существовать первопричина, которая сама по себе не является следствием чего-либо другого, но дает начало всем остальным причинам. Эта первопричина — Бог.

Третий путь — доказательство через возможность и необходимость. Мы обнаруживаем, что некоторые вещи могут как быть, так и не быть, а значит, то, что может быть, не может быть всегда — в какие-то моменты оно может не быть. А если *всё* может не существовать, то и сейчас не было бы ничего — но очевидно, что это не так. Следовательно, должно существовать нечто необходимое, не имеющее причины необходимости в чем-то еще, но являющееся причиной необходимости прочего. И таковое есть Бог. Четвертый путь — доказательство от неравенства степеней совершенства, основанное на том, что некоторые вещи превосходят другие в каком-либо качестве. Однако ни для какого качества не существует бесконечной шкалы степеней совершенства, так как любое качество изменяется различной степенью приближения к тому, что является наивысшим. Следовательно, существует нечто во всех отношениях совершенное. Это совершенство мы называем Богом. И наконец, пятое доказательство гласит, что даже вещи, лишенные познавательной способности, действуют ради цели. Все вещи, действующие ради цели, должны быть движимы некой силой, которая ведет их к цели. Эта сила и есть Бог. Таковы пять путей, которыми Аквинат с помощью логики обосновывает бытие Бога[18].

Берлиоз с ходу отметает доказательства Фомы Аквинского, заявляя, что «в области разума никакого доказательства существования бога быть не может» (18). Воланд отмечает, что именно такой была реакция Канта, который обнаружил в аргументах Аквината логический недостаток: нельзя применять наблюдения над физическим миром к метафизическим объектам, лежащим за границами нашего опыта. Но даже Кант, по словам Воланда, все же постулировал существование Бога как нравственной воли. Однако позиция Берлиоза — «разум превыше всего» — сугубо советская, и читатель должен увидеть ее слабость. Берлиоз рассматривает разум в чисто эмпирическом смысле, как то, что действует только в сфере опыта или научного эксперимента. Однако, как утверждал в «Критике чистого разума» сам Кант, природа разума и рациональности не является исключительно эмпирической. Разум может подсказывать нам, что любое движение имеет причину, но наша мысль тем не менее ищет объяснение первоисточнику этого движения, даже если оно лежит вне рамок эмпиризма. В «Критике чистого разума» Кант старается

---

[18] См. Фома Аквинский, Summa Theologica, ч. 1, вопрос 2, раздел 3 [Фома Аквинский 2002: 26–27].

найти равновесие между способностью чистого разума производить знание, выходящее за пределы эмпирического, и претензией эмпиризма на то, что основой любого знания может быть исключительно опыт, наблюдение и эксперимент. Логически обосновывая путь к Богу, Фома Аквинский со своей стороны одновременно совершает прыжок веры, так как его доказательство принадлежит к области спекулятивного; согласно Канту, так и должно быть, ведь наука, в конце концов, не в состоянии дать однозначные ответы на метафизические вопросы.

Эта последняя мысль, безусловно, является частью культурной критики, содержащейся в булгаковском романе. В антропоцентрическом, рациональном «раю», который восхваляет Берлиоз, существуют границы того, что наука может рассказать нам о вселенной, и еще более жесткие границы контроля человека над собственной жизнью; последнее Воланд более чем наглядно демонстрирует Берлиозу, когда после разговора трамвай отрезает тому голову. Как обнаруживает Иван, ломая голову над тайной смерти Берлиоза, и как утверждает Кант в «Критике чистого разума», если что-то не поддается объяснению с помощью разума, следует искать для этого иные средства. Для Ивана это означает смириться с верой в сверхъестественное. Подобно Аквинату, он узнаёт, что вера в конце концов может привести нас дальше, чем разум.

Доказательства Фомы Аквинского важны и по другой причине. Его пять путей служат ответом на два возражения, первое из которых предвосхищает седьмое доказательство Воланда. Именно это возражение чаще всего выдвигается против существования Бога: если Бог — бесконечное добро, но при этом все же существует зло, то всемогущий, всеведущий и всеблагой Бог просто не может существовать. Воланд, конечно же, утверждает обратное. Если существует дьявол (воплощение зла), то должен существовать и Бог. Булгаковская инверсия классического вопроса, ставящего под сомнение существование Бога, — зло, *доказывающее* существование Бога, а не опровергающее его, — лишь одна из многочисленных инверсий романа, нередко имеющих пародийный эффект. В то же время булгаковская инверсия сама по себе наводит на размышления. Там, где есть зло, должна быть и его противоположность — добро. Одно утверждается через другое и неотделимо от него: как часто отмечается в булгаковедении, это, по сути, манихейская идея, которую формулирует сам Воланд в главе 29, говоря Левию Матвею: «Что бы делало твое добро, если бы не существовало зла, и как бы выглядела земля, если бы с нее исчезли тени?» (452). В то же время попытка доказать существование Бога исходя из существования зла носит квазиапофатический характер: зло оказывается крайним отрицательным утверждением, которое можно сделать о Боге (Бог не есть зло). Поэтому она входит в апофатическое упражнение, посредством которого человек движется к Богу.

Хотя его пять путей не являются апофатическим упражнением, Аквинат в своей «Сумме теологии» многократно цитирует Псевдо-Дионисия, самого видного адепта апофатического богословия. Однако, отвечая на первое возражение против существования Бога цитатой из Августина Блаженного, Аквинат все же подтверждает связь между добром и злом, удивительным образом предвосхищая слова Гёте, послужившие эпиграфом к роману. «Сказано Августином, — пишет Фома Аквинский, — "Господь, который в высочайшей степени благ, никоим образом не позволил бы, чтобы в Его делах было хоть сколько-нибудь зла, если бы не был так всемогущ, чтобы и зло обратить в добро". Таково одно из проявлений бесконечной благости Господней, что Он попускает существовать и злу, дабы и его обращать во благо»[19]. По всей вероятности, Гёте в знаменитом диалоге из сцены 3 первой части «Фауста» также опирался на Августина: на вопрос Фауста «Ты кто?» Мефистофель отвечает: «Часть силы той, что без числа / творит добро, всему желая зла»[20]. Таким образом, не Гёте, а Августин — настоящий автор предпосылки (заявленной в эпиграфе «Мастера и Маргариты»), которая, возможно, определяет тематическую направленность романа, а Аквинат и его пять доказа-

---

[19] [Фома Аквинский 2002: 27]: цитируется «Энхиридион» Августина Блаженного, 11.

[20] Пер. Б. Пастернака.

тельств служат связующим звеном между этой идеей и содержанием романа.

Хотя Воланд предлагает семь доказательств существования Бога, он, как уже говорилось выше, наотрез отказывается сделать то же самое в отношении Иисуса. Здесь Воланд твёрд, как скала. «Имейте в виду, что Иисус существовал», — говорит он Берлиозу и Ивану, на что Берлиоз отвечает, что они с Иваном уважают его «большие знания», но сами придерживаются «другой точки зрения» по этому вопросу. «А не надо никаких точек зрения, — возражает Воланд, — просто он существовал, и больше ничего». Когда Берлиоз замечает: «Но требуется же какое-нибудь доказательство», Воланд парирует: «И доказательств никаких не требуется» (25). И тут же начинает рассказывать им о встрече Иешуа Га-Ноцри с Пилатом.

Воланд, конечно, прав. Его рассказ — это всего лишь «байка». Она ничего не доказывает, а ее источник, по сути, невозможно не только проверить, но и опознать. Только две последних ершалаимских главы — те, что Маргарита читает по восстановленной рукописи в главах 25 и 26, — несомненно, взяты из романа Мастера. Первая же глава, рассказанная Воландом в главе 2, и вторая, приснившаяся Ивану в главе 16, могут быть «приписаны» Мастеру только в силу их содержания, стиля и сюжетной связности[21]. И все же, даже если все четыре главы входят в роман Мастера, невозможно понять, претендует ли он на то, что рассказывает истинную историю Пилата, Иисуса и Страстей.

В конечном счете в ершалаимских главах царит неопределенность, хотя на первый взгляд это не так. Внимание Булгакова к деталям при описании археологических, географических

---

[21] Э. Барратт отмечает, что «три части ершалаимского сюжета демонстрируют прямую линейную последовательность, и одно это уже создает сильное впечатление единства» между четырьмя главами. При этом он добавляет, что «смещение центра» в трех разных ершалаимских главах настолько велико, что «нужно говорить о трех, в значительной степени независимых друг от друга историях, которые повествуют соответственно о трусливом поступке Пилата (глава 2); мучительного бессилия Матфея (глава 16); и двусмысленного исполнения Афранием своего долга (главы 25 и 26)» [Barratt 1987: 197, 198].

и исторических реалий Иерусалима I века постоянно превозносится критиками, которые видят в стремлении писателя к исторической точности полемику с Евангелиями, историческая достоверность которых часто оспаривалась, особенно учеными школы исторической критики. Дж. Кёртис полагает, что образцом для «поразительно осязаемого реализма» ершалаимских глав послужила в первую очередь «Жизнь Иисуса Христа» Ф. В. Фаррара (1874) — труд, призванный подтвердить историчность божественного Иисуса[22]. От висячих мостов, крепостей и ершалаимского храма «с неподдающейся никакому описанию глыбой мрамора с золотою драконовой чешуею вместо крыши» (45) в главе 2 до «крылатых богов над гипподромом», «Хасмонейского дворца с бойницами», базаров, караван-сараев, переулков, прудов (279) и узких, многолюдных улиц Нижнего Города в главе 25, булгаковский Ершалаим исключительно выразителен и колоритен. Читателя как будто призывают ощутить правдивость булгаковского описания и его разительное отличие от евангельских повествований. Кажется, будто рассказ Булгакова о Страстях более достоверен, исторически обоснован.

Более того, Булгаков старается увести нас еще дальше от четырех Евангелий, до неузнаваемости изменяя имена и названия. Булгаковский Иисус называется Иешуа Га-Ноцри, что исторически более точно. Иешуа — древнееврейское имя, означающее «Господь-спаситель»; Иисус — его видоизмененная форма. Га-Ноцри означает «из Назарета». Санхедрин (верховный орган власти у евреев в период римского господства; Совет старейшин в синодальном переводе Библии) превращается в Синедрион (что является греческой транскрипцией). Иудейский первосвященник (в русскоязычной Библии Каиафа) носит имя Иосиф Каифа,

---

[22] [Curtis 1987: 151]. Э. Проффер ссылается, помимо прочих, на М. Чудакову, А. Зеркалова [Зеркалов 2003] и Г. Эльбаума, доказывающих, что Булгаков обращался к древним историкам Иосифу Флавию и Тациту, а также к библеистам XIX века Э. Ренану, Ф. В. Фаррару и Д. Ф. Штраусу, в трудах которых черпал сведения об Иисусе, Иудее I века и вопросах христологии [Proffer 1984: 640n30]. Э. Хабер, полагает, что свою роль сыграла и книга А. Древса «Миф о Христе» (см. [Haber 1985]).

Иуда Искариот именуется Иудой из Кириафа (вслед за Ренаном Булгаков использует объясняющее имя); имя Матфей русифицировано как Матвей. Иерусалим превращается в Ершалаим (вариант древнееврейского Иерушалаим). И так далее[23]. Э. Проффер отмечает, что в Иерусалиме I века смешение арамейского, греческого и латыни в рамках одного разговора было обычным делом, но цель Булгакова здесь не в достижении только максимального реализма, но и отчуждения — отсюда неожиданно «русское» имя Левия Матвея.

Но самому сильному отчуждению подвергается сам евангельский сюжет. Как упоминалось выше, перед читателем предстает Иисус, совсем не похожий на Иисуса Евангелий. Иешуа Га-Ноцри изо всех сил старается убедить Пилата, что он не пророк и не обладает какими-либо сверхъестественными способностями. Хотя он, кажется, читает мысли Пилата и исцеляет его от мигрени, свое предполагаемое ясновидение он объясняет тем, что попросту интерпретирует жесты Пилата. Что до умения исцелять, то оба раза, когда Пилат спрашивает его, не врач ли он, Иешуа это отрицает (35, 36).

Отрицает он и то, что въехал в город через Сузские ворота на осле, сопровождаемый толпами народа. Напротив, объясняет он, сопровождал его один только Левий Матвей, который путает все его речи. Точно так же толпа неверно толкует его слова о том, что «рухнет храм старой веры и создастся новый храм истины» (33), и воображает, будто, говоря о храме старой веры, Иешуа призывает разрушить здание Ершалаимского храма (по этому обвинению он и предстал перед судом Пилата). Сирота, не помнящий своих родителей, родом он не из Назарета (как следует из его имени), а из Гамалы (или, как говорится в главе 26, из Эн-Сарида — нестыковка, которую автор бы, вероятно, исправил, если бы успел отредактировать вторую часть). Иешуа исповедует веру

---

[23] Из комментариев Э. Проффер к английскому переводу романа [Proffer 1995: 340–341]. «Знаменательно, что единственный главный герой, носящий древнееврейский вариант имени, — это Иешуа Га-Ноцри», — добавляет Проффер (Там же: 340). См. также [Эльбаум 1981: 45–46, 104, 116].

в единого Бога; он утверждает, что в мире нет злых людей (называет каждого «добрый человек», в чем ярко проявляется персонализм); он верит, что люди изменятся, если только он сможет с ними поговорить; и в конечном счете Пилат приговаривает его к смерти за утверждение, что на смену «власти кесарей» придет «царство истины и справедливости, где вообще не будет надобна никакая власть» (41).

Здесь нет ни чудес, ни притч, ни проповедей, ни Заповедей блаженства. Иешуа не распят, а просто «казнен» (глава 16 называется «Казнь», а не «Распятие») на столбе, а не на кресте, на Лысой горе, а не на Голгофе[24]. Название «Гефсимания» упоминается, но это не сад, где Иисус скорбит и тоскует и куда Иуда приводит римских воинов. Напротив, это «масличное имение», куда люди Афрания заманивают Иуду, чтобы убить. В соответствии с реалистическим стилем ершалаимских глав смерть Иешуа описана с ужасающим натурализмом, напоминая о гольбейновском изображении мертвого Христа [Rzhevsky 1971: 14; Weeks 1996: 42]. Висящий на столбе Иешуа «впал в забытье, повесив голову в размотавшейся чалме. Мухи и слепни поэтому совершенно облепили его, так что лицо его исчезло под черной шевелящейся массой. В паху, и на животе, и под мышками сидели жирные слепни и сосали желтое обнаженное тело» (228). Последнее, что он произносит, — не «Боже Мой, Боже Мой! для чего Ты Меня оставил?» (как у Матфея и Марка), не «Отче! в руки Твои предаю дух Мой» (как у Луки), и не «совершилось!» (как у Иоанна), а только одно слово — «игемон», титул Пилата.

Эти различия между Иешуа и евангельским Иисусом вызвали множество экспрессивных предположений по поводу самого Иешуа и намерений Булгакова, когда он создавал этот образ. Некоторые исследователи полагают, что Булгаков в ершалаимских главах пытался переписать Евангелия — утверждение, которое

---

[24] «Как бы желая отмежеваться от традиционной христианской трактовки гибели Иисуса, Булгаков тщательно избегает таких насыщенных символикой слов, как "крест" и "распятие"», — отмечает Г. Эльбаум [Эльбаум 1981: 45–46].

выглядит преувеличенным, учитывая, что Булгаков ограничивается изображением того, что во всех Евангелиях, кроме Иоанна, умещается всего в одну главу: разговора с Пилатом и распятия (Страстей). И хотя Иешуа просит Левия Матвея сжечь свой пергамент, утверждать на этом основании, будто «Булгаков фактически ставит под сомнение христианское мировоззрение» [Weeks 1996: 42] или что он «хочет показать читателю, что его повествование более достоверно, более убедительно и написано лучше, чем Евангелия» [Proffer 1984: 540], значит приписывать роману больше, чем в нем содержится. На самом деле Иешуа присутствует только в первых двух ершалаимских главах, причем во второй его роль почти бессловесна. Его слов и поступков попросту недостаточно, чтобы основывать на них идею, будто Евангелия в ершалаимских главах либо переписываются, либо дискредитируются, либо то и другое вместе, даже учитывая кажущееся отсутствие в Иешуа божественности. На самом деле отношение Булгакова к библейскому Иисусу сложнее, чем может показаться на первый взгляд. История Страстей Христовых во всех редакциях, кроме предпоследнего полного варианта, содержит элементы, позволяющие предположить, что изначально христология Булгакова была гораздо более традиционной.

В рукописи 1928–1929 годов жена Пилата сообщает ему, что видела во сне Иешуа, и просит мужа отпустить его — это эпизод, взятый непосредственно из Евангелия от Матфея (27: 19). Также в этой версии Иешуа говорит двум распятым вместе с ним разбойникам, что оба пойдут за ним на небеса, а умирая, произносит по-гречески «совершилось» [Лосев 2006: 43, 51][25]. Во всех вариантах, кроме рукописи 1938 года, Воланд называет Иисуса Христом («Имейте в виду, что Христос существовал»), тем самым намекая на его мессианскую сущность, а в изображении распятия используется слово «крест» (а не «столб»). Реконструировавшая частично уничтоженные первые тетради романа М. О. Чудакова сообщает, что Булгаков включил во вторую главу «несколько

---

[25] Иешуа также бормочет «совершилось» в рукописи 1934–1936 годов под названием «Фантастический роман» (Там же: 237).

евангельских эпизодов, а также фрагменты апокрифов о Христе, в частности, историю Вероники, утершей Христу платком кровавый пот со лба при восшествии на Голгофу» [Чудакова 1976б: 221][26]. Интересно, что вариант 1928–1929 годов содержит фрагмент, где Берлиоз даже обвиняет Воланда в любви к Иисусу, тем самым подтверждая традиционное христианское представление об Иисусе как о воплощенной любви. Воланд только что закончил излагать свою версию встречи Иисуса с Пилатом:

> — И вы любите его, как я вижу, — сказал Владимир Миронович [Берлиоз], прищурившись.
> — Кого?
> — Иисуса.
> — Я? — спросил неизвестный и покашлял, — кх... кх, — но ничего не ответил [Лосев 2006: 54].

Молчание Воланда здесь весьма красноречиво. Конечно, это не Христос Достоевского, отвечающий Великому инквизитору безмолвным поцелуем, однако в этом эпизоде просматривается одна из интересных первоначальных трактовок Булгаковым Иисуса как того, кого даже дьявол не может не полюбить. Этот обмен репликами не вошел в последнюю редакцию, где Булгаков, по-видимому, сознательно сделал свою историю Иисуса как можно менее похожей на евангельские повествования; это не значит, однако, что он целиком отвергал Евангелия как источник знаний об Иисусе, равно как и традиционный христианский взгляд на Иисуса. Скорее, остраненное изображение Иисуса лучше служило целям его повествования, полного пробелов и неопределенности; причины этого мы подробнее рассмотрим ниже.

---

[26] Первые тетради, относящиеся к началу 1929 года, Булгаков разорвал надвое в марте 1930, когда, согласно Э. Проффер, «убедился в безнадежности литературной карьеры в России» [Proffer 1984: 527]. Одну половину он сжег, другую сохранил на память. Реконструированный текст М. Чудаковой не вошел в собрание редакций и вариантов романа «Мой бедный, бедный Мастер» [Лосев 2006].

Любовные истории, инверсии и апофатизм

Если бы читатель судил исключительно по первым двум главам, он вполне мог бы предположить, что перед ним богословский роман, где делается попытка ввести тему Бога и сверхъестественного в официально атеистический советский литературно-культурный дискурс. Но едва мы приходим к такому выводу, текст внезапно превращается в едкую сатиру на всю советскую действительность: высмеивание атеистических взглядов на Бога и Иисуса Христа быстро сменяется сатирическим разоблачением советской коррупции, помощи по блату и мещанства в литературном и театральном мире. Тема сверхъестественного в этой сатире сводится к магическим трюкам, оттесняющим на задний план теологическое изыскание, с которого начинается роман. В главе 13, когда на страницах романа появляется Мастер, богословские вопросы отступают еще дальше, и читатель знакомится с историей любви Мастера и Маргариты и печальной судьбой романа Мастера. А когда в начале второй части на сцену с большим опозданием выходит Маргарита, наши персонажи из заглавия наконец утверждаются в роли главных героев и начинается, казалось бы, совсем другая история — история, по выражению рассказчика, о «настоящей, верной, вечной любви» (275).

Явление Маргариты во второй части и история ее любви к Мастеру поворачивают сюжет совершенно в новое русло. И действительно, чем дальше читаешь вторую часть, тем сильнее кажется, что первая служит всего лишь вступлением ко второй, что именно вторая часть — ядро романа, а сам роман написан в первую очередь о любви — яростной, самоотверженной любви Маргариты к Мастеру — и о ее сделке с дьяволом ради его спасения. В какой-то степени это действительно так, но с важной оговоркой. Во второй части Воланд — уже не столько перст Божий, карающий грешных москвичей, сколько посланник, который в конечном счете обеспечивает нашей запоздавшей любовной истории счастливый конец. При таком прочтении дьявол прибывает в Москву лишь для того, чтобы провести здесь ежегодный весенний бал полнолуния, а Маргариту выбирает в первую очередь потому, что она соответствует требованиям к королеве бала: урожденная москвичка, в жилах которой течет королевская кровь.

Иван Бездомный, принимавший столь активное участие в событиях первой части романа, почти полностью исчезает из второй: этим как бы подтверждается отход романа от вступительного богословского исследования, в котором роль Ивана была важна, и подчеркивается главенство сюжета о любви Мастера и Маргариты. Все выглядит именно так вплоть до внезапного появления в двух московских сюжетных линиях персонажа из ершалаимских глав Левия Матвея и, по ассоциации, самого Иешуа Га-Ноцри, что уводит нашу любовную историю в новом направлении. По идее, этот неожиданный поворот должен был бы увязать друг с другом все три сюжета и привести текст в тематическую и композиционную гармонию. На самом же деле это только создает новые противоречия и поднимает новые вопросы.

Внезапно объявившийся в московском сюжете Левий Матвей передает Воланду просьбу Иешуа даровать Мастеру и Маргарите покой. И все же нет никакого объяснения поразительному несоответствию между смертным Иешуа Га-Ноцри ершалаимских глав и определенно бессмертным Иешуа, пославшим своего ученика на переговоры с Воландом. Что должен подумать читатель? Намекает ли появление Левия Матвея, что Иешуа Га-Ноцри, как и библейский Иисус Христос, обладает божественной сущностью, что в его власти распоряжаться судьбой Мастера и Маргариты и что загадка личности Иешуа решается в пользу более или менее ортодоксальной христологии? Или это внезапное, ничем в тексте не мотивированное квазиобожествление Иешуа просто говорит о том, что роман вышел из-под контроля Булгакова?

Здесь дает о себе знать призрак неоконченной рукописи. Глава 29 «Судьба Мастера и Маргариты определена», в которой Левий Матвей передает Воланду просьбу Иешуа, была поздним включением в роман. Она полностью отсутствует в предпоследнем варианте рукописи, завершенном в мае 1938 года (см. [Лосев 2006: 367–644]). Возможно, правка, которую Булгаков не успел внести во вторую часть, лучше подготовила бы читателей к такому развитию событий или прояснила бы связь между Иешуа ершалаимских глав и тем, кто посылает своего эмиссара к Воланду в Москву. Но, возможно, ответ содержится в том тексте, что находится перед нами.

Булгаков не раз намекает, что Иешуа ершалаимских глав не такой уж земной и смертный, каким кажется. Что это, например, за «неотложное дело» в Ершалаиме, из-за которого Иешуа в главе 16 так спешно покидает огородника из Виффагии, у которого гостил, и почему в тот самый вечер Матвея поражает «неожиданная и внезапная хворь» (223), из-за которой он не может присоединиться к Иешуа, пока того не берут под стражу? Почему «болезнь так же неожиданно отпустила Левия, как и напала на него» (223)? И почему в главе 2 Каифа так настаивает на казни Иешуа? Что он имеет в виду, говоря Пилату, что Иешуа «над верою надругался»? И на что жалуется сам Пилат в главе 25: «Чего стоил один этот мессия, которого они вдруг стали ожидать в этом году» (384)? Следует ли делать из этого вывод, что Иешуа был принят за мессию, и из-за этого в Ершалаиме возникли волнения?

Остается только строить догадки. И все же не случайно Булгаков к концу романа возвращается к вопросам, которые ставит в начале, и завершает повествование появлением небесного вестника Левия Матвея с просьбой от имени квазибожественного Иешуа. Оказывается, что вопросы о бытии Бога, существовании Иисуса Христа и его личности — это не просто завязка романа, но и неотъемлемая часть повествования. Подход Булгакова к этой теме указывает на важный аспект его творческого метода. Если в романе и есть стержень, то он именно здесь, но благодаря тонкой трактовке Булгаковым этой фундаментальной темы создается впечатление, будто она второстепенна по сравнению с самой историей Мастера и Маргариты.

В конечном счете Бог и Иисус Христос не так явно отсутствуют в романе, как может показаться на первый взгляд. По внутренней логике романа, там, где есть Воланд, есть и доказательство существования Бога. Интерес в доказательстве реальности Иисуса, с самого начала проявленный Воландом, и непосредственное отношение, которое он имеет к доказательствам существования Бога, оказываются таким образом важными знаками его функции в тексте как апофатического агента веры: это ясно из историй «обращений» Ивана Бездомного и Маргариты, которые, открывшись вере в сверхъестественный порядок, сделали таким образом первые шаги на пути к вере в Бога. Возможно, что и Иешуа в романе Мастера представляет собой такое же отрицательное отражение божественного Иисуса Христа, тем более что именно дьявол первым рассказывает историю Иешуа Га-Ноцри нашим двум атеистам, — историю, которая в одном из первых набросков романа называлась «Евангелие от Воланда» [Лосев 2006: 41]. Такое предположение делает Э. Эриксон, считая, что Иешуа — «лишь тень настоящего Иисуса Христа», увиденного сквозь «дьявольский фильтр» рассказа Воланда, — но все встает на свои места, когда в конце романа появляется настоящий, «воскресший» Христос [Ericson 1991: 71]. Согласно Эриксону, многочисленные параллели с евангельскими рассказами о Страстях Иисуса, присутствующие в ершалаимских главах, показывают, как Булгаков тщательно зашифровывает основы православного богословия в произведении, которое большинство читателей считает неортодоксальным[27].

Анализу Эриксона, однако, присущ тот же недостаток, что и другим поискам единого прочтения романа: он имеет целью, как указывает Э. Барратт, «объяснить иронию, двусмысленность и парадоксы, которые на каждом шагу порождаются этим сложнейшим романом» [Barratt 1996: 88]. Но как-никак притягательная сила произведения отчасти состоит именно в этих апориях, дизъюнкциях и кажущихся противоречиях; кроме того, они отражают сложное отношение самого автора к вопросам веры.

---

[27] Эриксон перечисляет эти параллели: «Иуда предает Иисуса за тридцать сребреников. Пилат приговаривает Иисуса. Пилат задает свой знаменитый вопрос "что есть истина?". Иудейские первосвященники, в первую очередь Каиафа, настаивают на казни Иисуса, даже ценой освобождения Вараввы. Иисус распят, и распятие происходит на горе Голгофа» [Ericson 1991: 72]. Там же [72–73] см. другие параллели с Евангелиями и пророческими фрагментами Ветхого Завета, творчески переработанными в ершалаимских главах.

Возможно, Булгаков не столько отвергает евангельского Иисуса, сколько нащупывает путь к тому, каким должен быть Христос веры в жизни его соотечественников и в его собственной. Более того, он начинает свой путь с «другого конца» диапазона веры: с позиции наименьшей уверенности и с истории, поведанной двум атеистам дьяволом. Смысл в том, чтобы в апофатическом отсутствии всего, что известно из канонических Евангелий, обнаружить истинного Христа. В этом отношении апофатизм прекрасно сочетается с апориями, иронией и двусмысленностью, на которых строится роман, так как в основе апофатического богословия также лежат парадокс и неопределенность. Читатели должны быть повергнуты в апофатическую тьму, чтобы лучше разглядеть истинного Богочеловека.

Насквозь мирской Иешуа, отрицающий, что обладает какой-либо божественной или магической силой, в ужасе опровергающий «евангелие», которое пишет на своем пергаменте Левий Матвей, и «виновный в безропотной слабости, плохо подобающей Сыну Божьему» [Ericson 1991: 20–21], с апофатической точки зрения представляет собой все, чем не является Христос. Поэтому он олицетворяет наши первые шаги к постижению того, чем Христос на самом деле может быть. Финальное появление Иешуа «за сценой» не дает окончательного ответа на вопрос о его личности, поскольку неясно, какое место он занимает в булгаковской космологии. Выше он Воланда или равен ему? Каково его отношение к Богу? Является ли он Сыном Божьим и второй ипостасью Троицы или кем-то еще? Читатель ни в чем не может быть уверен. Он так и остается в состоянии апофатического неведения, чреватого, однако, обещанием более верного распознавания.

Я вовсе не хочу сказать, что Булгаков соорудил для нас заковыристую апофатическую головоломку, сложив которую мы удачно разрешим сюжетные и богословские загадки романа. Совсем наоборот. Мало кто из исследователей считает, что в замысел Булгакова входило утверждение традиционной христианской космологии или канонического Христа. Но не менее ясно и то, что в романе он на свой лад ищет ответы на те же проклятые вопросы, что и раньше мучили русских писателей: есть ли Бог?

почему в мире существует зло? кто такой Иисус Христос? Однако, сражаясь с этими вопросами, Булгаков уводит нас на путь отрицания, чтобы напомнить о нашем исключительном невежестве и бессилии, о нашей неспособности, как напоминает Воланд Берлиозу, не только управлять порядком мира, но и составить «точный план на некоторый, хоть сколько-нибудь приличный срок <...>, ну, лет, скажем, в тысячу» (20). На этом отрицательном пути Воланд хороший проводник: во-первых, в нем, согласно апофатической логике, сосредоточено все то, чем не является Бог; во-вторых, он напоминает нам о том, что наша, человеческая, способность прозревать божественное ограниченна. В этом контексте понятно, почему роман Булгакова строится именно на дизъюнкциях, апориях и прерывности. Фрагменты головоломки по замыслу и не должны быть идеально подогнаны друг к другу. Истина — о существовании Бога или о личности Христа — лежит за пределами нашего понимания. Путь к ней можно найти только ощупью.

При таком прочтении инверсии романа служат своего рода текстовым апофатизмом, но не более того. Они не столько предлагают ответ, сколько задают вопросы, так как весь смысл этого текстуального апофатизма заключается в процессе вопрошания, а не в конечной точке ответа. Иван Бездомный и Маргарита переживают «обращение», но ни для кого из них обращение не предлагает и не предполагает некоего свода верований, а лишь знаменует начало движение к вере как таковой: для начала в дьявола, и лишь косвенно — в Бога. По сути, читатель не узнаёт почти ничего о том, во что конкретно они верят, когда речь идет о дьяволе, и совсем ничего о том, во что могли бы верить, когда дело касается Бога.

То же самое происходит и в других перевертышах-инверсиях. Возьмем, к примеру, «черную мессу», описанную в главе о Великом бале сатаны: отрезанная голова Берлиоза превращена в чашу, в которую наливается кровь убитого советского осведомителя барона Майгеля; когда из нее пьет Воланд, он пьет именно кровь, но для Маргариты она превращается в вино. Ясно, что эта сцена пародирует православную евхаристию, и, конечно же, исследователи Булгакова давно отмечают в романе «колоссальную смысловую нагрузку христианской иконографии, во многом заимствованную из русской православной традиции» [Weeks 1996: 34][28]. Но если это пародия, как ее понимать? В православной трактовке романа Эриксоном пародия — это царский путь к утверждению того, что мы отрицаем. Таким образом, в виде «черной мессы» с помощью тщательно соблюдаемой структуры символов в текст вписана настоящая Евхаристия (см. [Ericson 1991: 124–25]). Однако часто булгаковские инверсии двоятся и запутывают следы, усложняя то, что на первый взгляд может показаться прямолинейной символикой.

Инверсия в главе, где описывается Великий бал сатаны, на самом деле масштабнее и сложнее, чем предполагают исследователи. Так, Маргарита в роли королевы бала переживает нечто противоположное Страстям: сначала воскресение (убийцы, воры и негодяи, которые приходят на бал, возвращаются к жизни из праха и тлена); затем «распятие» («тяжелое, в овальной раме, изображение пуделя на тяжелой цепи» символизирует тяжелый крест, который должен нести Христос); затем крестный путь (бесконечный поток гостей изводит ее поцелуями в колено и руку, причиняющими ей мучительную боль); после этого ее дважды покидают силы (Христос падает трижды); и, наконец, тайная вечеря (где кровь превращается в вино). Читатель, конечно, волен видеть в этой инверсии пародийно вставленный в роман страстной нарратив, так сказать, «уничтожение» истории Христа, которое в то же время делает эту историю частью текста.

Но эта инверсия вновь переворачивается с головы на ноги в эпизоде после бала, когда события Страстей воспроизводятся в надлежащем порядке. Вначале тайная вечеря (с Воландом и компанией — небольшой группой «верующих», празднующих после бала весеннюю «Пасху»); затем крестный путь (Маргариту испытывают; она выполняет свое обещание освободить Фриду от страданий; боится, что потеряла право просить возвращения Мастера; потом он возвращается тенью себя прежнего и нужда-

---

[28] См. также [Proffer 1984: 559; Krugovoy 1991: 173; Ericson 1991: 121–124].

ется в оживлении и утешении); за этим следует распятие (Азазелло отравляет обоих в бывшей подвальной квартире Мастера) и, наконец, воскрешение (они воскресают как духовные сущности и уходят с Воландом в обитель покоя). Что замыслил Булгаков? Пародийное утверждение канонических религиозных истин по Эриксону или их пародийную инверсию? Или же эта текстовая игра — зеркала, отраженные в зеркалах, дизъюнкции, апории — часть стратегии остранения тайной вечери и распятия, необходимой, чтобы читатель взглянул на них по-новому и, видя их как будто впервые, вернее различил Христа? Если так, то можно сказать, что эти инверсии вносят свой вклад в апофатическую направленность романа.

Апофатический подход позволяет по-другому осмыслить эпиграф из «Фауста»: «Ты кто? — Часть силы той, что без числа / Творит добро, всему желая зла». Возможно, конечно, что Булгаков, подобно Августину Блаженному, имел в виду, что зло, существующее в мире, может быть оправдано как часть непостижимого Божьего замысла и что с этой точки зрения можно взглянуть и на разгул сталинского террора. Но это предположение никак не подтверждается текстом романа. Воланд — «дух зла» (слова Левия Матвея) — может воссоединить Мастера с Маргаритой и наказать москвичей за их ничтожность, но едва ли можно сказать, что он «без числа творит добро», даже выступая посредником в решении судьбы героев. Скорее, зло в романе прежде всего демонстрирует добро в отрицательном освещении и тем самым полнее его раскрывает — это имеет в виду сам Воланд, говоря Левию Матвею, что тени необходимы, чтобы мы ценили свет (452–453). В апофатической теологии зло — одна из главных вещей, о которых можно сказать, что Бог ею не является. Таким образом, эпиграф не оправдывает зло и даже не характеризует Воланда, а, скорее, указывает на апофатический посыл романа: встреча со злом *может* апофатически раскрыть добро, которым Бог является, если бы только можно было утверждать это катафатически. Таким образом, зло — это не столько сила, творящая добро, сколько идея, помогающая нам понять, чем должно быть добро — и Бог.

Величайшее доброе дело Воланда — помощь Мастеру и Маргарите — при ближайшем рассмотрении едва ли можно назвать добрым делом. Скорее, он просто вознаграждает Маргариту за то, что она была хозяйкой его бала, и соглашается на просьбу Иешуа даровать влюбленным покой. И то и другое имеет мало общего с добром, хотя можно согласиться, что по умолчанию он совершает доброе дело, воссоединяя главную романтическую пару романа и тем самым утверждая «настоящую, верную, вечную любовь», история которой была нам обещана в начале второй части. Но и здесь может возникнуть возражение: хотя вторая часть романа действительно сосредоточена на истории любви Мастера и Маргариты, сама история, по сути, представлена как романтическое клише, что делает ее определение как «настоящей, верной и вечной» весьма подозрительным. Так, Барратт отмечает, что рассказ Мастера Ивану о том, как он встретил и потерял Маргариту, «полон избитых штампов и мелодраматических эффектов, свойственных худшим бульварным любовным романам» [Barratt 1996: 251]. Мастер говорит Ивану, что любовь поразила их «мгновенно», «как из-под земли выскакивает убийца в переулке», поразила, как поражает «молния» или «финский нож». В своем рассказе Мастер нанизывает штамп за штампом, утверждая, что «сама судьба» столкнула их и «что созданы они друг для друга навек» (178–180). Ну можно ли в таких выражениях описывать «настоящую, верную, вечную любовь»?

Некоторые исследователи в корне отмечают эту несообразность, относя любовную сюжетную линию к жанру сказки[29]. Конечно, если рассматривать историю любви Мастера и Маргариты как сказку, дальнейшие объяснения излишни. Нужно просто принять как должное, что перед нами, как в сказках, квинтэссенция силы эроса, всемогущей романтической любви, которая побеждает все. Но такое объяснение существенно снижает значимость их истории в сравнении с двумя другими сю-

---

[29] См. [Hoisington 1981: 44–55]. Г. Розеншильд сравнивает эту любовную историю с немецкой литературной сказкой (Märchen) эпохи романтизма (см. [Rosenshield 1997: 191n11]).

жетными линиями романа. Разве может сказка о любви встать в один ряд с детально пересказанным повествованием о Страстях Господних, да еще передать условия сочинения этого повествования в сатирически описанной Москве? Читатель здесь снова сталкивается с проблемой жанровой разнородности романа, и снова возникает вопрос о том, как соотносятся между собой его сюжетные линии, — вопрос, чреватый всевозможными трудностями, как было показано в этой главе. Но, возможно, неверна сама постановка вопроса. Может быть, никакой увязки между собой трех сюжетных линий и не предполагалось. Может быть, жанровый диссонанс — это цель. В конце концов, если сказочная история Мастера и Маргариты не подходит под определение «настоящей, верной, вечной любви», то, возможно, настоящую любовь нужно искать где-то еще. И возможно, поиск этой настоящей любви — задача, к решению которой приближает нас любовная история Мастера и Маргариты и которая напрямую связана с апофатической теологией романа.

Если Воланд как апофатическое свидетельство существования Бога тесно связан с историей Мастера и Маргариты, то и сама их история несет в себе апофатическую нагрузку. Единственная проблема в том, что, хотя и Мастер, и Маргарита, безусловно, способны выступать в роли своеобразных фигур Христа (см., в частности, [Ericson 1991: 99–105, 115–137; Weeks 1996: 33–43]) и указывать, таким образом, путь к Божеству, утверждение их любви и их воссоединение в финале романа на самом деле не ведут ни к Христу, ни к Богу. Напротив, нам ясно говорится, что они обретают покой, но не свет. Их любовь не указывает на божественную любовь и не может указывать, так как ни один из них не приобщается к божественной любви, прощающей врагов. Наоборот, Маргарита рвется наказать врагов Мастера, навредить им, а вовсе не любить и прощать их. Таким образом, несмотря на все жертвы Маргариты и все страдания Мастера, их любовь остается личной, эгоистической и замкнутой в себе, как в любом романтическом сюжете или в сказке. Божественная любовь, напротив, не является личной: она открыта всем, альтруистична и бескорыстна — не чувство любовников, а любовь к врагам.

В романе есть только одна такая история любви к врагам. Это история Пилата и Иешуа.

Как и любовь Мастера и Маргариты, история любви Пилата и Иешуа не подкреплена прямой текстовой мотивацией. Но если немотивированность внезапно вспыхнувшей любви Мастера и Маргариты мы готовы объяснить сказочной природой их истории, то этого нельзя сказать об истории Пилата, в которой мифологическая схема Евангелия заменена детализированным психологическим реализмом. В этой истории любви интерес Пилата к еврейскому смутьяну и его необъяснимая потребность отомстить за его смерть с немалым риском для собственного положения и благополучия (ведь начальник тайной стражи Афраний — опасный соучастник), по-видимому, мотивированы исключительно влиянием, оказанным на него Иешуа в ходе их единственного разговора. Иными словами, как и у Мастера с Маргаритой, это «любовь с первого взгляда», но имеющая совершенно другие причины и радикально иные последствия. В то время как Мастер и Маргарита в финале обретают только покой, Пилат следует за Иешуа к свету и, по-видимому, к вечному спасению. Что же означают эти разные исходы?

На поверхностный взгляд, то, что Пилат заслуживает свет, лишено какого-либо смысла: ведь это он организовал казнь невинного Иешуа Га-Ноцри и бесчисленного множества других. Мастер и Маргарита, напротив, заслуживают только покой, хотя не запятнали себя ни каплей крови и, по сути, могут считаться жертвами безжалостного сталинского режима. Булгаков не дает такому исходу никакого объяснения, кроме как в рамках смутно маячащего в романе апофатизма. «Мастер и Маргарита» — действительно книга о торжестве любви, но не той любви, которая подразумевается в заглавии. На самом деле речь о торжестве божественной любви, выраженной в приобщении Пилата к акту прощения врагов, лежащему в основе агапической любви. Иешуа прощает своего палача, что в точности соответствует его изображению Мастером как человека, который верит, что злых людей не существует. И Пилат, «жестокий пятый прокуратор Иудеи», главный герой ершалаимских глав, о котором на самом деле написан роман Мастера, обретает свет: этим как будто подчеркивается, насколько непостижима природа божественной любви и насколько важна роль Пилата для ее различения.

Мы видим, что эрос, составляющий сущность личной любви между двумя людьми, ниже агапической любви, позволяющей жертве простить палача, а палачу обрести спасение. Это та самая картина рая, против которого восстает Иван Карамазов: где мать растерзанного ребенка обнимается с мучителем своего ребенка и все небесное воинство восклицает: «Прав ты, Господи!»[30] И все же именно тьма и зло, окружающие казнь Иешуа, делают для нас возможным постижение величайшего из всех благ: бескорыстной, всеобщей, всепрощающей агапической любви, того самого средства, благодаря которому в мире «все будет правильно», как говорит Воланд, правда, не объясняя своих слов[31]. Любовь между Мастером и Маргаритой — не божественная любовь, но она помогает выявить «настоящую, верную, вечную любовь» между Пилатом и Иешуа. В этом, оказывается, и состоит ее христологическая функция. Булгаковский Иешуа воплощает самую трудную заповедь Иисуса, и, показывая, что Иешуа любит своего врага и прощает его, Булгаков подтверждает, что в его образе Христа этот акт — самый главный.

Однако в конечном итоге читателю так и не сообщают, кто такой квазибожественный Иешуа в финале романа: как подразумевает Булгаков, Иисус Христос должен оставаться невыразимым, как и сам Бог. Определение божественного равносильно отрицанию божественного — греху, с которого начинается роман и за который так дорого расплачивается Берлиоз. Бога невозможно описать иначе, как апофатически. Единственное, что мы можем сказать о Боге, — это то, чего мы не знаем о Боге, в надежде, что освобождение Бога от понятийного языка — что и делает Булгаков в своем апофатическом романе — будет достаточным, чтобы указать нам правильное направление, подобно тому, как лунный

---

[30] См. «Братья Карамазовы», кн. 5, гл. 4.
[31] В гл. 32 Воланд уверяет Маргариту: «Все будет правильно, на этом построен мир» (480).

луч в конечном итоге приводит Пилата к свету. Таким образом, богословский роман Булгакова достигает своей цели: он утверждает существование Бога и Иисуса Христа, не претендуя на богословский авторитет и не подразумевая божественного авторства. «Мастер и Маргарита» остается открытым, даже зыбким текстом[32], но именно благодаря этому он способен привести нас в пространство апофатической тьмы, которая может вывести и к свету. Образ Христа у Булгакова таков, что его совершенно неузнаваемая фигура может послужить читателю средством видеть яснее и различать вернее. В результате Христос раскрывается с помощью отрицательных средств тремя путями: в романе Мастера о неканоническом Иисусе, Иешуа Га-Ноцри; в сказочной истории любви Мастера и Маргариты, указывающей на историю божественной любви Иешуа и Пилата; и в неопределенности самого булгаковского текста, который сопротивляется интерпретации, избегая таким образом окончательных суждений о Божестве.

---

[32] В этом смысле роман Булгакова зеркально отражает роман Мастера: это текст, способный, говоря словами Воланда, «принести еще сюрпризы» (370), о которых, возможно, не подозревал сам автор.

Глава 8
Подчеркнуто человеческий, намеренно провинциальный...
Христос Б. Л. Пастернака

> Но книга жизни подошла к странице,
> Которая дороже всех святынь.
> Сейчас должно написанное сбыться,
> Пускай же сбудется оно. Аминь.
>
> *«Гефсиманский сад»*
> *(из «Стихотворений Юрия Живаго»)*

«Евангелие» от булгаковского Иешуа пронизано ярко выраженным персонализмом: злых людей не бывает; врагов, даже палачей надо любить; все в мире исправит божественная, агапическая любовь. А для Б. Л. Пастернака примат человеческой индивидуальности и личности составляет главное открытие и суть христианства как такового; именно на этом строится собственная художественная христология Пастернака в романе «Доктор Живаго». Из всех христологических романов, рассмотренных в этой книге, «Доктор Живаго», безусловно, сильнее всего проникнут персоналистским пониманием отношений человека с Богом. Отчетливый персонализм виден в христианской философии дяди главного героя Николая Веденяпина и его единомышленников: это помогает нам понять поступки самого Юрия Живаго, который разделяет взгляды своего родственника и руководствуется соображениями персонализма, совершая жизненный выбор. Конечно, учитывая отношения Живаго с тремя разными женщинами и детьми, которых он производит на свет, трудно объяснить его беспорядочную любовную жизнь исключительно персоналистскими прозрениями. Его любовные связи также заставляют обратить внимание на дихотомию эрос — агапе, которая в этом романе приобретает повышенное христологическое значение по сравнению с прочими рассмотренными здесь произведениями о Христе. Христологическое прочтение «Доктора Живаго» усложняется также многочисленными ассоциациями с Христом, которые вызывает сам Юрий Живаго, начиная с его фамилии и личной предпасхальной мистерии, разыгравшейся в его жизни, и заканчивая многочисленными христологическими «стихами Юрия Живаго», включенными в последнюю часть романа. Поэтому, чтобы лучше понимать пасхальный роман Пастернака, в этой главе мы попытаемся решить три важных задачи: рассмотреть, как раскрывается персоналистское понимание христианства на сюжетном и христологическом уровнях; оценить значение подражания Юрия Христу как в жизни, так и в его стихотворениях о Страстях Иисуса; объяснить, как следует расценивать сексуальную неразборчивость Юрия в контексте неортодоксальной христологии Пастернака. Рассматривая эти вопросы, в данной главе мы постараемся выяснить, каким образом в романе Пастернака «отдельная человеческая жизнь стала Божьей повестью» [Пастернак СС, 3: 407][1] — фраза, которая кратко резюмирует всю персоналистическую тематику романа.

Пастернак и христианство

Как и у Булгакова, интерес Пастернака к Христу особенно сильно проявился в его самых поздних произведениях. Как отмечает его биограф Ги де Маллак, в стихах Пастернака, написан-

---

[1] Далее «Доктор Живаго» цитируется по этому изданию с указанием страниц в скобках.

ных до «Доктора Живаго», встречаются лишь «редкие упоминания новозаветных ценностей», и только в романе «Христос предстает как главный образ» [Mallac 1981: 331]. Л. С. Флейшман утверждает, что «новая концепция христианства возникает у поэта только в послевоенный период и выкристаллизовывается в ходе работы над "Доктором Живаго"» [Флейшман 1996: 735]. Как доказательство он приводит вариант стихотворения «Гамлет», написанный в феврале 1946 года: он состоял всего из двух строф (а не четырех, как окончательный вариант) и не содержал ни каких-либо ссылок на Христа, ни христианской образности (см. [Пастернак СС, 4: 639]). Однако уже зимой 1946–1947 годов Пастернак написал первые христианские стихи, вошедшие в роман, — «Рождественская звезда» и «Чудо», заявив тем самым духовную направленность, которую должен был принять «Доктор Живаго» [Флейшман 1996: 735].

Тем не менее, предупреждает читателей Л. С. Флейшман, Пастернак относился к христианским темам «как художник, а не как богослов, проповедник или ученый-историк» [Флейшман 1996: 742]. Сын евреев-вольнодумцев, не соблюдавших синагогальных обрядов, Пастернак смотрел на христианство в контексте «широкой, внеконфессиональной религиозности» своих родителей [Barnes 1989: 27], а также через уникальную призму собственного творчества. В отличие от Достоевского и Толстого, каждый из которых в начале творческого пути декларировал свое отношение к Христу или христианству, тем самым определив направление собственной христологии, и в отличие от Булгакова, для которого знакомство с подшивкой «Безбожника» послужило стимулом к художественному изложению собственной концепции Иисуса, в жизни Пастернака, похоже, не было конкретного события, которое определило бы его личное отношение к Христу и кристаллизацию особого религиозного мировоззрения. Тем не менее христианство повлияло на него рано и существенно: как и для Юрия Живаго, оно началось с няни, которая водила его в церковь, о чем пишет сам Пастернак в письме к французской исследовательнице Жаклин де Пруайяр:

> Я был крещен своей няней в младенчестве, но из-за ограничений, которым подвергались евреи, и к тому же в семье, которая, благодаря художественным заслугам отца, была от них избавлена и пользовалась определенной известностью, это вызывало некоторые осложнения и оставалось всегда душевной полутайной, предметом редкого и исключительного вдохновения, а отнюдь не спокойной привычкой. В этом, я думаю, источник моего своеобразия. Сильнее всего в жизни христианский образ мысли владел мною в 1910–1912 годах, когда закладывались основы моего своеобразного взгляда на вещи, мир, жизнь [Пастернак 1991: 166–167][2].

На протяжении 1920-х годов христианство, похоже, не выходило у него из головы, хотя в стихах упоминалось редко. Примерно в 1929 году Пастернак даже признался другу семьи, что в какой-то момент «чуть не стал православным» и стал бы им, если бы женился на православной[3]. Однако позже этот повышенный интерес к христианству сошел на нет и возобновился только в 1940-е годы; об этом перерыве свидетельствует стихотворение «Рассвет» (из стихов Юрия Живаго). Стихотворение начинается словами: «Ты значил все в моей судьбе», но «потом пришла война, разруха», и наступил разрыв, который длился «много-много лет», после чего, пишет поэт,

> Твой голос вновь меня встревожил.
> Всю ночь читал я твой завет
> И как от обморока ожил (532).

Как вспоминает Г. М. Катков, Пастернак объяснил ему, что «Ты» первой строфы относится к Христу (см. [Davie 1965: 126–127]). Если так, то «завет», который читает герой стихотворения, — это Новый Завет. Этим подтверждается, что речь здесь идет о двух разных периодах жизни поэта: его религиозных увлечениях до Первой мировой войны и об интересе к христи-

---

[2] Письмо, датированное 2 мая 1959 года, написано по-французски.
[3] Слова Пастернака, сказанные им З. И. Кончаловской около 1929–1930 годов, приводятся в [Mallac 1981: 331] (без указания первоисточника).

анству, вновь пробудившемся десятилетиями позже, во время Второй мировой [Bodin 1976: 4–5]. Таким образом, стихотворение содержит ценные сведения о пути Пастернака ко Христу, прерванном, но возобновленном во время написания романа.

П. А. Бодин отмечает, что в сравнительно небольшой библиотеке Пастернака на даче в Переделкине имелись и полная Библия в синодальном переводе на русский язык, и отдельное издание Нового Завета. Многочисленные пометки и подчеркнутые места в Евангелиях (в частности, в Евангелии от Матфея, «которое особенно интересовало поэта») свидетельствуют о моментах, которые для Пастернака были особенно важны. Будин группирует их по темам: Христос и его противники; подражание Христу; активная борьба Христа; грядущее торжество Христа; притчи Христа; Страшный суд (Там же: 5–7). Пометы и подчеркивания Пастернак оставил и в православной Псалтыри, имевшейся в его переделкинской библиотеке, — в основном они относятся к воскресению Христа и его борьбе со смертью (Там же: 8).

Мы не можем с точностью сказать, когда Пастернак делал пометки в этих книгах, но скорее всего, это было в период его позднего религиозного пробуждения и работы над «Доктором Живаго». Но притом что заметки на страницах Библии, Нового Завета и Псалтыри из переделкинской библиотеки подтверждают обостренный интерес поэта к Христу и Евангелиям, в последние годы жизни Пастернак говорил о степени своей религиозности достаточно сдержанно. В декабре 1955 года, спустя три года после окончания своего пасхального романа, Пастернак в разговоре с немецким журналистом Г. Руге даже назвал себя «почти атеистом», после чего «с глубоким волнением» продолжил объяснять «свое понимание Бога» [Ruge 1958: 24]. Таким образом, природа веры Пастернака в середине советского века несла в себе некий парадокс. Как выразился Дж. Биллингтон, «...Пастернаку не давали покоя религиозные вопросы, которые он не мог разрешить обычными способами» [Биллингтон 2011: 648]. Поэтому он выбрал необычный способ — вмонтировать их в роман, христология которого была столь же необычной; лишь так можно было изложить их должным образом.

Персонализм, Юрий Живаго и Христос

Исследование Пастернаком Христа в романе строится вокруг его героя Юрия Живаго, вымышленного современника Пастернака — или же смутной автобиографической рефлексии. Детство и юность Юрия Живаго пришлись на те же два десятилетия, что у Пастернака — 1890–1910-е годы, эпоху безвременья, культурного и социального застоя fin de siècle, описанного Блоком в знаменитой статье. Больше ничто не роднит его с автором, кроме, конечно, поэтического таланта. Пастернак рос в любящей семье, в доме, который постоянно посещали многочисленные писатели, музыканты и художники, в том числе Л. Н. Толстой, Р. М. Рильке, А. Н. Скрябин и Н. Н. Ге. Юрий Живаго, напротив, к двенадцати годам остался сиротой и жил у родственников. В его кругу не было влиятельных деятелей культуры, которые могли бы его вдохновить, за исключением его дяди Николая Веденяпина, который, как сообщает автор, вполне мог оказаться «среди представителей тогдашней литературы, профессоров университета и философов революции» (11). И хотя Веденяпин перепоручает заботу о Юрии то одной, то другой родне, роль его в интеллектуальном и духовном становлении племянника очень велика.

В частности, на Юрия влияют сочинения Веденяпина о Христе, вокруг которых образуется целое течение и которые составляют основу христологии книги. Хотя Юрий восхищается тем, что пишет о Христе его дядя, сам он никак не комментирует его идеи, вероятно потому, что роль Христа в романе как бы предназначена ему самому: некоторые добродетели Христа, которые Веденяпин может только проповедовать, воплощены в Живаго. Таким образом, в пастернаковской христологии их роли различны и весьма отчетливы. Хотя Веденяпин второстепенный персонаж, для романа он важен тем, что выражает собственные мысли Пастернака о Христе. «Такого течения, как то, которое представляет у меня Николай Николаевич, в то время в действительности не было, — признавался Пастернак во время чтения друзьям отрывков из романа в 1947 году, — и я просто передоверил ему свои мысли» [Борисов, Пастернак 1988: 228]. Не считая стихотворений Юрия об Иисусе, главным рупором для выражения мыслей о Христе в романе служит Веденяпин. Чтобы понять, какую концепцию Христа предлагает нам роман «Доктор Живаго», следует обращать внимание и на дядю, и на племянника — на то, что Юрий делает, а Веденяпин говорит.

Веденяпин, безусловно, мог бы принадлежать к деятелям русского религиозного возрождения первых десятилетий XX века; это была эпоха расцвета символизма и его мистических ответвлений, но дядя Юрия отвергал и то и другое. «Прошедший толстовство и революцию» (11) Веденяпин полемизирует с мистическими аспектами символизма, большинство из которых отметает, по крайней мере в том виде, в каком они выражались в символистской мысли до 1905 года: «Стихотворный текст символиста А. для космогонической симфонии композитора Б. с духами планет, голосами четырех стихий и прочая, и прочая» (45). Все это, по мнению Веденяпина, «убийственно нестерпимо и фальшиво». Вместо этого он обращается к христианству и проповедует очень земного, нецерковного Иисуса, который привлекает его тем, что «говорит притчами из быта, поясняя истину светом повседневности» (45).

Таким образом, в христологии Веденяпина смысл Иисуса не в том, что он Сын Божий или вторая ипостась Троицы (то есть в его божественных признаках), а в том, что он в своей человечности утверждает ценность человеческой личности как атрибута божественности. Таким образом, Пастернак, сам в то время испытывавший интерес к философии персонализма, через Веденяпина отчетливо заявляет эту тему как значимую для романа. В конце декабря 1945 года (в начале своей работы над «Доктором Живаго») Пастернак в письме к сестрам признавался, что «общий духовный рисунок» братства английских персоналистов, «идейное его очертание, те стороны, которыми в нем присутствуют символизм и христианство, — все это удивительно совпадает с тем, что делается со мной, это самое родное мне сейчас» [Пастернак СС, 5: 448]. Священность человеческого бытия, достоинство и ценность человеческой личности, важность человеческой индивидуальности — вот ключевые составляющие как персоналистской философии, так и христологии Пастернака, выраженной в его романе.

До Христа, утверждает Веденяпин, человеческая личность в широком контексте развития и судеб народов ничего не значила. История помнила лишь фараонов, патриархов и царей, в то время как человек умирал «на улице под забором» (14). Все изменилось с приходом Христа. Став человеком, Христос изменил масштаб отношений человека с Богом и меру исторической значимости. Как позже объяснит Ларе Антиповой «единомышленница» Веденяпина Сима Тунцева, на место Моисея, заставившего расступиться море, чтобы пропустить «целую народность», приходит обыкновенная девушка, которая «тайно и втихомолку» производит на свет «жизнь всех» (406) — Иисуса Христа. Бог становится человеком, и личность раскрывается как божественный атрибут. В этой судьбоносной смене заветов, произошедшей благодаря Христу, «вожди и народы отошли в прошлое», а на первый план выдвинулась «личность» и «проповедь свободы» (407) — то, что провозглашал сам Христос. Так Пастернак вслед за В. С. Соловьевым и Н. А. Бердяевым утверждает личностность как божественное качество. Или, как говорит Тунцева (перефразируя Веденяпина), воплощение Христа показывает, как «отдельная человеческая жизнь стала божьей повестью» (407).

После Христа смыслом истории становится не развитие народов, а жизнь и достоинство человеческой личности. Цель истории также изменилась. Согласно Веденяпину, после Христа задачей истории стало «установление вековых работ по последовательной разгадке смерти и ее будущему преодолению» (14). В этих словах Веденяпина слышен отзвук «Философии общего дела» Н. Ф. Федорова — эта теория, весьма влиятельная в период религиозного возрождения на рубеже веков, ставила перед человечеством цель преодолеть смерть путем физического воскрешения предков. Однако в «Докторе Живаго» речь идет не о восстановлении тела. Смерть побеждается псевдоштраусианской убежденностью, что исчезновение индивидуума ничего не значит в контексте божественности всего рода человеческого. Для Живаго личное бессмертие выражается в «вечной памяти» (слова из православного отпевания, с которых начинается роман), в которую переходит жизнь каждого человека после смерти, где и остается. «В той грубейшей форме, как это утверждается для утешения слабейших, это [воскресение] мне чуждо, — говорит Юрий смертельно больной Анне Ивановне Громеко. — Человек в других людях и есть душа человека. Вот что вы есть, вот чем дышало, питалось, упивалось всю жизнь ваше сознание. Вашей душою, вашим бессмертием, вашей жизнью в других. И что же? В других вы были, в других и останетесь. И какая вам разница, что потом это будет называться памятью. Это будете вы, вошедшая в состав будущего» (69).

Согласно Веденяпину, стремление преодолеть смерть выражается в самой разнообразной человеческой деятельности — от научных открытий («открывают математическую бесконечность и электромагнитные волны») до искусства («пишут симфонии»). Но основой всех этих начинаний и необходимым условием их успеха служит Христово Евангелие: его призыв любить ближнего, «идея свободной личности и идея жизни как жертвы» (14). Эти евангельские идеи были беспрецедентны для древнего мира, где царили «сангвиническое свинство» и жестокость (14). Веденяпин объясняет:

> Рим был толкучкою заимствованных богов и завоеванных народов, давкою в два яруса, на земле и на небе, свинством, захлестнувшимся вокруг себя тройным узлом, как заворот кишок. Даки, герулы, скифы, сарматы, гиперборейцы, тяжелые колеса без спиц, заплывшие от жира глаза, скотоложество, двойные подбородки, кормление рыбы мясом образованных рабов, неграмотные императоры. <...> И вот в завал этой мраморной и золотой безвкусицы пришел этот легкий и одетый в сияние, подчеркнуто человеческий, намеренно провинциальный, галилейский, и с этой минуты народы и боги прекратились и начался человек, человек-плотник, человек-пахарь, человек-пастух в стаде овец на заходе солнца, человек, ни капельки не звучащий гордо, человек, благодарно разнесенный по всем колыбельным песням матерей и по всем картинным галереям мира (46).

Таким образом, Христос утверждает достоинство обычного человека тем, что демонстрирует онтологическую общность между человечеством и Богом. Говоря, однако, о «намеренной» провинциальности и «подчеркнутой» человечности Христа, Веденяпин не пытается свести Иисуса к смертному человеку исторической школы библеистики. Напротив, он проповедует теологию прозаичности. Человеческая личность как божественный атрибут возвышает прозаическую обыденность человеческой жизни где бы то ни было, связывая ее с самой сущностью Бога. Здесь нет особых расхождений с православием: воплощение Христа означает, что все творение достойно участвовать в божественной жизни, быть преображенным (см. [Уэр 2012: 243]). Однако Пастернак будет проверять эту идею на прочность далеко не каноническим способом — на примере жизни и любви своего героя Юрия Живаго. А формулировать эту теологию он будет устами Веденяпина, человека неортодоксальных взглядов на Христа и христианство.

Юрий в романе ни разу не повторяет за дядей его высказываний — это делают другие, в частности, Сима Тунцева и его товарищ Миша Гордон, — хотя, вернувшись в Москву, публикует «маленькие книжки» на различные эзотерические темы, в том числе «соображения Юрия Андреевича об истории и религии, близкие дядиным и Симушкиным» (467). Лара недаром говорит Юрию, что его и Симины взгляды «поразительно сходны» (404). Но никаких соображений о Христе Юрий не высказывает. Как и князь Мышкин, он не распространяется о своих христианских убеждениях: мы ничего не знаем о них до последней части, где они выражаются в стихах о Христе. Помимо расхожих обращений к «Господу» в моменты восторженной благодарности за свою жизнь, Юрий вспоминает события из жизни Иисуса только в двух случаях: когда думает, что «надо написать русское поклонение волхвов, как у голландцев» (82), и когда в тифозном бреду сочиняет поэму о сошествии Иисуса в ад.

Все его главные высказывания о Христе присутствуют только в стихах, которые автор приберег для последней главы романа: в девяти из двадцати пяти стихотворений упоминаются или описываются эпизоды из жизни Христа[4]. Со стихами мы знакомимся после того, как все события в романе уже произошли. Учитывая, что в прозаическом тексте Юрий молчит о Христе, наличие в последней главе этих стихотворений (более трети всего корпуса) может показаться неожиданным читателю, который слышал, как о Христе говорят другие персонажи — Веденяпин, Миша Гордон и Сима Тунцева, — но не Юрий. Да, в романе мимоходом упоминается, что Юрий работает над тем или иным стихотворением (не о Христе), но нет ни намека на то, что он задумывает целый «христианский» цикл. Таким образом, читатель не вполне готов к тому, что в заключительной части романа стихи о Христе занимают столь видное место.

В отличие от стихотворений о Христе, читателю позволено увидеть, как возникают некоторые другие стихи из части 17. Так, «Зимняя ночь» зарождается в миг, когда Юрий видит свечу, горящую в квартире Павла Антипова, в окне, за которым Лара в этот момент признаётся будущему мужу в своей связи с Виктором Комаровским. Это стихотворение Юрий дописывает в части 14, «Опять в Варыкине»; тогда же он завершает «Рождественскую звезду» — ту самую попытку написать «русское поклонение волхвов, как у голландцев». Читателю сообщают, что эти два стихотворения, так же как и другие стихи «близкого рода», оказались в числе «впоследствии забытых, затерявшихся и потом никем не найденных» (430) — и это странно, потому что в части 17, «Стихотворения Юрия Живаго», они приведены. Также в Варыкине Юрий сочиняет «Сказку» (435), а несколькими страницами ниже в голову ему приходят первые образы, которые лягут в основу «Разлуки» (446–447).

Однако за исключением «Рождественской звезды» в тексте романа нет прямых упоминаний о работе над каким-либо стихотворением о Христе, хотя почти в самом начале романа мы узнаем, что Юрий считает безусловным образцом художествен-

---

[4] Стихотворения «Гамлет», «На Страстной», «Август», «Рождественская звезда», «Чудо», «Дурные дни», «Магдалина I», «Магдалина II» и «Гефсиманский сад».

ного творчества Новый Завет. Обдумывая стихотворение памяти матери Тони, Анны Ивановны Громеко, Юрий размышляет о том, чем всегда занято «большое, истинное искусство, то, которое называется откровением Иоанна, и то, которое его дописывает» (92), что намекает на возможную христианскую основу всего творчества Живаго. В то же время эти мысли Живаго могли просто отражать духовную атмосферу Серебряного века: Анна Ивановна умирает в Рождество 1911 года, а в это время преобладало символистское представление о художнике как о провидце духовных миров и апокалиптических предзнаменований.

Парадокс, связанный со стихами Юрия о Христе, усугубляется тем, что единственное стихотворение на эту тему, замысел которого отражен в тексте, так и не появляется на свет. Заразившись тифом в одну из суровых послереволюционных зим (1917 или 1918 года), Юрий в бреду представляет, что пишет поэму о промежутке между распятием и воскресением Иисуса — так называемом сошествии во ад, во время которого, по православному преданию, Христос принес спасение всем праведникам, умершим до его пришествия. Эта поэма под заглавием «Смятение» должна была повествовать о том, «как в течение трех дней буря черной червивой земли осаждает, штурмует бессмертное воплощение любви, бросаясь на него своими глыбами и комьями, точь-в-точь как налетают с разбега и хоронят под собою берег волны морского прибоя» (206). В горячечных мыслях Юрия о поэме смерть, ад и распад противопоставлены весне, Марии Магдалине и жизни. Но, по-видимому, Живаго так и не написал поэмы, так как она больше не упоминается и не фигурирует в части 17. Хотя именно здесь речь впервые заходит о Марии Магдалине, которой посвящены два стихотворения из части 17, этот фрагмент откровенно ироничен: самым весомым текстовым подтверждением интереса Юрия к Христу как предмету поэзии служит поэма, которая, вероятно, так и не была написана и никем не будет прочитана.

Эта парадоксальная ситуация типична для стратегии уклончивости и недомолвок, применяемой всякий раз, когда речь заходит об отношении Живаго к Христу. Наш герой, конечно, не является, подобно героям Достоевского, выразителем представлений об Иисусе; не являются таковыми и его «главные» возлюбленные, Лара и Тоня. И вообще, в отличие от Достоевского, Пастернак как будто не разыгрывает свою христологию на сюжетном уровне. Интересуются Христом или высказываются о нем только второстепенные персонажи, и каждый из этих «рупоров» христианского мировоззрения по-своему маргинален (см. [Флейшман 2006: 739]). Веденяпин — расстрига, Миша Гордон — еврей, а Сима Тунцева — доморощенная интеллектуалка, «немного того, не в себе», как скажет о ней Лара (404). Никто из них не является официальным выразителем взглядов Церкви, и их высказывания о Христе и христианстве несколько нетрадиционны. Однако они выступают активными носителями христологии романа, а Юрий Живаго — нет. Так что если искать объяснение внешне немотивированному интересу Живаго к Христу — причем такому интересу, который заставляет его написать о Христе цикл достаточно ортодоксальных стихотворений, — то найти его будет непросто.

Трудность этой задачи усугубляется мирскими наклонностями Юрия. Он не религиозен в традиционном смысле. Как уже говорилось, он признаётся больной Анне Ивановне Громеко, что не верит в один из центральных догматов христианской веры — телесное воскресение мертвых. Двенадцать лет школы, средней и высшей, где он занимался «древностью и законом Божьим, преданиями и поэтами, науками о прошлом и о природе», подорвали простую детскую веру, которой его научила няня, когда «боженька» был «батюшкой», а небо — «близким и ручным» настолько, что отражалось в лампадках в маленькой церкви, куда его водила няня (89). Теперь же Юрий слушает слова панихиды по Анне Ивановне и требует от них «смысла, понятно выраженного, как это требуется от всякого дела». Тогда, десятилетний, он «забывался от боли, робел и молился» на похоронах матери; теперь же, на похоронах Анны Ивановны (на том же кладбище, где могила его матери), Юрий не молится и не плачет. Сейчас он «ничего не боялся, ни жизни, ни смерти, все на свете, все вещи были словами его словаря. Он чувствовал себя стоящим на равной ноге со вселенною» (89). В этом есть некий отзвук «прометейства» рубежа веков⁵.

Конечно, в этом отношении Юрий мало чем отличается от любого представителя образованных слоев российского общества того времени: студентов и интеллигенции довоенной и дореволюционной эпохи. Таким образом, путь Юрия ко Христу — одна из загадок романа. Он никак не формулируется самим Живаго и не служит предметом повествования о духовном пробуждении; его следует искать в другом — в структуре и форме событий жизни героя, а также в нарративе Христа, тонко вплетенном в роман и выраженном в стихах Живаго.

Роман Пастернака о Христе

Хотя многие исследователи оспаривали возможность христологического прочтения «Доктора Живаго», роман как будто сам взывает к нему, и это быстро поняли первые читатели. Через год после того, как роман был переведен на английский язык, У. Викери отмечал, что Пастернак поистине подталкивает читателя к отождествлению Лары с Марией Магдалиной, а Юрия — с Христом. Согласно Викери, история Христа «выполняет важную организующую функцию в композиции романа» и помогает сформировать отношение читателя к Живаго — «ключевой момент, от которого зависит успех или провал замысла» [Vickery 1959: 344]⁶. Другие с этим не соглашаются. М. Хейворд, первый переводчик романа (в соавторстве с М. Харари) на английский язык, утверждал, что Живаго вовсе «не христоподобный персонаж», а, скорее, напоминает «одного из тех апостолов, которые не сумели бодрствовать в Гефсиманском саду» [Hayward 1958: 43]. В свою очередь сестра автора, Ж. Л. Пастернак, жаловалась на

---

⁵ «Вера, что человек, вполне осознав свои подлинные силы, способен целиком преобразовать мир, в котором он живет» [Биллингтон 2001: 556].

⁶ См. также [Wilson 1965: 468].

«посягательства "христологов" на определенные места книги» [Pasternak 1964: 44]. А Ги де Маллак и вовсе предупреждает, что «временами пастернаковский Христос выглядит чистой абстракцией» [Mallac 1981: 337].

И все же есть веские причины стремиться к христологическому прочтению истории жизни Юрия Живаго. Самое прямое текстовое обоснование статуса Живаго как фигуры Христа исходит от самого Живаго в стихотворении «Гамлет», первом из двадцати пяти стихотворений части 17. Его автобиографический персонаж отождествляет себя как с шекспировским принцем датским, так и с Иисусом Христом. Хотя на первый взгляд эти две фигуры совсем не похожи друг на друга, обеим свойственны одни и те же важные черты, которыми обладает и Юрий, — чувство долга и самоотречение. В статье «Замечания к переводам из Шекспира» Пастернак объясняет, что "Гамлет" не драма бесхарактерности», потому что Гамлет «отказывается от себя, чтобы "творить волю пославшего его"» [Пастернак 1990 4: 416]. Подобно Христу, он выполняет волю своего отца. И герой стихотворения, хотя и просит: «Если только можно, Авва Отче, / Чашу эту мимо пронеси», все же «играть согласен эту роль» (511).

Вся жизнь Юрия — тоже упражнение в самоотречении. Каждый раз, когда этого требуют обстоятельства, он отказывается от всего, что ему дорого, но не из слабости, а из самопожертвования. Он разрывает семейные и дружеские узы, меняет работу врача на труд чернорабочего и отвергает личное счастье актом «кенотического самоопустошения» [Bodin 1990: 396] в подражание Христу. Смысл его жизни — подчинение воле Божией, даже если от него требуется, чтобы он, подобно Иову, отдал на откуп мирового зла все, кроме своей веры. И хотя о характере жертвы Живаго и степени его самоотречения можно спорить, «Гамлет» служит достаточно сильным текстовым подтверждением *imitatio Christi* со стороны Юрия.

Фамилия «Живаго» также содержит отчетливые христологические коннотации, хотя Пастернак и говорил в одном из своих интервью, что Живаго — «просто фамилия», не имеющая особого значения [Matlaw: 1959: 134]⁷. Однако эта фамилия (устаревшая форма винительного и родительного падежа прилагательного «живый / живой») вызывает в памяти церковнославянскую фразу «сын Бога живаго» (Мф 16: 16), которую произносит апостол Петр в ответ на вопрос Христа: «А вы за кого почитаете Меня?» Этими же словами ангел обращается к Марии Магдалине и другим женщинам, пришедшим с благовониями ко гробу Иисуса: «Что вы ищете живаго между мертвыми» (Лк 24: 5). Мать Юрия зовут Марией, и сочетание «Мария Живаго» напоминает о Марии, имеющей непосредственное отношение ко Христу, то есть Богоматери. К тому же похороны Марии Живаго происходят накануне праздника Покрова Богородицы. Юрий тоже Живаго и этим связан со Христом, который, как упоминает Сима, также именуется «жизнь всех», «Живота всех» (406).

Как и Христос, Юрий — целитель (врач) и творец (поэт). После долгого разговора с больной Анной Ивановной Громеко он даже укоряет себя: «…я становлюсь каким-то шарлатаном. Заговариваю, лечу наложением рук» (70) — то есть на манер Христа. Однако на следующий день после прихода к ней Юрия Анне Ивановне становится лучше (70), возможно, благодаря его утешительным словам. Кроме того, Юрий работает в Крестовоздвиженской больнице (183); Крестовоздвиженском называется и город, где разворачиваются события части 10, причем, что важно, время действия в этой главе — Страстная неделя. Подобно Христу, Юрий всегда «старался относиться с любовью ко всем людям, не говоря уже о семье и близких» (160), и «был готов принести себя в жертву, чтобы стало лучше» (183). И во многих отношениях он действительно подобен Христу в своей любви и служении другим, включая предполагаемых врагов, таких как красные партизаны и сам Стрельников. Он даже совершает символическое несение креста: холодной, голодной послерево-

---

⁷ Беседа Пастернака с посетившим его в Переделкине американским русистом Р. Мэтлоу, опубликованная в Nation 12 сентября 1959 года, цитируется по [Wilson 1965: 471]. (По свидетельствам современников, Пастернак и по-другому объяснял свой выбор фамилии героя, см., например, [Шаламов 2013: 590]. — *Примеч. пер.*)

люционной зимой их бегства в Юрятин он взваливает на плечо тяжелую колоду и несет домой — на дрова (193). Все это — лишь самые очевидные христологические параллели. Можно привести и более тонкие связи между судьбой Юрия и Иисуса Христа.

Однако гораздо труднее понять, как толковать эти намеки на Христа. Если Живаго — фигура Христа, то какой в этом смысл? Этот вопрос оказался непростым для исследователей, пытавшихся на него ответить. Э. Уилсон полагает, что Живаго — это «одновременно Гамлет, Святой Георгий и Иисус», но, похоже, сводит все значение евангельского подтекста к смерти и воскресению, которые, по его утверждению, составляют «главную тему романа» [Wilson 1965: 468, 447]. М. и П. Роуленд считают, что Живаго претерпевает «символические Страсти», которые включают «смерть для прежней жизни [и] возрождение через страдание к жизни более творческой», — в конечном итоге он кенотически жертвует своим «я» ради «долгой, медленной смерти в добровольном страдании» [Rowland, Rowland 1967: 171, 175]. Ги де Маллак определяет все поведение Живаго как «духовный подвиг», призванный «воспроизвести подвиг самого Господа» [Mallac 1981: 334]. Дж. Бейли утверждает, что, «настаивая на святости личности, Живаго принимает на себя роль спасителя» [Bayley: 1968: 300–301]. Даже члены редколлегии журнала «Новый мир» в письме Пастернаку, обосновывающем отказ публиковать роман, признали Живаго фигурой Христа, упрекнув автора в том, что «весь путь Живаго последовательно уподобляется евангельским "Страстям Господним"» [Письмо 1958][8].

Проблема в том, что трудно понять, кто такой на самом деле Живаго. Если он и вправду фигура Христа, то довольно странная. Так или иначе, он в любом случае загадочный персонаж, о котором трудно вынести *хоть какое-нибудь* суждение. Д. Л. Быков в своей биографии Пастернака предполагает, что «Живаго может быть определен главным образом апофатически»: мы «не можем

---

[8] Опубликованное в «Литературной газете» 25 октября 1958 года письмо датировано 1956 годом и подписано: «Б. Агапов, Б. Лавренев, К. Федин, К. Симонов, А. Кривицкий». — *Примеч. пер.*

сразу сформулировать, кто он такой, ибо масштаб его личности, как и бытие Божие, "не доказуется, а показуется". Мы можем сказать лишь, кем он не является: он не сломавший себя интеллигент, не обыватель, исповедующий правила "среднего вкуса", не революционный фанатик, не борец с властью, не диссидент, не "умелец жизни". То есть — не пошляк» [Быков 2007: 731]. Быков также добавляет, что Живаго не является фигурой Христа: «Пастернак всего лишь ставил себе задачу написать об очень хорошем человеке как он его понимал; и доказать, что очень хороший человек — как раз и есть самый честный последователь Христа в мире» (Там же: 732). Но поскольку «очень хороший человек» — это единственная положительная (т. е. катафатическая) характеристика, которую Быков способен дать Живаго после своего апофатического упражнения, она едва ли решает больной вопрос обо всех прозрачных христологических ассоциациях, наводящих на мысль, что Живаго все же представляет собой некую фигуру Христа, что бы ни говорили об этом Быков или сам Пастернак.

Все же Быков, вероятно, прав, считая, что в контексте романа допустимо применять апофатический подход. Проще всего сказать, чем Живаго не является. Однако необходимое здесь апофатическое упражнение должно в конечном счете высветить Христа, истинный объект апофатического метода. В конце концов, именно в этом и есть функция любой фигуры Христа — выявляться через отрицание. Не будучи Христом, такие фигуры тем не менее помогают нам познать Христа — случай, когда отсутствие может выявить присутствие. Поэтому о Живаго как фигуре Христа и в конечном счете о роли Христа в романе нам, возможно, больше всего может поведать единственная в книге часть, где Живаго вообще не появляется — часть 10, «На большой дороге».

Композиционно расположенная почти в самой середине романа, она поначалу кажется отступлением, поскольку в ней не действует никто из главных героев и не происходит ничего важного для развития сюжета. В конце предыдущей части («Варыкино») Юрий возвращается домой из Юрятина, где у него случился роман с Ларой, и по пути взят в плен красными партизанами. Он уже решил признаться во всем Тоне и больше не встречаться с Ларой, но, внезапно передумав, повернул коня обратно в город и тут же попал в засаду. После этого он буквально исчезает из повествования, ни разу не появившись на протяжении всей части 10, — действенный литературный прием, усиливающий беспокойство читателя за его судьбу. Однако в отсутствие героя читатели многое узнают о пастернаковском видении Христа и роли Юрия Живаго в христианском нарративе романа.

Вместо того чтобы следовать за Живаго, рассказчик переключается на один из населенных пунктов, тянущихся вдоль старинного сибирского тракта, — город Крестовоздвиженск, где готовятся вступить в бой новобранцы Белой армии и тайно собираются революционные ячейки. Часть 10 начинается в ночь на Великий четверг, когда верующие вспоминают Тайную вечерю Иисуса, и заканчивается на третий день после Пасхи. В соседнем Воздвиженском монастыре идут предпасхальные службы. Надвратную икону обрамляет надпись: «Радуйся живоносный кресте, благочестия непобедимая победа» (304), как бы возвещая, что речь идет о конфликте не только революционном, но в такой же мере религиозном.

Первый персонаж, которого читатель встречает в этой части, — лавочница Галузина, истово православная, тоскующая по прежним временам и тревожащаяся за исход Гражданской войны. Ее сын мобилизован в Белую армию. Затем появляется местная группа революционеров, тайно проводящая нелегальное политическое собрание. В числе подпольщиков — бывшие железнодорожники из московского района, где прежде жила Лара, в том числе Тиверзин и отец Павла Антипова, люди, «из которых политическая спесь вытравила все живое, человеческое» (315). На собрании присутствует партизанский главарь Ливерий, предводитель отряда, взявшего в плен Юрия. Изображены и рекруты царской армии — для них в городе организованы пышные проводы с угощением. Вечером взрывается бомба, и несколько перепуганных полупьяных новобранцев убегают и прячутся, но позже их самих подозревают в причастности к взрыву. Среди них и сын лавочника Терентий, которому теперь ничего не остается, как уйти в лес и вступить в отряд красных партизан — тот самый, что удерживает у себя Живаго.

Эта ничем не примечательная глава тематически служит своеобразным краеугольным камнем повествования, поскольку, помимо прочего, в ней Страсти Христовы вплетены в национальный нарратив Гражданской войны, а Гражданская война символически оттеняется национальным нарративом Страстной недели, что помогает объяснить присутствие в части 17 стихов о Христе. Распинают саму Россию, ведь противоборство между красными и белыми символично разворачивается в предпасхальные дни вокруг «города воздвижения креста». По одну сторону стоит местный монастырь, сулящий победу тем, кто поднимет живоносный крест. По другую — люди, «из которых политическая спесь вытравила все живое, человеческое», в которых образ Божий омрачен. Несколько в стороне от обеих противоборствующих сил стоят анархисты, пропагандирующие секс и «раскрепощение личности» (320) — те самые модные темы, от которых перед самым его захватом бандой Ливерия отмахивается Юрий, размышляя о том, почему он изменил Тоне: «Идеи "свободной любви", слова вроде "прав и запросов чувства" были ему чужды. Говорить и думать о таких вещах казалось ему пошлостью. В жизни он <...> не причислял себя к полубогам и сверхчеловекам, не требовал для себя особых льгот и преимуществ» (300).

Таким образом, в этой главе-отступлении важные темы, способные помочь читателю понять Живаго, сформулированы в его отсутствие и на фоне истории Страстей Христовых. Это подтверждение важности аллюзий ко Христу для понимания как судьбы Юрия, так и событий в России. Часть 10 позволяет яснее увидеть, что Живаго стоит на распутье трех идеологий: веры в спасительную силу Креста (тема, заявленная монастырем; монастырь также напоминает читателю, что в Москве Юрий работал в Крестовоздвиженской больнице); революционной риторики, подхваченной Ливерием и ему подобными; и представлением, будто свобода личности означает не идею «жизни как жертвы» или «любви к ближнему», как толкует это понятие Веденяпин (14), а потакание эгоистическим нуждам, будь то секс или иные удовольствия, — то есть жизнь сверхчеловека. Самое полное разъяснение эти соперничающие идеи получают в описании отношений Юрия с Ларой, но они всерьез заданы и сопоставлены именно в этой главе, где разыгрываются на сюжетном уровне. Кроме того, они проливают свет на отсутствующего героя романа, Юрия Живаго.

Однако все, что читатель узнаёт из части 10 об отсутствующем в ней Юрии, он узнаёт апофатически, через отрицание. Юрий не принадлежит ни к одной из враждующих в Крестовоздвиженске сторон: он не правоверный христианин, празднующий окончание Великого поста и Пасху и тоскующий по прежним временам; не материалист, борющийся за революцию и новый мировой порядок; и тем более не анархист, вынашивающий утопические планы перекраивания человеческой личности. И все же эти «отрицательные определения», как и те, что включил в свой список Д. Л. Быков, работают на утверждение: они кое-что да говорят нам о Юрии. В данном случае — напоминают о том, что в нарратив Страстей, вписанный в этой части в сюжет Гражданской войны, оказывается втянут и Юрий, что подтверждается в последующих главах. Разобравшись в этом аспекте сюжетной линии Юрия, читатель начинает понимать, что он и вправду может представлять своеобразную фигуру Христа, но такую, в которой традиционные представления о фигуре Христа переворачиваются: во-первых, он нерелигиозен, во-вторых, он состоит в связи с тремя женщинами. Таким образом, фигура Юрия также ставит под вопрос наши устоявшиеся представления о самом Христе.

На сюжетном уровне «страсти по Живаго» ярче всего разыгрываются в последние дни, проведенные им с Ларой в Варыкине, куда они бегут, чтобы не попасть под арест после того, как новоиспеченное революционное правительство начинает искоренять в Юрятине политическое инакомыслие. Страсти Юрия начинаются, как и положено, на тринадцатый день их пребывания в Варыкине — число, связанное с Христом (один плюс двенадцать учеников). Запасы еды у них кончаются, по ночам их донимает волчий вой, и в разгар арестов они подумывают о возвращении в город. Лара особенно обеспокоена и просит Юрия заложить сани, пока она соберет вещи. Но когда сани готовы, она меняет свое решение. Юрий садится в сани и едет за дровами, и внезапно чувствует «мрак на душе»:

> Хотя был еще день и совсем светло, у доктора было такое чувство, точно он поздним вечером стоит в темном дремучем лесу своей жизни. Такой мрак был у него на душе, так ему было печально. И молодой месяц предвестием разлуки, образом одиночества почти на уровне его лица горел перед ним (438).

В этот момент Юрий напоминает Христа, который, взяв с собой в Гефсиманский сад Петра, Иакова и Иоанна, «начал ужасаться и тосковать» и сказал им: «Душа Моя скорбит смертельно» (Мк 14: 33–34), после чего идет молиться в одиночестве.

Вернувшись к дому, Юрий видит у крыльца сани Комаровского, человека, совратившего Лару, когда она была девочкой-подростком, — теперь он занимает крупный пост в большевистском правительстве. Стоя под дверью, Юрий слышит, как Комаровский говорит о нем, что на него нельзя положиться, что он «слуга двух господ» (440). Когда Юрий входит в дом, Комаровский отводит его в сторону и по секрету сообщает, что муж Лары, авантюрист-революционер Стрельников, расстрелян большевиками, и теперь Лару и ее дочь ждет неминуемый арест. Комаровский предлагает увезти Лару и Юрия на Дальний Восток. Учитывая двусмысленную роль Комаровского в смерти отца Юрия, тот и слышать не хочет о том, чтобы ехать с ним. Тем не менее Юрий убеждает Лару уехать с Комаровским и заставляет поверить, что вскоре и сам последует за ними. Она уезжает, а Юрий с замирающим сердцем смотрит вслед удаляющимся саням и размышляет о том, что же он натворил, отказавшись от нее.

Текстовые параллели с Христом в Гефсиманском саду множатся. Юрий не только чувствует «мрак в душе», но и, подобно Христу, отказывается от своих желаний (отпустив Лару) и добровольно идет на страдания. И если Христа в саду укрепляет ангел, явившийся с небес (Лк 22: 43), то Юрия в его горе утешает внезапно очеловеченная природа:

> Небывалым участием дышал зимний вечер, как всему сочувствующий свидетель. Точно еще никогда не смеркалось так до сих пор, а завечерело в первый раз только сегодня, в утешение осиротевшему, впавшему в одиночество человеку. Точно не просто поясною панорамою стояли, спинами к горизонту, окружные леса по буграм, но как бы только что разместились на них, выйдя из-под земли для изъявления сочувствия (445–446).

Итак, текстовых подтверждений тому, что «борение в саду» Юрия напрямую связано с евангельским эпизодом, предостаточно. И неудивительно, что последнее стихотворение из части 17, служащее завершением романа, — как раз «Гефсиманский сад». Но с какой целью в варыкинскую главу включена столь развернутая аллюзия на Гефсиманское борение Христа?

Называя Юрия «слугой двух господ», Комаровский имеет в виду, что тот отказывается делать выбор между красными и белыми. Изначально это библейское выражение подразумевает под «двумя господами» Бога и деньги (Мф 6: 24, Лк 16: 13). В применении к Юрию можно предположить, что «двое господ» — это Бог и Лара, то есть то, что он должен делать, и то, чего он не в силах сделать: перестать любить женщину, которая ни по совести, ни по закону ему не принадлежит. Отпустив Лару, Юрий принял решение, которое не смог принять в тот роковой день, когда его взяли в плен конные красные партизаны. Его выбор в пользу Бога выражается и в том, что в темные дни, наступившие после его отказа от личного счастья («Прелесть моя незабвенная!» — сокрушается он о Ларе (446)), он подчиняется своему высшему призванию — поэзии. Без Лары он целиком отдается творчеству и пишет главные заключительные стихотворения части 17, содержащие столь важную тему Христа. Этот последний выплеск творческого начала, по крайней мере в написанных тогда стихах об Иисусе, служит и последним своеобразным исповеданием веры: только эти стихи позволяют нам что-то узнать о его понимании Христа.

Из этих стихов также ясно, что история Христа для Юрия важна как повесть, с помощью которой он пытается разобраться в собственной жизни. В «Гамлете» подчеркивается его личная близость ко Христу, а также вводится помогающая понять жизнь Юрия тема Страстей Христовых. Из прочих восьми стихотворений о Христе пять также имеют отношение к Страстям: «На Страстной», «Дурные дни», «Магдалина I», «Магдалина II» и «Гефсиманский сад». Таким образом, две трети стихотворений о Христе посвящены одному эпизоду из жизни Христа — эпизоду, который занимает центральное место во всех четырех Евангелиях и в изложении которого все евангелисты, по словам исследователя Нового завета Л. Т. Джонсона, «проявляют удивительное единодушие». Именно эти события жизни Иисуса «требуют наиболее подробного истолкования» [Johnson 1999: 145].

Таким образом, повышенное внимание к Страстям Христовым в стихах Юрия вполне согласуется с первыми, евангельскими повествованиями о жизни Иисуса. И, подобно авторам этих повествований, Юрий разносит весть об Иисусе, а в последних строках «Гефсиманского сада» предвещает его воскресение: «Я в гроб сойду и в третий день восстану» (540). Так он выполняет свою функцию фигуры Христа: он не Христос, но указывает на Христа. Но кроме того, он демонстрирует нам и то, как расценивает собственную жизнь: непосредственное соседство стихов о Христе с интимными любовными стихами и пейзажной лирикой говорит нам не только о жизни Христа, но и о жизни Юрия. Стихи эти исповедальны в обоих смыслах слова: они содержат как важные личные признания, так и исповедание веры. На глубоко личном уровне Юрий определенно отождествляет себя с Иисусом Страстей, иначе он вообще не писал бы стихов о Христе.

Теперь мы можем рассматривать жизнь Юрия через призму стихов о Христе, сосредоточенных вокруг евангельского повествования о Страстях. К концу книги читатель понимает, что Юрий прошел свою Голгофу и его судьбу можно описывать словами из тезауруса Страстей Христовых: жертва, долг, любовь и самоотречение. Конечно, в контексте жизни и судьбы Юрия эти слова приобретают несколько иное значение. Его жертва — не распятие Христа ради спасения человечества. Он жертвует принципиально важными частями собственной жизни: семьей, успешной карьерой врача и возможным признанием его творчества. Его долг — это долг перед эпохой: согласие сыграть «эту роль» («Гамлет») в исторической драме, разворачивающейся в России и требующей, чтобы он разделил мученичество русской интеллигенции. Любовь, которую он воплощает, подобна Христовой: открытая и распространяющаяся на всех, будь то красные, белые, друзья, враги, возлюбленные или семья. Его самоотречение тоже сродни самоотречению Христа — «не Моя воля, но Твоя да будет»: отказ от личных потребностей в повиновение внешнему авторитету; для Живаго это авторитет советской власти, которая оттесняет и окончательно отрывает его от семьи. Так через образ Живаго Пастернак определяет Страсти Христовы как глубинный нарратив советского века веры, независимо от того, идет речь о судьбе одного человека, русской интеллигенции или всей страны.

Дж. Биллингтон отмечает, что двадцать пять стихотворений Юрия составляют текст «*интеллигента*, чувством ищущего путь назад к Богу» [Биллингтон 2011: 651]. Именно такое впечатление производят стихотворения на религиозные темы, особенно «Рассвет», воспринимаемый как рассказ о возвращении к вере. Возможно, возвращение к вере и есть скрытая тема романа, если не всей жизни Пастернака. В то же время, признав близость Юрия ко Христу и его функцию в тексте как фигуры Христа, читатель должен так или иначе задуматься о связях Юрия (в том числе двух внебрачных) с тремя женщинами и о том, как эта сторона персонажа соотносится с его христологической функцией. Если десять из двадцати пяти стихотворений Юрия упоминают Христа или обращаются к событиям его жизни, то остальные пятнадцать — это любовные стихи или поэтические размышления о природе и временах года. При этом все три темы — христианская, любовная и созерцательно-пейзажная — иногда пересекаются. В стихотворении «На Страстной» природа так же участвует в церковных службах, как и молящиеся в храме. В «Зимней ночи» Христов крест вписан в контекст любовного свидания. «Чудо», где описана встреча Христа со смоковницей, — стихотворение одновременно и о вере, и о природе. И наконец, два стихотворения о Магдалине содержат в себе и тему любви, и тему Христа, еще раз подтверждая наблюдение Дейви, что стихи о любви и стихи о Христе совсем не обязательно взаимоисключающи.

Вопрос вот в чем: применимо ли все это к содержанию самого романа? Может ли, например, Живаго быть одновременно и фигурой Христа, и любовником? Более того, быть любовником не одной, а трех разных женщин, и при этом оставаться убедительной фигурой Христа? Безусловно, может, отвечает Пастернак, и более того: именно эта, самая неканоническая, черта Живаго как фигуры Христа лучше всего раскрывает сущность Иисуса в своеобразном пастернаковском представлении о Христе. Если в христологии Достоевского и Толстого эрос и агапе — взаимоисключающие виды любви, а в романе Булгакова эротическая любовь — всего лишь эхо подлинной агапической любви Христа и Пилата, то какую роль играет противопоставление эроса и агапе в христологии «Доктора Живаго»?

Любовь к женщине, любовь к Богу

Эрос и агапе противопоставляются друг другу на протяжении всего романа во всех аспектах; исключением служит образ самого Юрия, в жизни которого они сосуществуют в необъяснимом равновесии. Противопоставление эрос / агапе возникает в самом начале «Доктора Живаго», когда подросток Юрий живет в доме Громеко, чья дочь Тоня — его ровесница и в чьем доме много времени проводит одноклассник Юрия Миша Гордон. Дядя Юрия отмечает, что их забавный «тройственный союз начитался "Смысла любви" и "Крейцеровой сонаты" и помешан на проповеди целомудрия» (42). Конечно, повесть Толстого — не более чем тенденциозный трактат, отстаивающий идеал полового воздержания. В. С. Соловьев же в работе «Смысл любви» (1894) ставил перед человеческой, эротической любовью цель «восстановления образа Божия в материальном мире», так чтобы «из двух ограниченных и смертных существ создать одну абсолютную и бессмертную индивидуальность» [Соловьев 1988: 516, 517]. Если для Толстого половые отношения — корень чуть ли не всего мирового зла, Соловьев видит в эротическом союзе двух людей и потомстве, порожденном таким союзом, как «высший расцвет индивидуальной жизни», так и «оправдание и спасение индивидуальности чрез жертву эгоизма», проявляющееся в способности жить не только в себе, но и в другом (Там же: 501, 505, 507). Грубо говоря, Толстой рассматривает эрос как опасный и полный недостатков вид любви; Соловьев же видит в нем потенциальное средство для раскрытия любви высшего порядка, даже агапической любви.

Именно вокруг этой оси противоположных представлений о любви и вращается весь роман: с момента, когда Юра замечает «таинственную и беззастенчиво откровенную» природу связи Лары с Комаровским в ночь, когда ее мать совершает попытку самоубийства, до его собственной любовной связи с Ларой пятнадцать лет спустя. «Это было то самое, о чем они так горячо год продолдонили с Мишей и Тоней под ничего не значащим именем пошлости, — думает Юра в ночь попытки самоубийства мадам Гишар, — и куда девалась их детская философия и что теперь Юре делать?» (64). Отныне на протяжении всего романа Живаго будет пытаться ответить на этот вопрос, лавируя между эросом и агапе.

Как ни заманчиво было бы согласиться с теми исследователями, которые с помощью философии Соловьева объясняют, что в отношениях Юрия с Ларой эрос направляется и в конечном счете преобразуется в нечто вроде агапической любви (см., например, [Spencer 1995: 76–88]), на самом деле толкование любви героев романа в соловьевском ключе приводит к очередным вопросам. Во-первых, непонятно, как любовь Юрия и Лары может быть соловьевским признанием значимости другого и образом божественного единства, если она строится на предательстве Юрием его жены Тони. Ведь Юрий начинает навещать Лару в Юрятине, когда Тоня уже шесть или семь месяцев беременна их вторым ребенком. Трудно представить себе больший символ разобщенности и раздробленности, чем отказ Юрия от жены, сына и будущей дочери. Хотя Юрий страдает из-за собственной неверности, он не в силах прекратить видеться с Ларой, и не попади он в плен к красным партизанам, ему пришлось бы выбирать между двумя женщинами.

Второй вопрос — это возрастающая беззаконность любовных союзов Юрия. Если отношения Юрия с Ларой — просто прелюбодейство, то гражданский брак и двое детей с Мариной, дочерью бывшего дворника в доме Громеко Маркела Щапова, делают его двоеженцем, так как Юрий и Тоня (живая и здоровая, пребывающая в Париже) все еще состоят в законном браке. Как все это вписывается в представление о духовной любви по Соловьеву? Не подчеркивает ли это, напротив, насколько Живаго отклонился от соловьевского идеала? Даже если отбросить эти вопросы, как быть с окончательным отказом Живаго от Лары в пользу Комаровского? Ведь, отпуская Лару с Комаровским, Живаго, несомненно, обрекает ее на «нравственное уничтожение» [Vickery 1959: 346]. И в самом деле, ее жизнь после расставания с Живаго трагична, обстоятельства вынуждают ее бросить дочь Катеньку и их общую с Юрием дочь Таню Безочередеву. В конце концов Лару, по-видимому, арестовывают, и она «умерла или пропала <...> в одном из неисчислимых общих или женских концлагерей севера» (496).

Таким образом, отличительная черта любовных отношений Юрия — расставание, а не союз. Притом что и Лара, и Юрий на словах как будто преданы своим супругам и клянутся воссоединиться с ними как можно скорее, их действия часто говорят об обратном. Так, когда Юрий в 1922 году приезжает в Москву и наконец может похлопотать «о политическом оправдании своей семьи и узаконении их возвращения на родину» (468), он явно занимается этим без особого рвения. Его спутник, Вася Брыкин, с которым он вернулся с Урала в Москву, «удивлялся тому, как холодны и вялы эти хлопоты. Юрий Андреевич слишком поспешно и рано устанавливал неудачу приложенных стараний, слишком уверенно и почти с удовлетворением заявлял о тщетности дальнейших попыток» (469). Кажется, будто Юрий сам хочет, чтобы его попытки воссоединиться с женой и семьей закончились неудачей.

Столь же необъяснимым образом Юрий после нескольких лет совместной жизни бросает Марину и их двух дочерей и прячется в комнате, которую снял для него сводный брат Евграф Живаго. Он сообщает Марине и друзьям, что хочет некоторое время побыть в одиночестве и заняться своими делами; помимо прочего, как ни странно, он вместе с Евграфом якобы строит планы воссоединения с Тоней (хотя и надеется, что она уже нашла себе другого) и двумя их детьми. О том, как он собирается жить одновременно с двумя семьями, ничего не говорится, так же как нет никаких указаний на природу его любви к трем женщинам — Тоне, Ларе и Марине. Несколько месяцев спустя он умирает, так и не решив ни одного из этих вопросов. Читатель, таким образом, оказывается в положении Евгения Радомского из «Идиота», который недоумевает, как князь Мышкин может любить одновременно и Аглаю Епанчину, и Настасью Филипповну. Если бы Живаго любил трех женщин в своей жизни только платонической, агапической любовью, было бы проще понять его статус героя романа, или фигуры Христа, или того и другого. Но Юрий любит всех трех женщин плотской любовью, в результате которой на свет появляются пятеро детей. И, как ни странно, его, похоже, совершенно не тревожит то, что он бросил и женщин, которых любил, и детей, которых произвел на свет.

Три возлюбленных и пятеро детей Юрия, безусловно, ставят под большой вопрос его статус фигуры Христа. Конечно, проще всего, глядя на христоподобные качества Живаго и его нравственно сомнительные поступки, удивляться, как последние не отменяют первых. Пастернак, по-видимому, осознавал эту проблему, по крайней мере в достаточной степени, чтобы предложить собственное решение противоречия между эросом и агапе применительно к герою и христологии романа. Решение Пастернака связано с темой Марии Магдалины и Христа, которой посвящены два стихотворения Юрия и на которую распространяется перед Ларой Сима Тунцева в своей богословской речи (часть 13). Обращение к этой теме, конечно, не решает проблем христологии и любви, поднимаемых как Пастернаком, так и Соловьевым, но это неудивительно при тематической направленности романа: в конце концов, он призван не столько дать ответы, сколько указать путь, на котором их можно найти.

«Страсть Юры и Лары — такое же религиозное служение, как Юрины стихи», — отмечает Д. Л. Быков [Быков 2007: 733]. Велик соблазн рассмотреть их отношения в свете полуэротической любви Марии Магдалины к Христу из стихов Юрия, особенно если образ Живаго действительно указывает на Христа. Не будет ли любовь падшей женщины — Лары в качестве его личной «Магдалины» — идеально вписываться в эту схему для нашей фигуры Христа? Похоже на то, особенно учитывая «лекцию» о Марии Магдалине и двух видах страсти, прочитанную Ларе в Юрятине Симой Тунцевой.

Сима говорит о двух значениях слова «страсть» в православной литургии, где оно обозначает и Страсти Господни, и сексуальную страсть. Эти два значения, утверждает она, знаменательным образом взаимосвязаны в молитвах Страстной недели, в особенности Великой среды, когда в церкви поется стихира св. Кассии о грешнице, которая, согласно Евангелию от Луки, омывает ноги Христа слезами и отирает волосами. Хотя Сима и признает, что «существует спор» о том, кем была эта женщина[9], сама она отождествляет кающуюся грешницу с Магдалиной, как и Живаго в соответствующих стихотворениях. Для Симы, как и для Живаго, в этой встрече Христа с грешницей устанавливается важная связь. Блудница, по ночам пылающая страстью, мажет ноги Христа драгоценным миром, предвосхищая этим Страсти Господни. В то же время омыть ноги Христа слезами и отереть

---

[9] Сегодня и католическая, и православная Церковь учит, что Мария Магдалина не тождественна грешнице из Евангелия от Луки. В 591 году в проповеди папы Григория Великого впервые было высказано предположение, что той грешницей была Магдалина, и проведена параллель между семью бесами, изгнанными из Марии Магдалины, и пороками сексуальной распущенности; с тех пор эта путаница сохранилась в народном воображении.

волосами — жест, демонстрирующий поразительную интимность. Таким образом, отмечает Сима, в этих действиях сливаются раскаяние и «осязательность», плотская страсть соединяется с духовной: «Какая короткость, какое равенство Бога и жизни, Бога и личности, Бога и женщины!» (408). Объясняя подтекст Страстной недели, касающийся Магдалины, Сима возвращает нас к Соловьеву, по крайней мере в том смысле, что сексуальная страсть (эрос) здесь соединяется со Страстями Христа (агапе), указывая на высшую, божественную любовь.

Но любовь Магдалины к Христу вовсе не была эротической, а любовь Юрия и Лары именно такова. И как бы Пастернак ни размывал границы между сексуальной и божественной любовью, ему все же не удается окончательно сделать из половой любви божественную, хотя временами он делает такие попытки. Во фрагментах, где описывается любовь Юрия и Лары, Пастернак как будто намекает, что при благоприятных обстоятельствах эрос в сочетании с агапе создают некий образ «абсолютной красоты», или «космической стихии», составляющей «первооснову мира» (4: 418)[10]. Именно в таком духе Пастернак описывает любовь Юрия и Лары. Это тоже «космическая стихия»:

> Их любовь была велика. Но любят все, не замечая небывалости чувства. Для них же, — и в этом была их исключительность, — мгновения, когда подобно веянью вечности, в их обреченное человеческое существование залетало веяние страсти, были минутами откровения и узнавания все нового и нового о себе и жизни (390).

Их любовь действительно велика, в ней даже есть что-то мифологическое. В какой-то момент Лара сравнивает их с Адамом и Евой (397), высокопарно рассуждая:

---

[10] В статье «Замечания к переводам из Шекспира» Пастернак пишет: «В ряду чувств любовь занимает место притворно смирившейся космической стихии. Любовь так же проста и безусловна, как сознание и смерть, азот и уран. Это не состояние души, а первооснова мира. Поэтому, как нечто краеугольное и первичное, любовь равнозначительна творчеству» [4: 418].

> А нас точно научили целоваться на небе и потом детьми послали жить в одно время, чтобы друг на друге проверить эту способность. Какой-то венец совместности, ни сторон, ни степеней, ни высокого, ни низкого, равноценность всего существа, все доставляет радость, все стало душою (428).

А ее мысли над гробом Живаго рассказчик описывает следующим образом:

> Они любили друг друга не из неизбежности, не «опаленные страстью», как это ложно изображают. Они любили друг друга потому, что так хотели все кругом <...> Никогда, никогда, даже в минуты самого дарственного, беспамятного счастья не покидало их самое высокое и захватывающее: наслаждение общей лепкою мира, чувство отнесенности их самих ко всей картине, ощущение принадлежности к красоте всего зрелища, ко всей вселенной (494).

Из таких полных экзальтации тирад нетрудно понять, почему псевдодуховные любовные отношения между Юрием и Ларой могли ассоциироваться в стихах Юрия с псевдодуховными отношениями между Магдалиной и Христом. Юрий как бы встраивает свой роман с Ларой в библейский текст о раскаявшейся блуднице, воспроизведенный в его стихах о Магдалине: таким образом он пытается осмыслить свой сексуальный грех в терминах духовного словаря. То же делает и Лара в начале романа: в разгар своих подростковых страданий в качестве любовницы Комаровского она отождествляет себя с нищими и угнетенными из Христовых заповедей блаженства. Священник в церкви «успел отбарабанить девять блаженств», и Лара думает: «Это про нее. Он говорит: завидна участь растоптанных. Им есть что рассказать о себе. У них все впереди. Так он считал. Это Христово мнение» (52). Агапическая любовь призывается как средство исцеления от эротического греха обоими: Юрием, изменившим жене и семье, и Ларой, предавшей мать (которая до Лары была любовницей Комаровского).

В конце концов, однако, грешный эрос оказывается слишком тяжелым бременем для любви Юрия. Последовательные отношения Юрия с тремя женщинами становятся не символом космической гармонии, а, скорее, символом непрочного единства, как бы подтверждая их ущербность в сравнении с истинным образцом вселенского единства, предполагаемым в романе, — самим Христом. Вселенское единство полностью проявляется и воплощается только во Христе — об этом ясно говорят стихи из части 17. Как бы ни была прекрасна, возвышенна и даже духовна любовь Юрия и Лары, она не может окончательно разрешить оппозицию эрос / агапе, заданную во второй части романа, так же как не может выжить в невыносимых условиях революции и Гражданской войны. В лучшем случае их отношения, скрепленные духовно-плотской связью, могут лишь указывать на совершенное единство евангельского Христа, так же как в стихах Юрия на Христа указывает духовно-плотская Магдалина.

Аналогичную функцию выполняют сами стихи Юрия в части 17. Тематически делящиеся почти поровну на христологические, пейзажно-философские и любовные, эти стихи предполагают, что Юрий как художник пытается перевести на поэтический язык богословские речи Симы о взаимосвязи между плотскими и духовными страстями. Точнее говоря, он устанавливает диалог между этими видами любви, вписывает их в ту самую природную атмосферу, которая объединяет и связывает все живое, но при этом их окончательные взаимоотношения остаются неразрешенными, как остаются неразрешенными и собственные отношения Юрия: возвышенная любовь, которую он делит с Ларой, и более приземленная любовь с Тоней и Мариной. Отсутствие окончательных решений в конечном итоге характеризует в романе и его личность, и судьбу[11]. Но, возможно, это входит в замысел Пастернака: именно здесь, похоже, писатель достиг предела в своем

---

[11] Перед отъездом в Париж Тоня пишет Юрию: «Все горе в том, что я люблю тебя, а ты меня не любишь [...] Ах как я люблю тебя, если бы ты только мог себе представить! Я люблю все особенное в тебе, все выгодное и невыгодное, все обыкновенные твои стороны, дорогие в их необыкновенном соединении, облагороженное внутренним содержанием лицо, которое без этого, может быть, казалось бы некрасивым, талант и ум, как бы занявшие место начисто отсутствующей воли» (410–411).

личном конструировании образа Христа и в попытках дать определение любви — духовной, чувственной или иной.

С точки зрения христологии романа Юрий — слабая и ущербная фигура Христа, сильно напоминающая булгаковского: если он что-то и проясняет, то больше от противного, чем на собственном примере. В конце концов, как может человек, который любит и бросает трех женщин и пятерых детей, рожденных от него, быть похожим на Христа? Однако все эти поступки не лишают образ Юрия христологического значения. Как бы то ни было, он указывает на Христа. Любовные отношения нашей фигуры Христа с тремя разными женщинами заставляют вспомнить о Христе и фигурах Христа, кощунственно прелюбодействующих в рассказах Бабеля; однако важно отметить, что в романе Пастернака эта любовь означает нечто прямо противоположное бабелевской. Если в рассказах Бабеля внебрачные связи служат отражением божественного единства физического и духовного, то в романе Пастернака они призваны показать *неадекватность* любого человеческого стремления отразить цельность божественной любви — и это, в свою очередь, опровергает попытки Соловьева примирить сексуальную и божественную любовь.

Наконец, любовь, о которой идет речь в «Докторе Живаго», сложна и, при всем персонализме романа, отчетливо безлична. Однако якобы предосудительная безличность той любви, которую воплощает Юрий, не является ни антиперсоналистской, ни нехристианской, как может показаться на первый взгляд. Любовь, которой сопутствует, за неимением лучшего слова, полное безразличие Юрия к Тоне, Ларе и Марине, проясняет оппозицию эрос / агапе, а заодно иллюстрирует одну безусловно христологическую истину: любить как Христос — значит любить вне требований и границ семьи, друзей и любовников. В конечном счете человек должен любить всех без разбора — не в угоду сексуальной невоздержанности, а проявляя несобственническую, всеобъемлющую, бескорыстную любовь.

Этот вид любви лучше всего характеризует нашего пассивного героя, который настроен на отсутствие в той же мере, что на присутствие: разлука с любимыми женщинами для него так же естественна, как и единение с ними. Кажется, Юрию почти безразлично, есть они или нет и которая из них сейчас рядом с ним. Ту, что рядом, он и должен любить. (Этим он напоминает Платона Каратаева из «Войны и мира».) Таким образом, любовь, воплощаемая в Живаго, чем-то схожа с «божеской» любовью, которую открывает для себя Андрей Болконский в «Войне и мире»: «не та любовь, которая любит за что-нибудь, для чего-нибудь, или почему-нибудь», а, скорее, «то чувство любви, которая есть самая сущность души и для которой не нужно предмета» [Толстой ПСС, 11: 388]. В этом смысле Живаго предстает как некий универсальный символ любви, пусть ущербный и ограниченный. Последовательное персоналистское мировоззрение Живаго — его кажущаяся неспособность не любить тех, кто рядом, — и вклад, который этот персонализм вносит в ярко выраженную в романе оппозицию эрос / агапе (представленную тремя любовными связями Юрия), в конечном счете одновременно ставит под вопрос трактовку Юрия как фигуры Христа и подтверждает ее. Как напоминает нам Н. А. Бердяев, «живое конкретное существо, вот этот человек, выше по своей ценности, чем отвлеченная идея добра, общего блага, бесконечного прогресса и пр.». Именно такого рода любовь, отмечает Бердяев, «и есть высшая идея человечности и персонализма» [Бердяев 1952: 144].

Собственно, именно любовь составляет великую тайну романа. Ни евангельский подтекст, столь явственный в повествовании и стихах, ни стоящие в центре сюжета любовные перипетии не дают ее исчерпывающей разгадки и не разрешают до конца противоречие между эросом и агапе, которое движет романом на сюжетном и идейно-тематическом уровнях. Напротив, эрос и агапе, человеческие страсти и Страсти Христовы остаются в незавершенном диалоге, и тем легче нам различить развитие каждой из этих форм любви, понимая ее с точки зрения того, чем она не является. Идейно-тематическая направленность романа апофатична, как апофатична в эпилоге «Доктора Живаго» характеристика Москвы как «святого города» (510). Город свят лишь постольку, поскольку оказался средоточием самой нечестивой тьмы, сошедшей на русскую историю, и это позволяет нам лучше понять, в чем состоит святость: в страданиях, жертвах и покорности судьбе. Случайно или нет, но это те самые аспекты, которые утверждает своим нехристианским поведением наша столь же апофатическая фигура Христа. Живаго хочет сказать Дудорову и Гордону: «Единственное живое и яркое в вас это то, что вы жили в одно время со мной и меня знали» (474) — практически то же, что говорит Христос апостолам в стихотворении «Гефсиманский сад»: «…Вас Господь сподобил / Жить в дни мои, вы ж разлеглись, как пласт» (539). Таким образом, он сам подтверждает свою функцию апофатического индикатора Христа.

И последнее

В конечном счете, как это ни парадоксально, «Стихотворения Юрия Живаго» в части 17 говорят о том, что наша неканоническая фигура Христа в своих стихах об Иисусе все же изображает достаточно канонического Христа. Рождение Иисуса («Рождественская звезда»), проклятие смоковнице («Чудо»), вход в Иерусалим («Дурные дни») и, наконец, нарратив Страстной недели («Магдалина I» и «Магдалина II», «Гефсиманский сад») — все это очень знакомая биография, полностью соответствующая евангельским повествованиям; упоминаются здесь также бегство Святого семейства в Египет, искушение Христа в пустыне, его первое чудо в Кане, хождение по водам и воскрешение Лазаря. Взятие Иисуса под стражу в саду и распятие, изображенные в свойственной только Пастернаку поэтической манере, также полностью соответствуют евангельским нормам, как и окончательная роль Христа — вселенского судии при втором пришествии: «И, как сплавляют по реке плоты / Ко мне на суд, как баржи каравана, / Столетья поплывут из темноты» (540).

Но возможно, в этом и состояло намерение Пастернака. Контраст между неканонической фигурой Христа и каноническим Христом способствует пониманию обоих. Ущербная, прелюбодействующая фигура Христа остраняет в романе совершенно привычное изображение Иисуса, которое мы видим в стихах.

В то же время Иисус стихотворений подчеркивает христоподобные стороны их автора и его жизненного пути. Иными словами, попытка примирить события жизни Юрия с приданными им христологическими ассоциациями создает в романе двойное зрение, линзу, искажающую в обе стороны. Юрий — маловероятная, даже противоречивая фигура Христа; в свою очередь, он придает истории Христа эротическое измерение — это видно в стихах о Магдалине и в любовных стихах, содержащих христологические образы («Зимняя ночь»), или тех, что, предшествуя стихам о Христе или следуя за ними («На Страстной» — «Белая ночь»; «Свидание» — «Рождественская звезда»), приводят эрос и агапе в непосредственное соседство. За счет текстовой близости нагляднее становится пастернаковская трактовка обоих видов любви и яснее проявление каждого из них в поведении христоподобного героя романа. Пастернак, таким образом, ставит под сомнение, усложняет и обновляет образ Христа в сознании читателя, хотя при этом его Христос во многом остается евангельским Христом веры.

В этом смысле Христос Пастернака отличается от своих предшественников. Это не Христос Достоевского, явленный через неверие, не толстовский небожественный вестник божественной истины и не таинственный, хотя и божественный, незнакомец Булгакова. Поэт и маловероятная фигура Христа, придуманный Пастернаком, напротив, являет целиком человечного и целиком божественного Иисуса, который ходил по земле, проводил время с проститутками и грешниками, видел проявления земной любви, творил чудеса и умер на кресте в акте самоотверженной любви. Пастернак, таким образом, восстанавливает смысл библейского Христа в советский век веры и, подобно ранним христианам I века, утверждает и распространяет историю Страстей Христовых как главный для своей эпохи нарратив веры.

Заключение
Образы Христа
эпохи постмодерна

> Весь сотрясаясь, я сказал себе «талифа куми». То есть «встань и приготовься к кончине»... Это уже не «талифа куми», то есть «встань и приготовься к кончине», это «лама савахфани». То есть: «Для чего, Господь, Ты меня оставил?»
>
> «Для чего же все-таки, Господь, Ты меня оставил?» Господь молчал.
>
> *Венедикт Ерофеев. «Москва — Петушки»*

Нарратив веры после Сталина

Ни «Мастер и Маргарита» Булгакова, ни «Доктор Живаго» Пастернака не были опубликованы на родине при жизни авторов и вышли лишь спустя десятилетия после их смерти: «Мастер и Маргарита» в сокращенном цензурой виде — в 1966–1967 годах, а «Доктор Живаго» — в 1988 году, на волне политики гласности и перестройки М. С. Горбачева. Но стоящий в центре этих романов нарратив Страстной недели, во-первых, стал главным для советского века нарративом веры, а во-вторых, предвосхитил другие образы Христа в произведениях послесталинской советской литературы. В этом смысле обращают на себя внимание «Москва — Петушки» Вен. В. Ерофеева (1969, впервые опубликовано в Советском Союзе в 1989 году), «Факультет ненужных вещей» Ю. О. Домбровского (1978, впервые опубликовано в Советском Союзе в 1988 году) и «Плаха» Ч. Т. Айтматова (1986). Эти произведения роднит между собой не только присутствие в них нарратива Страстной недели, но и время публикации: вне зависимости от года написания, они были изданы в СССР лишь в эпоху гласности, напоминая о том, что даже после смерти Сталина сколько-нибудь серьезное или одобрительное изображение жизни Иисуса в советской литературе не допускалось.

Конечно, в этих произведениях Христос был не единственной запретной темой. Герой повести Ерофеева — кабелепрокладчик-алкоголик; в романе Домбровского изображается сталинский террор и тюремная система ГУЛАГа; в романе Айтматова подняты острые проблемы перестроечных времен, в частности наркозависимость, деградация семьи, эксплуатация окружающей среды. Но скорее всего, в каждом из них хватило бы и Христа, чтобы отодвинуть публикацию на неопределенный срок: после культа личности религиозные темы оставались табу еще тридцать лет. Ослабление религиозных запретов, восстановление патриаршества и свертывание антирелигиозной пропаганды во время Второй мировой войны, стабилизация позиций церкви в период «междувластия» 1953–1958 года — все это резко сошло на нет, после того как власть консолидировалась в руках Н. С. Хрущева. Только в 1961–1965 годах в стране было закрыто 59 из 69 монастырей, 5 из 8 семинарий и 13 500 из 22 000 приходских церквей [Freeze 2002: 364]. Число священников за это время сократилось вдвое — примерно с 20 000 до 10 000 [Zernov 1994: 166]. Враждебная политика по отношению к Церкви длилась еще двадцать лет и стала утихать лишь с приходом к власти Горбачева в 1985 году.

В этих условиях произведения, хотя бы намекавшие на Иисуса Христа, имели мало шансов на публикацию, правда, за одним заметным исключением: в 1966–1967 годах в журнале «Москва» был опубликован роман «Мастер и Маргарита». Появление романа, во всех отношениях разительно отличавшегося от тогдашней рядовой советской журнальной продукции, казалось то ли чудом, то ли чудовищной оплошностью цензоров. На самом деле это был результат, с одной стороны, тихой реабилитации Булгакова, а с другой — литературной и международной политики того времени. Пьесы Булгакова, собранные и опубликованные в 1962 году[1], вновь начали ставить на советских сценах в конце 1950-х. В том же 1962 году вышла «Жизнь господина де Мольера», а в 1965-м — «Театральный роман», где отражен опыт работы Булгакова в Московском художественном театре Станиславского. Так что появление «Мастера и Маргариты» годом позже можно было рассматривать как очередной этап постсталинской реабилитации Булгакова. В то же время очевидно, что в публикации столь «сомнительного» произведения при неосталинистском режиме Л. И. Брежнева сыграли роль и другие факторы. В частности, можно предположить, что после одиозных судебных процессов над литераторами И. А. Бродским в 1964 году и А. Д. Синявским и Ю. М. Даниэлем годом позже — процессов, резко осужденных на Западе, — Брежневу потребовалась культурная акция, которая бы сгладила дурную репутацию советской литературной бюрократии за рубежом. Возможно, эту роль должна была сыграть публикация «Мастера и Маргариты».

Внезапное появление в советской литературе булгаковского Иешуа, столь непохожего на евангельского Христа (правда, поколения, выросшие на политике государственного атеизма, последнего почти и не знали), и вообще весь мистический антураж романа сделали очевидным факт, что советская культура практически утратила знание и понимание духовных материй. Автор послесловия к публикации в журнале «Москва» А. З. Вулис признавался, что был совершенно не готов к тому, чтобы писать о таком романе, как «Мастер и Маргарита»:

> Моя теологическая подготовка на первое июля шестьдесят шестого года едва достигала уровня университетских программ по научному атеизму, который в наше время, кстати сказать, еще не преподавали. С черной магией, демонологией, каббалой я не был знаком <...> Так что теперь мне опять пришлось сидеть, не разгибая спины, в Ленинке — по десять, по двенадцать часов в сутки [Вулис 1984, цит. по: Чудакова 1987: 12–13].

---

[1] Булгаков М. А. Пьесы. М.: Искусство, 1962. В сборник вошли пьесы «Дни Турбиных», «Бег», «Кабала святош (Мольер)», «Последние дни (Пушкин)» и «Дон Кихот». — *Примеч. пер.*

К началу последней трети советского века веры уровень веры во что бы то ни было — будь то религиозное, сверхъестественное или политическая идеология — был небывало низким. Это видно из произведений, опубликованных в послесталинские годы: религиозная вера в них встречается редко, а персонажи, знающие исключительно советскую действительность, обнаруживают свою плохую подготовленность к тому, чтобы справляться с внезапно открывшейся им в жизни духовной пустотой.

Одним из немногих изображений веры в литературе 1960-х был образ Алешки-баптиста в повести А. И. Солженицына «Один день Ивана Денисовича», опубликованной благодаря личному вмешательству Хрущева в 1962 году. Появление этой повести о жизни в сталинском ГУЛАГе было, пожалуй, самым сенсационным литературным событием десятилетия. Среди главных откровений романа — таких как описание повседневных лагерных ужасов и лишений, мрачные истории о доносах и оговорах, приведших в лагеря множество невинных жертв, — было беспрецедентное в советской литературе сочувственное изображение тихой и стойкой веры Алешки в Бога. Хотя Алешка — второстепенный персонаж, он важен как представитель советской эпохи в длинной череде кенотических святых русской литературы — персонажей, жизнь которых проходит в «подражании невероятному смирению Христа» [Ziolkowski 1988: 126]. Осужденный на двадцать пять лет, Алешка с радостью принимает свой суровый приговор как возможность пострадать за веру. Он охотно и смиренно трудится и непрестанно молится, чем заслуживает невольное восхищение товарищей по зоне, в том числе и героя повести Шухова, соседа Алешки по бараку.

В других опубликованных советских произведениях 1960-х нечто вроде религиозной веры чаще всего воплощается в советской деревенской прозе в образах праведных старух: они могут и не верить в Бога, но несут в себе все благочестивые качества верующих: доброту, смирение и долготерпение[2]. Хотя рассказ

---

[2] В числе «параметров деревенской прозы» К. Парте перечисляет следующие: «деревня», «природа», «дом», «родная земля, семейные ценности», «время» и «родной язык», но в этот список не входят вера, религиозность и даже духовность [Parthé 1992: 3–12].

Солженицына «Матренин двор» (1962) формально не принадлежит к деревенской прозе, его героиня Матрена Васильевна — один из первых и лучших образцов подобного персонажа. Это пронзительная история о больной и одинокой старухе, которая, как выясняется в заключительных строках рассказа, и есть «тот самый праведник, без которого, по пословице, не стоит село» [Солженицын 1963: 63]. По мнению М. Зиолковски, Матрена «проявляет качества, свойственные как юродивым, так и монахам-кенотикам». Хотя ее, «по сути, кенотическая духовность не связана с формальными религиозными обетами», она представляет собой «образец самоотверженного служения ближним» [Ziolkowski 1988: 189].

В деревенской прозе нетрудно найти и другие примеры праведных женщин. Милентьевна из повести Ф. А. Абрамова «Деревянные кони» (1969) — тот же тип Матрены, так же как и Дарья Пинигина в романе В. Г. Распутина «Прощание с Матёрой» (1976). По сути, если верить Распутину, в каждой русской деревне есть своя Матрена:

> В каждом нашем поселенье всегда были и есть еще одна, а то и две старухи с характером, под защиту которого стягиваются слабые и страдальные; и обязательно: отживет, отойдет в смерть одна такая старуха, место ее тут же займет другая, подоспевшая к тому времени к старости и утвердившаяся среди других своим строгим и справедливым характером [Распутин 2018: 93].

Конечно, существование этих праведниц не может компенсировать нехватку духовной жизни в Советском Союзе как в деревне, так и в городе — об этом свидетельствуют рассказы писателя, режиссера и актера В. М. Шукшина. В отсутствие веры у его главных героев начинает болеть душа. Максим Яриков из рассказа «Верую!» (1970) пытается объяснить свою тоску жене, которую только раздражают эти приступы духовной лихорадки: «Вот у тебя всё есть — руки, ноги... и другие органы. <...> Заболела нога — ты чувствуешь, захотела есть — налаживаешь обед... Так? <...> Но у человека есть также — душа! Вот она, здесь, — болит! —

Максим показывал на грудь. — Я же не выдумываю! Я элементарно чувствую — болит» [Шукшин СС, 2: 538]. Максим в отчаянии отправляется к заезжему попу — родственнику соседа — и спрашивает его, болит ли душа у верующих. Ответ его поражает. Поп признаётся не только в том, что у него тоже болит душа, но и что сам не верует в Бога, которого мы и церковь «себе нарисовали»: Бога «доброго, обтекаемого, безрогого, размазню — телю» (Там же: 543). Он проповедует другого Бога — Жизнь с ее дарвиновским принципом естественного отбора. Поп втягивает Максима в пьяную «литургию», вместо Николо-Константинопольского символа веры провозглашающую новую веру — «в авиацию, в механизацию сельского хозяйства, в научную революцию», а заодно «в космос и невесомость» (Там же: 545) — идеальный символ веры научного века, но все же при этом лишь духовное уклонение, чего не мог не осознавать Шукшин (см. [Givens 2000 : 61–63]).

Конечно же, Шукшин понимал, что этот рассказ с ироническим заглавием — увертка, ведь все его творчество переполнено персонажами, страдающими точно таким же духовным недугом и не находящими внятных ответов ни в заповедях научного атеизма, ни в религии. Как замечает А. И. Солженицын, «Шукшина, видно, сильно тревожила, разжигала тема религии, и он в те годы [в начале 1970-х годов] остро стремился оправдаться как бы против нее, а внутренне и уступая» [Солженицын 1996: 467]. Р. Манн сообщает, что Шукшин «был сильно увлечен историей Христа, которую он знал отчасти из "Жизни Иисуса" Ренана», три экземпляра которой стояли у него на полке в московской квартире. По словам Манна, Шукшин незадолго до смерти в 1974 году собирался написать об Иисусе [Mann 1994: 19]; этим можно объяснить, почему бывший зэк Егор Прокудин, герой последней повести Шукшина и снятого по ней популярного фильма «Калина красная» (1973), по словам Д. Фини, «узнаваем как русская фигура Христа» и «обречен на символическое распятие» [Fiene 1979: 207, 208].

При таком прочтении история неудачной попытки Егора покинуть преступную банду и вернуться к честной деревенской жизни — своего рода христианская аллегория. Его прозвище

Горе напоминает о «муже скорбей», предсказанном пророком Исаией (Ис 53: 3) в главе, предрекающей страдания Христа (см. [Fiene 1979: 208])[3]. Егор приезжает в гости к женщине, с которой переписывался, будучи в тюрьме; ее имя — Любовь — тоже символично. Хотя в первый же вечер Егор делает ей предложение, их отношения остаются целомудренными и являют собой картину «горя, утешаемого любовью». Брат Любови Петро (евангельский «Петр») дополняет христологические ассоциации, а в фильме этому служат еще и кадры с затопленными и заброшенными церквами, то и дело мелькающими на экране. Когда банда выслеживает его, намереваясь убить, Егор не сопротивляется и охотно идет на смерть, подавая яркий пример непротивления злу насилием и следования за Христом согласно русской кенотической традиции (Там же: 206–211).

Три послесталинских «пассиона»

Христос был не единственным объектом интереса в послесталинском литературном нарративе веры. Согласно М. Зиолковски, все более заметным персонажем в литературных переложениях истории Страстей становился Пилат — тенденция, начавшаяся с «Мастера и Маргариты». Пилат, как отмечает М. Зиолковски, фигурирует как персонаж или просто мимолетно упоминается и в произведениях, выходивших за рубежом, таких как «Суд идет» А. Д. Синявского (1959), «Говорит Москва» Ю. М. Даниэля (1960–1961), «Факультет ненужных вещей» Ю. О. Домбровского, и в тех, что могли быть опубликованы только при Горбачеве, таких как «Плаха» Ч. Т. Айтматова, «Дети Арбата» А. Н. Рыбакова (1987) и «Исчезновение» Ю. В. Трифонова (1987). Во всех этих повествованиях, посвященных сталинской эпохе или «затяжным последствиям сталинизма» [Ziolkowski 1992: 178], Пилат высту-

---

[3] «Он был презрен и умален пред людьми, муж скорбей и изведавший болезни, и мы отвращали от Него лице свое; Он был презираем, и мы ни во что ставили Его» (Ис 53: 3).

пает символом нравственной трусости. Согласно Зиолковски, упоминания Пилата или его пресловутого умывания рук «удобны как условное обозначение отказа от нравственной ответственности и отражают своеобразную созвучность Пилата советской среде» (Там же: 164–165).

Самый последовательный нарратив Пилата и Христа присутствует в романах Домбровского и Айтматова, причем в обоих чувствуется влияние Булгакова. Страстной нарратив стоит в центре третьей части романа Домбровского. Его герой, Георгий Зыбин, арестован за кражу археологической находки с раскопок в далеком Казахстане. Идет 1937 год, поэтому арест тянет за собой обвинение и в других государственных преступлениях. Зыбин арестован в конце части 1 и посажен в тюрьму в части 2; в части 3 он полностью отсутствует. Внимание переключается на его младшего коллегу Владимира Корнилова: его вызывают для дачи показаний против сослуживца, бывшего священника Андрея Куторги, — того требовалось посадить в тюрьму, предположительно чтобы выполнить план по арестам в разгар сталинского террора.

Корнилов поначалу дает показания против отца Андрея, даже передает властям 224-страничную машинопись сочинения священника «Суд над Христом». Этот труд Куторга дал почитать Корнилову, с которым они несколько раз пили водку и вели долгие беседы о Христе, его аресте и распятии. С каждым новым вызовом в органы на Корнилова оказывают все большее давление, требуя от него разоблачения сослуживца. После долгих душевных терзаний Корнилов все же решается вступиться за Куторгу и дает полностью оправдывающие его показания. Однако, как выясняется, отец Андрей уже успел написать донос на него самого и бежать на север.

Скомпрометированный оговором отца Андрея, Корнилов соглашается сотрудничать с органами и предает Зыбина, дав против него ложные показания, которые приводят к аресту Зыбина. Так он оказывается в роли второго предателя Христа: как объяснил ему отец Андрей в ходе одной из их долгих бесед, по иудейскому закону такой человек требовался, чтобы подтвердить обвинения против Иисуса. Этот неизвестный, канувший во тьму истории второй предатель, по всей вероятности, кто-то из учеников, впоследствии, как полагает Корнилов, «ничего, наверно, жил! По-божески, остепенился, женился, забыл о своем учителе. Еще, наверно, его во всем обвинял» [Домбровский 1993: 379][4]. Такой, вероятно, будет и судьба самого Корнилова.

Как и у Булгакова, евангельская тема у Домбровского — это слегка замаскированный рассказ о современной ему советской действительности. Арест и распятие Иисуса ничем не отличаются от извращенного сталинского правосудия, и это подтверждают слова одного из следователей, допрашивающих Корнилова. Когда Корнилов рассказывает ему, что Синедриону для осуждения Христа потребовался второй предатель, следователь одобрительно восклицает: «Да, чисто сделано! Не подкопаешься! Работали люди! И вот посмотрите, как будто все законные гарантии налицо, и суд праведный, и свидетели беспристрастные, а если надо закопать человека, закопают, при всех законах закопают!» (322)[5]. Таким образом, Христос отождествляется с жертвами сталинских чисток: он был арестован не за какое-то совершенное им преступление, а потому, что «не понравился», и осужден на основе ложных показаний доносчика (341). Так же и Пилат тождествен любому советскому чиновнику, о чем открыто говорит отец Андрей: «У нас <...> такими пилатами хоть пруд пруди. Это типичный средний чиновник времен империи. Суровый, но не жестокий, хитрый и знающий свет. В вещах малых и бесспорных — справедлив и даже принципиален, в вещах масштабом покрупнее — уклончив и нерешителен» (347–348). И в этом смысле он таков же, как булгаковский Пилат, — винтик в колесе политической системы вроде сталинской, где закон поставлен на службу власти.

Христос в романе Домбровского, напротив, выступает как искупитель грехов человечества, призванный, как объясняет

---

[4] Далее цитируется с указанием страниц в скобках.
[5] Следователь продолжает: «Вот все говорят: "Суд присяжных, суд присяжных". А кто Катюшу Маслову упек? Суд присяжных. Дмитрия Карамазова кто на каторгу угнал? Суд присяжных» (Там же).

отец Андрей, «восстановить человека в его правах» (290). Чтобы показать глубину мужества Христа, добровольно идущего на смерть ради мира, который «смертельно устал и изверился» (290), отец Андрей натуралистично и во всех ужасающих физиологических подробностях разъясняет, что происходит с телом при распятии. Идея Куторги понятна: перед лицом абсолютного зла всегда возможен нравственный ответ; однако и сам Куторга, и Корнилов игнорируют этот урок и сотрудничают со злом, воплощенным в сталинской системе (см. [Doyle 2000: 152]). Тем не менее слова отца Андрея все же оказывают воздействие на Корнилова. Подобно Воланду в «Мастере и Маргарите», он позднее становится сомнительным вестником, объявляющим следователям-атеистам, что Иисус существовал (364). В целом в «Факультете ненужных вещей» события Страстей Христовых не столько драматически пересказываются, сколько обсуждаются и переосмысливаются в контексте злоупотреблений сталинизма. Таким образом, достижение Домбровского в том, что он вписывает евангельский сюжет в круговорот наветов, лжесвидетельств, допросов и беззаконных арестов сталинской эпохи с гораздо более мрачным и отрезвляющим эффектом, чем Булгаков в «Мастере и Маргарите».

Айтматов, со своей стороны, переносит сюжет о Христе в эпоху горбачевских реформ, когда пресса, литература и кино были полны откровений о современных пороках советского общества: нарко- и алкозависимости, коррупции, уничтожении окружающей среды, падении нравов. Эти темы преобладают и в романе Айтматова. В «Плахе» рассказываются три истории: о сыне православного дьякона, бывшем семинаристе Авдии Каллистратове, который пытается изменить мир, проповедуя христианские идеалы наркоторговцам и алкоголикам; о паре волков, притесняемых людьми, которые разоряют и разрушают их естественную среду обитания и крадут их волчат; и о Бостоне Уркунчиеве, воплощающем просвещенные взгляды горбачевской эпохи на экономику, экологию, семью и самодисциплину. Эти истории практически не связаны между собой, за исключением двух случайных встреч Авдия с волками (первая — когда он играет с волчатами, и вторая — когда его привязывают к дереву охотники, разозленные попытками Авдия остановить охоту на антилоп) и неудачных стараний Бостона вернуть украденных волчат их родителям.

По общему признанию, связи между тремя сюжетными линиями слишком слабы, да и сам роман не вызвал у критиков особого восторга (см. [Porter 1989: 82–83; Mozur 1995: 140–43; Kolesnikoff 1998: 17–18]). Эпизоды встреч Авдия с наркоторговцами и алкоголиками и вся линия Бостона как «обновленного положительного героя» [Porter 1989: 80] выглядят слишком злободневными и поверхностными, чтобы соответствовать философским и богословским претензиям романа. Собственно, эти претензии выражены во вставном повествовании о Страстях — разговоре Христа с Пилатом перед тем, как его приговорили к распятию. Именно эта часть романа Айтматова привлекла к себе наибольшее внимание, и, собственно, благодаря ей книгу все еще продолжают читать.

Страстной нарратив, включенный в роман, порожден полубессознательным бредом Авдия, сброшенного наркоторговцами с поезда. Вместо Авдия, лежащего под железнодорожной насыпью, перед читателем возникает «жаркое утро в Иерусалиме», где надменный и раздраженный Пилат говорит с Иисусом, пытаясь заставить его отречься от своего учения и утверждения, будто он царь [Айтматов 2010: 181][6]. Хотя Иисус и дрожит, глаза его «по-детски беспомощны» (177), и он признаёт, что боится «мучительнейшей казни» (203), — все это должно подчеркнуть человечность Иисуса, — он остается непреклонным: от слов своего небесного отца он не отречется. Он также не отказывается вступить с Пилатом в беседу — это отличает его от Иисуса Евангелий, который отвечает Пилату либо односложно, либо вообще не отвечает, а также от булгаковского Иешуа, который, хотя и не так сдержан, как евангельский Христос, говорит мало. Из всех образов Христа, рассмотренных в этой книге, айтматовский — самый разговорчивый.

---

[6] Далее цитируется с указанием страниц в скобках.

Однако чем больше он говорит, тем меньше становится похожим как на библейского Христа, так и на булгаковского Иешуа (который, как заявляет Айтматов, повлиял на создание им своего персонажа [Porter 1989: 82]), и тем больше — на Иисуса из толстовского «соединенного Евангелия». В ходе беседы Иисус подробно распространяется о Страшном суде, о Втором пришествии и о своем видении в Гефсиманском саду. Именно в этих речах у Айтматова начинает проявляться отчетливая толстовская христология. Иисус говорит Пилату:

> Создатель наделил нас высшим в мире благом — разумом. И дал нам волю жить по разумению. Как распорядимся мы небесным даром, в этом и будет история истории людей. Ведь ты не станешь отрицать, наместник римский, что смысл существования человека в самосовершенствовании духа своего, — выше этого нет цели в мире. В этом красота разумного бытия — изо дня в день все выше восходить по нескончаемым ступеням к сияющему совершенству духа (194).

Первостепенность разума; идея, что место Логоса, слова Божия, которым должно жить человечество, теперь занимает понимание (знание, просвещение — выражаясь по-толстовски, «разумение»); важность улучшения и совершенствования личности — все это заповеди христианства в версии Толстого.

Оммаж Толстому (и булгаковскому Иешуа) также слышен в жалобах айтматовского Христа на то, как искажается его учение (195), особенно когда речь идет о конце времен. Подобно толстовскому Иисусу, айтматовский отметает представление, будто он воскреснет и вернется править суд над народами. Идею воскресения следует понимать метафорически, так же, как понимал ее Толстой. Для Толстого воскресение было «пробуждением жизни»[7]: смерти нет, когда открывается жизнь духа, которой,

---

[7] Иисус из «соединенных Евангелий» Толстого говорит не о воскресении, а о пробуждении жизни: «Учение мое есть пробуждение жизни. Кто верит в мое учение, тот, несмотря на то, что умирает плотски, остается жив. Кто жив, тот не умирает» [Толстой 24: 506].

согласно воле Божией, должно жить все человечество. Христос у Айтматова также отрицает воскресение как личное событие: «Не я, кому осталось жить на расстоянии перехода через город к Лысой горе, приду, воскреснув, а вы, люди, пришествуете жить во Христе, в высокой праведности, вы ко мне придете в неузнаваемых грядущих поколениях. И это будет мое второе пришествие» (195). Здесь Айтматов близок Д. Ф. Штраусу, который считал, что божественность пребывает не в Иисусе, а в человеческом роде, который несет в себе «свойства и функции Христа». Штраус утверждает: «Именно Человечество умирает, воскресает и возносится на небо, так как из отрицания его феноменальной жизни всегда рождается высшая духовная жизнь; из преодоления его смертности как личного, национального и земного духа возникает его единение с бесконечным духом небес» [Strauss 1993: 780]. Из той же логики исходит у Айтматова Иисус, когда говорит, что Страшный суд также в руках человека: «Человек сам судья и сам творец каждого дня нашего» (196). Будущее, которое создаст себе человечество, и будет судом его сегодняшних действий. Этот Иисус, как и толстовский, умаляет собственную значимость, да и свою божественность: образ Христа — лишь некий символ божественного просвещения.

В этом нет ничего удивительного. Вставной эпизод встречи Иисуса с Пилатом порожден бредом Авдия Каллистратова. Как и Толстой, Авдий начинает свой духовный поиск с искреннего желания понять православие. Чтобы удовлетворить свой страстный интерес к Иисусу, он даже поступает в семинарию. Но в конце концов его исключают и, как Толстого, отлучают от церкви за иконоборческие взгляды. Он полностью отвергает церковь и отправляется выполнять собственную евангельскую миссию, чтобы привести грешников ко Христу. Но Авдий — персонаж, не вызывающий симпатии. Он чересчур упрям и фанатичен, и хотя в романе он явно служит фигурой Христа — и даже принимает крестную смерть от рук пьяных браконьеров, — Айтматов все же отказывает ему в статусе протагониста.

Однако взгляды Авдия на духовность и Христа определенно следует воспринимать всерьез, поскольку вставная глава об

Иисусе и Пилате служит в романе идейным центром. Она также созвучна поднимаемым в книге проблемам эпохи гласности, включая эскалацию гонки вооружений. Последнее, о чем рассказывает Пилату айтматовский Иисус, — это видение ядерного Армагеддона, которое явилось ему во время молитвы в Гефсиманском саду (201–202). Характерное для времен холодной войны предчувствие ядерной катастрофы присутствует и в следующей главе: Авдий сокрушается, что «материалистическая наука вбила осиновый кол в могилу христианского вероучения» (210) и сама же поставила мир на грань гибели: «...что им чудак, повисший на кресте, когда, уничтожив всех разом, они самую память Твою сотрут с лица земли» (214).

Таким образом, Иисус Айтматова, с одной стороны, представляет собой позднесоветское утверждение духовных и гуманистических ценностей в материалистической культуре, а с другой — рупор шаблонной советской антивоенной риторики, которая никуда не делась и при Горбачеве; риторики, по словам Дж. Мозура, «исполненной штампов советской журналистики» [Mozur 1995: 152]. Эти аспекты романа и распад Советского Союза всего через пять лет после публикации романа датировали как роман Айтматова, так и его образ Христа. Но как бы ни был Айтматов обязан Толстому и Булгакову, его повествование о Страстях остается интересным изображением Иисуса и примечательно помимо прочего тем, что это последний значительный текст советской литературы, написанный о Христе.

Обзор послесталинских повествований о Христе будет неполным, если не включить в него повесть Вен. В. Ерофеева «Москва — Петушки» (1969), предвосхищающую черты возможной постмодернистской трактовки Страстей Христовых. Герой этой небольшой повести, укладчик кабеля и алкоголик, тезка автора, в тринадцатый раз садится в пятницу в электричку, чтобы уехать из профанной Москвы в сакральные Петушки. По дороге он разговаривает с Богом и ангелами, рассказывает о своей жизни, делится философскими прозрениями и сообщает о различных событиях, происходящих в пути. Но до Петушков он так и не доезжает, возвращается в Москву, там получает удар шилом в горло и умирает. Таким образом, путешествие, составляющее сюжет книги, — иллюзия, инверсия или розыгрыш. К тому же это весьма неканоническое подражание Страстям Христовым, которые упоминаются в книге на каждом шагу. На самом деле понять, что все-таки происходит в повести, не так просто, так как последовательность Веничкиного рассказа диктуется скорее пьяной ассоциативностью, чем хронологической линейностью, хотя все главы называются именами железнодорожных станций на пути из Москвы в Петушки — линейном пути, с которого, оказывается, можно сбиться. Путь Венички на самом деле представляет собой замкнутый круг, гибельный для автора, который, описав собственную смерть, несколько парадоксальным образом заявляет в финале повести: «И с тех пор я не приходил в сознание, и никогда не приду» [Ерофеев 2001: 121].

Сам текст повести, подобно описываемому в нем путешествию, ставит под вопрос собственную достоверность. Он не столько сочинен, сколько скомпилирован из разных источников, а Веничка ведет себя, согласно теории Р. Барта об авторстве («Смерть автора», 1968), как «скриптор», чей текст «соткан из цитат, отсылающих к тысячам культурных источников» [Барт 1989: 386]. Вместо того чтобы выражать «единственный, как бы теологический смысл ("сообщение" Автора-Бога)», такой текст (у Барта и Венички) представляет собой «многомерное пространство, где сочетаются и спорят друг с другом различные виды письма, ни один из которых не является исходным», и вступают друг с другом «в отношения диалога, пародии, спора» (Там же: 387, 389). Веничка ищет ориентиры не только физические (их ему нелегко найти во враждебном мире трезвых притеснителей, так как он почти перманентно пьян) и географические (пробираясь через пригородные станции к райским Петушкам), но и духовные, интеллектуальные и культурные: он пытается сориентироваться с помощью пространных отступлений и бесчисленных аллюзий к Евангелиям, литературе, истории, массовой культуре и пропагандистским лозунгам. Плотность ерофеевского текста такова, что комментированное издание романа содержит более четырехсот страниц комментариев, поясняющих сто с лишним страниц самой повести[8]. Дело в том, что повесть Ерофеева и сам Веничка представляют собой площадки, где непрестанно соединяются и сталкиваются самые разнообразные тексты, вступая в диалог, пародируя, подтверждая и опровергая друг друга.

Читатель, желающий разобраться в Веничкином нарративе Страстей, сталкивается с многочисленными трудностями: это, в частности, ниспровержение в повести «великих нарративов» (особенно политического и религиозного); ее пародийность; нивелирующий эффект интертекстуальности; ирония и самоирония, заложенные в повествовательной стратегии; умышленный децентризм; и сомнение в том, что какая-либо подлинность вообще возможна. Вопрос, актуальный для нашего анализа, состоит в следующем: какой тип повествования о Христе возможен в подобном литературном контексте? Казалось бы, ерофеевский страстной нарратив в соответствии с постмодернистским характером повести не может иметь единого «богословского» смысла: ведь сама история — в частности, советская история — разоблачила ущербность тотализирующих нарративов, что было хорошо известно Ерофееву. На самом деле не существует ни центра, ни высшего авторитета. Поиск подлинности выявляет одни лишь симулякры. Все истины рассматриваются иронически, выражение подлинных чувств уже невозможно и постоянно ставится в кавычки. Таков урок, преподанный нам Веничкой на страницах его «Нового Завета» — завета, ставшего возможным именно благодаря условиям Советского Союза, где цены на алкоголь старались держать на низком уровне отчасти для того, чтобы население вело себя тихо.

И все же, если истина действительно в вине, то даже Веничкина алкогольная одиссея может быть прочитана как повествование, несущее в себе истину, несмотря на кажущееся неприятие ее автором авторитетных высказываний. Рассказчик — сомнительная фигура Христа — упоминает все важнейшие моменты жизни

---

[8] [Ерофеев 2001]. «Москва — Петушки». С. 13–121; комментарий Э. Власова (Власов Э. «Бессмертная поэма Венедикта Ерофеева "Москва — Петушки". Спутник писателя». С. 122–559).

Иисуса: рождение Иисуса девой Марией; отношения с его небесным отцом; искушение Сатаной; посвящение читателя в «тайны бытия» (59); предательство Иуды; отречение Петра; распятие, воскресение и вознесение. Но кроме того, здесь присутствует и главнейшая христианская истина — прощение врагов, в котором, как уже было показано в данном исследовании, заключается сущность божественной любви. На протяжении своего путешествия Веничка то и дело выступает как эталон сочувствия и всепрощения: «Я все прощу», — говорит он (61), и речь здесь идет о чем-то большем, чем просто кража у него четвертинки «Российской». Позже он заявляет: «В мире нет виноватых» (101), в чем слышно эхо слов булгаковского Иешуа. В одном из эпизодов Веничка также провозглашает своеобразный персонализм: «Надо чтить <...> потемки чужой души, надо смотреть в них, пусть даже там и нет ничего, пусть там дрянь одна — все равно: смотри и чти, смотри и не плюй...» (73). Страницей ниже он объясняет, почему так нужно поступать: «Бог, умирая на кресте, заповедовал нам жалость, а зубоскальства Он нам не заповедовал. Жалость и любовь к миру — едины. Любовь ко всякой перси, ко всякому чреву. И ко плоду всякого чрева — жалость» (74). В этом последнем случае Веничка раскрывает свою функцию фигуры Христа: не будучи Христом, он, пусть даже в нетрезвом виде, все же утверждает Христа.

На самом деле, какие бы кошмарные коктейли ни употреблял Веничка, алкоголь в повести имеет сакраментальное значение. Под конец путешествия в Петушки Веничка вспоминает слова Христа на Тайной вечере, где вино пасхальной трапезы приравнивается к крови, которую он прольет во имя нового завета: «Сие есть Кровь Моя Нового Завета, за многих изливаемая» (Мк 14: 24). Веничкина тирада, хотя и не является торжественным заявлением, пародийно отражает слова Иисуса: «Я отдаю себя вам без остатка. (Потому что остаток только что допил, ха-ха!)» (105). Как напоминает нам М. Липовецкий, «высокое и низкое в стиле Ерофеева не разрушают, не отменяют друг друга, а образуют амбивалентное смысловое единство» [Липовецкий 1997: 158]. Пародийный, постмодернистский Христос Ерофеева несет в себе именно такое амбивалентное смысловое единство, балансирующее между трагедией и комедией, отрицанием и утверждением, неверием и верой. Его образ Христа уместным образом главенствует в эпоху заката советской литературы, когда век веры исчерпал себя и нарративы, с помощью которых люди упорядочивали свою жизнь, рассыпались, чтобы быть заново собранными в постсоветские времена.

Finis

Очевидность присутствия нарратива Страстей в пяти крупных произведениях советской эпохи многое говорит как об отношении их авторов к советскому веку, так и о том, какой образ Иисуса их больше всего интересует: это Иисус распятый, но не воскресший, что особенно заметно в трех послесталинских произведениях о Христе, рассмотренных в этой главе. В постсоветское время интерес к Христу и религии чрезвычайно возрос. В. Террас называет «повторное освоение Россией и в особенности русской литературой православного христианского наследия» одним из «выдающихся явлений русской интеллектуальной жизни после крушения советской власти» [Terras 2002: 769]. Одну из ведущих ролей в этом возрождении играет В. Н. Захаров, профессор Петрозаводского университета, основатель серии «Евангельский текст в русской литературе XVIII–XX веков: цитата, реминисценция, мотив, сюжет, жанр» по материалам научных конференций, посвященных христианским текстам русской литературы[9]. На сегодняшний день серия насчитывает десять выпусков. Как объясняет в первом выпуске серии В. Н. Захаров, «нужна новая концепция русской литературы, которая

---

[9] Восемь выпусков журнала «Проблемы исторической поэтики» под заглавием «Евангельский текст в русской литературе XVIII–XX веков: цитата, реминисценция, мотив, сюжет, жанр», выходили в 1994, 1998, 2001, 2005, 2008, 2011, 2012, 2013 годах. Вып. 9 («Евангельский текст в русской литературе XII–XXI вв.») вышел в 2014 году, вып. 10 («Евангельский текст в русской словесности») — в 2020-м.

учитывала бы ее подлинные национальные и духовные истоки и традиции» [Захаров 1994: 5]. Для Захарова и других исследователей, стремящихся возродить понимание христианской сущности русской литературы, отправной точкой служит изучение, по словам Захарова, «христианского реализма» — понятия, близкого к «реализму в высшем смысле» Достоевского, но охватывающего все, начиная с идеи соборности (духовного единения в русской церковной и мирской жизни) и кончая пасхальными мотивами [Terras 2002: 770]. Задача состоит в том, чтобы раскрыть подводные течения русской духовности в творчестве писателей двух последних столетий, независимо от того, принято ли было считать этих авторов и их произведения христианскими в целом.

Этот литературоведческий интерес к христианству также отражен в серии научных сборников, изданной Санкт-Петербургским отделением Пушкинского дома Российской академии наук «Христианство и русская литература», первый выпуск которой вышел одновременно с первым выпуском «Евангельского текста...» в 1994 году. Семь выпусков серии (1994–2012)[10] свидетельствуют о широком и устойчивом интересе к христианству в литературоведении постсоветской России. Многие исследователи, работающие в этой относительно новой области, ощущают безотлагательность своего дела, необходимость наверстать упущенное. После семидесяти четырех лет государственного атеизма во всех сферах жизни они стремятся вернуть русской литературе статус специфически христианского культурного явления.

После распада СССР многие писатели отреагировали на возродившийся интерес к христианству. В последние десятилетия появился целый ряд повестей и романов на христианские темы. В числе самых заметных — «Дурочка» С. Василенко (1993–1998), «Лавра» Е. Чижовой (2002), «Современный патерик. Чтение для впавших в уныние» М. Кучерской (2004), «Даниэль Штайн, переводчик» Л. Улицкой (2006), «Мене, текел, фарес» О. Николаевой

---

[10] «Христианство и русская литература». Т. 1–7. СПб., 1994–2012 (отдельные тома выходили в 1994, 1996, 1999, 2002, 2006, 2010 и 2012 годах).

(2007) и «Лавр» Е. Водолазкина[11] (2012). Знаменитый роман М. Шишкина «Венерин волос» (2005) также затрагивает христианские темы, хотя и в виде приглушенного, но важного подтекста. А критик Н. Б. Иванова даже как-то заметила, что наличие в произведении «теологической линии» в начале 2010-х придавало ему статус «модной литературы» [Иванова 2013: 183].

Одно из интересных явлений современной христианской литературы — книга, единственная в своем роде: «Несвятые святые» (2011) архимандрита Тихона Шевкунова, автор которой, как выразился один критик, «слегка иронизирует над монахами, подверженными соблазнам, и над своими приключениями» [Бондаренко 2012]. Книга внезапно привлекла большую и качественную читательскую аудиторию и была даже номинирована на престижную премию «Большая книга». Ее объявили своеобразной сенсацией; в первый же год она разошлась более чем миллионным тиражом по всему миру и доказала, что произведение, от которого «исходит лучезарный свет христовой веры, обретается смысл бытия в Боге» (Там же), по-прежнему привлекает читателей как в России, так и за рубежом. И когда роман, набравший наибольшее количество голосов читателей и большого жюри, все же не получил премии «Большая книга», разразился настоящий скандал (Там же).

«Несвятые святые» и другие недавние произведения христианской тематики, безусловно, не содержат таких последовательных нарративов о Христе, как те, что анализируются в этом исследовании. Современные русские писатели как будто не считают своим долгом изображать Христа с таким же богословским рвением и драматическим накалом, как Достоевский, Толстой, Булгаков или Пастернак. Можно сказать, что после образов Христа, созданных этими авторами, другие так и остаются в их тени. Вряд ли в ближайшее время их удастся вытеснить или превзойти, но они будут по-прежнему оказывать огромное влияние на форму и содержание русского литературного образа

---

[11] О становлении и росте христианской литературы в постсоветской России см. [Бойко 2014].

Христа, пусть даже перекликаются и напоминают друг о друге. Так, Л. Милн в своем исследовании о М. А. Булгакове отмечает, насколько схожи Иешуа Га-Ноцри в «Мастере и Маргарите» и «подчеркнуто человеческий, намеренно провинциальный» Иисус Пастернака из «Доктора Живаго», и насколько личность Иешуа напоминает личность князя Мышкина из «Идиота» [Milne 1990: 230–232]. И в ее наблюдении нет ничего удивительного. Подобно Иисусу в четырех Евангелиях, образы Христа у наших четырех авторов различны, но схожи: их различие в том, как они выражают реакцию каждого из их создателей на социально-историческую и духовную реальность своего времени; сходны же они тем, что каждый из них заставляет нас увидеть Иисуса как бы впервые и побуждает пересмотреть свои представления о вере. Как и Христос четырех евангелистов, изображения Иисуса Достоевским, Толстым, Булгаковым и Пастернаком составляют четыре мощных «евангелия», которые еще какое-то время будут безоговорочно первенствовать в русской литературе. Учитывая возрождение интереса ко Христу и христианству в постсоветской русской литературе, можно с уверенностью сказать, что, пока сам Христос не перестанет занимать сердца и умы человечества, русские писатели будут продолжать писать о Христе — на тему, вызывавшую столько споров и запретов в последние два столетия. А пока постсоветский образ Иисуса Христа ждет следующего воплощения.

Источники

Айтматов 2010 — Айтматов Ч. Т. Плаха. М.: Детская литература, 2010.

Ареопагит 1991 — Послание к Тимофею святого Дионисия Ареопагита о таинственном богословии / Пер. с лат. Л. Лутковского // Историко-философский ежегодник '90. М.: Наука, 1991. С. 221–225.

Ахматова 2016 — Ахматова А. А. Малое собр. соч. СПб.: Азбука, 2016.

Бабель 1990 — Бабель И. Э. Соч.: в 2 т. М.: Художественная литература, 1990.

Бедный 1965 — Бедный Д. Собр. соч.: в 8 т. Т. 5. М.: Художественная литература, 1963–1965.

Белинский 1953 — Белинский В. Г. Письмо к Гоголю // Н. В. Гоголь в русской критике: сб. статей. М.: ГИХЛ, 1953. С. 243–252.

Белинский ПСС — Белинский В. Г. Полн. собр. соч.: в 13 т. Т. 12. М.: Изд-во АН СССР, 1953–1959.

Белый 1966 — Белый А. Стихотворения и поэмы. М.; Л.: Советский писатель, 1966.

Блок СС — Блок А. А. Собр. соч.: в 8 т. + доп. том (записные книжки). М.; Л.: Художественная литература, 1960–1963.

Брюсов СС — Брюсов В. Я. Собр. соч.: в 7 т. М.: Художественная литература, 1973–1976.

Булгаков 1977 — Булгаков М. А. Мастер и Маргарита. Франкфурт-на-Майне: Посев, 1977.

Герцен СС — Герцен А. И. Собр. соч.: в 30 т. М.: АН СССР. Ин-т мировой литературы им. А. М. Горького, 1954–1966.

Гоголь ПСС — Гоголь Н. В. Полн. собр. соч.: в 23 т. М.: Наука, 2003–.

Гончаров 1987 — Гончаров И. А. Обломов. Л.: Наука, 1987.

Горький СС — Горький М. Собр. соч.: в 30 т. М.: ГИХЛ, 1949–1955.

Достоевский ПСС — Достоевский Ф. М. Полн. собр. соч.: в 30 т. Л.: Наука, 1972–1990.

Ерофеев 2001 — Ерофеев В. В. Москва — Петушки / Ред. и коммент. Э. Власов. М.: Вагриус, 2001.

Замятин 1989 — Замятин Е. И. Избранные произведения. М.: Советский писатель, 1989.

Ильф и Петров 2000 — Ильф И. А., Петров Е. П. Золотой теленок. М.: Вагриус, 2000.

Лермонтов 1962 — Лермонтов М. Ю. Герой нашего времени. М.: Наука, 1962.

Лесков СС — Лесков Н. А. Собр. соч.: в 11 т. М.: ГИХЛ: 1956–1958.

Маяковский 1963 — Маяковский В. В. Стихотворения и поэмы. М.: ГИХЛ, 1963. С. 46–48.

Мережковский ПСС — Мережковский Д. С. Полн. собр. соч.: в 24 т. М.: Тип. И. Д. Сытина, 1914.

Олеша 1974 — Олеша Ю. К. Избранное. М.: Художественная литература, 1974.

Павленко 1953 — Павленко П. А. Счастье // П. А. Павленко. Собр. соч.: в 6 т. Т. 2. М.: ГИХЛ 1953. С. 7–296. Электронный ресурс. URL: http://publ.lib.ru/ARCHIVES/P/PAVLENKO_Petr_Andreevich/_Pavlenko_P.A..html (дата обращения: 04.03.2021).

Пастернак 1991 — Пастернак Б. Л. Письма к Жаклин де Пруайяр / Пер. с франц. Е. Кузнецовой и Е. Пастернака // Новый мир. 1991. № 1. С. 127–189.

Пастернак СС — Пастернак Б. Л. Собр. соч.: в 5 т. М.: Художественная литература, 1990–1992.

Пушкин ПСС — Пушкин А. С. Полн. собр. соч.: в 10 т. Л.: Наука. Ленингр. отд-ние, 1977–1979.

Распутин 2018 — Распутин В. Г. Прощание с Матерой. Пожар. М.: АСТ, 2018.

Солженицын 1996 — Солженицын А. И. Бодался теленок с дубом. М.: Согласие, 1996.

Солженицын 1963 — Солженицын А. И. Матренин двор // Новый мир. 1963. № 1. С. 42–63.

Соловьев 1989 — Соловьев В. С. Соч.: в 2 т. М.: Мысль, 1989.

Толстой ПСС — Толстой Л. Н. Полн. собр. соч.: в 90 т. М.: Гослитизат, 1928–1958.

Труайя А. Пушкин / Пер. с франц. С. Лосева. М.: Эксмо, 2006.

Тургенев ПСС — Тургенев И. С. Полн. собр. соч. и писем: в 30 т. М.: Наука, 1978.

Унамуно 2002 — Унамуно М. Житие Дон Кихота и Санчо по Мигелю де Сервантесу Сааведре, объясненное и комментированное Мигелем де Унамуно / Пер. с исп. СПб.: Наука, 2002.

Фома Аквинский 2002 — Фома Аквинский. Сумма теологии. Часть I. Вопросы 1–43 / Пер. С. Еремеева, А. Юдина. Киев: Эльга, Ника-Центр; М.: Элькор-МК, 2002.

Чернышевский 1975 — Чернышевский Н. Г. Что делать? Л.: Наука, 1975.

Чехов ПСС — Чехов А. П. Полн. собр. соч. и писем: в 30 т. Соч. в 28 т. Письма в 12 т. АН СССР. М.: Наука, 1974–1983.

Шаламов 2013 — Шаламов В. Т. Пастернак // В. Т. Шаламов. Собр. соч.: в 6 т. Т. 4. С. 589–619.

Шукшин СС — Шукшин В. М. Собр. соч.: в 6 т. М.: Молодая гвардия, 1992. Т. 3. С. 538–546.

Библиография

Аполлонио 2020 — Аполлонио К. Секреты Достоевского: чтение против течения / Пер. с англ. Е. Цыпина. СПб.: Academic Studies Press / БиблиоРоссика, 2020.

Ашимбаева 2005 — Ашимбаева Н. Т. Достоевский. Контекст творчества и времени. СПб.: Серебряный век, 2005.

Барт 1989 — Барт Р. Избранные работы: Семиотика: Поэтика: пер. с франц. / Сост., общ. ред. и вступ. ст. Г. К. Косикова. М.: Прогресс, 1989. С. 384–391.

Бахтин 2002 — Бахтин М. М. Собр. соч.: в 7 т. Т. 6. М.: Русские словари, Языки славянской культуры, 2002.

Бердяев 1952 — Бердяев Н. А. Экзистенциальная диалектика божественного и человеческого. Париж: YMCA-PRESS, 1952.

Биллингтон 2001 — Биллингтон Дж. Икона и топор. Опыт истолкования истории русской культуры / Пер. с англ. под ред. В. Скороденко. М.: Рудомино, 2001.

Бицилли 1996 — Бицилли П. Избранные труды по филологии. М.: Наследие, 1996.

Бойко 2014 — Бойко С. С. Для бессмертных: инструкция. Православная книга сегодня // Вопросы литературы. 2014. С. 61–88.

Бондаренко 2012 — Бондаренко В. Г. Конец «Большой книги» 10 декабря 2012. Электронный ресурс. URL: svpressa.ru/blogs/article/61824/ (дата обращения: 05.03.2021).

Борисов, Пастернак 1988 — Борисов В. М., Пастернак Е. Б. Материалы к творческой истории романа Б. Пастернака «Доктор Живаго» // Новый мир. 1998. № 6. С. 205–248.

Брюсов 1990 — Брюсов В. Я. Среди стихов. Манифесты. Статьи. Рецензии. М.: Советский писатель, 1990.

Булгаков 1928 — Булгаков С. Н. Главы о Троичности // Православная мысль. 1928. № 1. С. 31–88.

Булгаков 1989 — Булгаков С. Н. Православие. Очерки учения православной церкви. Париж: YMCA-PRESS, 1989.

Булгаков, Булгакова 2001 — М. А. и Е. С. Булгаковы. Дневник Мастера и Маргариты. М.: Вагриус, 2001.

Быков 2010 — Быков Д. Л. Борис Пастернак. М.: Молодая гвардия, 2010.

Валентинов 1981 — Валентинов Н. (Вольский Н. В.). Встречи с Лениным. Нью-Йорк: Chalidze Publications, 1981.

Варламов 2008 — Варламов А. Н. Михаил Булгаков. М.: Молодая гвардия, 2008.

Варшавский 1956 — Варшавский В. Г. Незамеченное поколение. Нью-Йорк: Изд-во им. Чехова, 1956.

Великанова 2001 — Великанова О. В. Образ Ленина в массовом восприятии советских людей по архивным материалам. Lewiston, NY: Edwin Mellen Press, 2001.

Волгин 2010 — Волгин И. Л. Последний год Достоевского: исторические записки. М.: АСТ: Зебра Е, 2010.

Вреде 1907 — Вреде В. Павел / Пер. с нем. под ред. Н. Никольского. М.: Типо-литография Русского Товарищества печатного и издательского дела, 1907.

Вулис 1984 — Вулис А. З. Серьезность несерьезных ситуаций. Ташкент: Изд-во литературы и искусства им. Гафура Гуляма, 1984.

Галкин 2001 — Галкин А. Б. Образ Христа и концепция человека в романе Ф. М. Достоевского «Идиот» // Роман Ф. М. Достоевского «Идиот»: современное состояние изучения. М.: Наследие, 2001. С. 319–336.

Горький 1920 — Горький М. Владимир Ильич Ленин // Коммунистический Интернационал. 1920. № 12.

Гудзий 1935 — Гудзий Н. К. История писания и печатания «Воскресения» // Толстой ПСС. Т. 33. С. 329–433. М., 1935.

Гусев 1957 — Гусев Н. Н. Соединение и перевод четырех евангелий: история писания // Толстой ПСС. Т. 24. С. 973–984.

Захаров 1994а — Захаров В. Н. Символика христианского календаря в произведениях Достоевского // Новые аспекты в изучении Достоевского / Ред. В. Н. Захаров. Петрозаводск: Изд-во ПетрГУ, 1994. С. 37–49.

Захаров 1994б — Захаров В. Н. Русская литература и христианство // Евангельский текст в русской литературе XVIII–XX веков: цитата, реминисценция, сюжет, мотив, жанр / Ред. В. Н. Захаров. Петрозаводск: Изд-во ПетрГУ, 1994. С. 5–11.

Зеркалов 2003 — Зеркалов А. Евангелие Михаила Булгакова. М.: Текст, 2003.

Злочевская 1993 — Злочевская А. В. Стихия смеха в романе «Идиот» // Достоевский и мировая культура. 1993. Вып. 1. С. 25–47.

Иванова 2001 — Иванова Н. Б. «Собеседник рощ» и вождь. К вопросу об одной рифме // Знамя. 2001. № 10. С. 186–200. Электронный ресурс. URL: https://magazines.gorky.media/znamia/2001/10/sobesednik-roshh-i-vozhd.html (дата обращения: 04.03.2021).

Иванова 2013 — Иванова Н. Б. Высокое чтиво: Стратегия литературного выживания // Знамя. 2013. № 10. С. 181–188.

Касаткина 2006 — Касаткина Т. А. После знакомства с подлинником. Картина Ганса Гольбейна Младшего «Христос в могиле» в структуре романа Ф. М. Достоевского «Идиот» // Новый мир. 2006. № 2. С. 154–168.

Касаткина 2001 — Касаткина Т. А. (ред.). Роман Ф. М. Достоевского «Идиот»: современное состояние изучения. М.: Наследие, 2001.

Катков 1861 — Катков М. Н Старые боги и новые боги // Русский вестник. 1861. № 31. С. 891–904.

Кларк 2002 — Кларк К. Советский роман: история как ритуал / Пер. с англ. под ред. М. Литовской. Екатеринбург: Изд-во Уральского ун-та, 2002.

Кунильский 1994 — Кунильский А. Е. Смех в мире Достоевского. Петрозаводск: Изд-во ПетрГУ, 1994.

Кураев 2006 — Кураев А. В. «Мастер и Маргарита»: За Христа или против? М.: Изд. Совет Русской Православной Церкви, 2006.

Лакшин 1968 — Лакшин В. Я. Роман М. Булгакова «Мастер и Маргарита» // Новый мир. 1968. № 6. С. 284–311.

Лапшин 1933 — Лапшин И. И. Комическое в произведениях Достоевского // О Достоевском: сб. статей / Ред. А. Л. Бем. Сб. 2. Прага, 1933. С. 31–50.

Ленин ПСС — Ленин В. И. Полн. собр. соч.: в 55 т. 5-е изд. М.: Госполитиздат, 1958–1965.

Липовецкий 1997 — Липовецкий М. Н. Русский постмодернизм. Екатеринбург: Уральский гос. пед. ун-т, 1997.

Лосев 2001 — Лосев В. И. Комментарии // Булгаков, Булгакова. Дневник Мастера и Маргариты. М.: Вагриус, 2004.

Лосев 2006 — Лосев В. И. (ред.). Мой бедный, бедный Мастер: Полное собрание редакций и вариантов романа «Мастер и Маргарита». М.: Вагриус, 2006.

Лосский 2012 — Лосский В. Н. Очерк мистического богословия Восточной церкви. Догматическое богословие / Пер. с франц. мон. Магдалины (В. Рещиковой). Сергиев Посад: Свято-Троицкая Сергиева лавра, 2012.

Лосский, Успенский 2014 — Лосский В. Н., Успенский Л. А. Смысл икон / Пер. с франц. В. Рещиковой, Л. Успенской. М.: Православный Свято-Тихоновский гуманитарный ун-т; Эксмо, 2014.

Луначарский 1908 — Луначарский А. В. Тьма // Литературный распад. Кн. 1. СПб.: Изд. «Т-ва Издательское Бюро», 1908. С. 148–172.

Луначарский 1972 — Луначарский А. В. Об атеизме и религии. М.: Мысль, 1972.

Манн 1994 — Манн Р. St. George in Russian Folklore and Vasilii Shukshin's *Kalina krasnaia* // В. М. Шукшин. Калина красная. СПб.: Terra Fantastika, 1994.

Меньшиков 2012 — Меньшиков М. О. О литературе и писателях // М. О. Меньшиков. Великорусская идея: в 2 т. М.: Ин-т русской цивилизации, 2012. Т. 2. С. 133–146.

Мерридейл 2019 — Мерридейл К. Каменная ночь. Смерть и память в России XX века / Пер. с англ. К. Полуэктовой-Кример. М.: АСТ: CORPUS, 2019.

Местергази 2001 — Местергази Е. Г. Вера и князь Мышкин. Опыт наивного чтения романа «Идиот» // Роман Ф. М. Достоевского «Идиот»: современное состояние изучения / Ред. Т. А. Касаткина. М.: Наследие, 2001. С. 291–318.

Мирский 2005 — Мирский Д. С. История русской литературы с древнейших времен по 1925 год / Пер. с англ. Р. Зерновой. Новосибирск: Свиньин и сыновья, 2005.

Молчанова 2013 — Молчанова Л. Образ Христа в русской литературе: в 2 кн. СПб.: Новое и Старое, 2013.

Морев 2019 — Морев Г. А. Еще раз о Сталине и Мандельштаме. Электронный ресурс. URL: https://www.colta.ru/articles/literature/22722-gleb-morev-esche-raz-o-staline-i-mandelshtame?page=3#xxviii (дата обращения: 09.03.2021).

Мочульский 1948 — Мочульский К. Александр Блок. Париж: YMCA-Press, 1948.

Набоков 1998 — Набоков В. В. Лекции по русской литературе (Чехов, Достоевский, Гоголь, Горький, Толстой, Тургенев) / Пер. с англ. А. Курт. М.: Независимая газета, 1998.

Ницше 1990 — Ницше Ф. Антихрист / Пер. с нем. В. А. Флёровой // Ф. Ницше. Соч.: в 2 т. М.: Мысль, 1990. С. 631–769.

Ольминский 1931 — Ольминский М. С. Критические статьи и заметки // Пролетарская революция. 1931. № 1. С. 149–150.

Паперно 1996 — Паперно И. Семиотика поведения: Николай Чернышевский — человек эпохи реализма. М.: Новое литературное обозрение, 1996.

Письмо 1956 — Письмо членов редколлегии журнала «Новый мир» Б. Пастернаку // Литературная газета. 1958. № 128. 25 окт.

Процесс 1906 — Процесс 1-го марта 1881-го года. СПб.: Изд. И. Балашова, 1906.

Раскольников 2004 — Раскольников Ф. А. Пушкин и религия // Вопросы литературы. 2004. № 3. С. 81–112.

Ренан 1906 — Ренан Э. Жизнь Иисуса / Пер. с франц. А. Усовой. СПб.: Тип. т-ва «Общественная польза», 1906.

Сердюченко 2001 — Сердюченко В. Л. Футурология Достоевского и Чернышевского // Вопросы литературы. 2001. № 3. С. 66–84.

Соколов 1996 — Соколов Б. В. Булгаковская энциклопедия. М.: Локид, Миф, 1996.

Соколов 2006 — Соколов Б. В. Расшифрованный Булгаков: Тайны Мастера и Маргариты. М.: Эксмо, 2006.

Соркина 1964 — Соркина Д. Л. Об одном из источников образа Льва Николаевича Мышкина // Уч. зап. Томского гос. ун-та. Вопросы художественного метода и стиля. 1964. Т. 48. С. 145–151.

Спивак 1986 — Спивак М. Л. Место и функция смеха в творчестве Ф. М. Достоевского // Вестник Московского ун-та. 1986. Серия 9: Филология. С. 70–76.

Стеклов 1924 — Стеклов Ю. М. Могила Ленина // Известия. 1924. 27 янв.

Степанян 2003 — Степанян К. А. «Это будет, но будет после достижения цели...» Жизнь Иисуса Д. Ф. Штрауса и Э. Ж. Ренана и роман Ф. М. Достоевского «Идиот» // Вопросы литературы. 2003. № 4. С. 140–158.

Тейлор 2017 — Тейлор Ч. Секулярный век / Пер. с англ. под ред. А. Бодрова. М.: ББИ, 2017.

Троцкий 1924 — Троцкий Л. Д. Литература и революция. М.: ГИЗ, 1924.

Тумаркин 1997 — Тумаркин Н. Ленин жив! Культ Ленина в советской России / Пер. с англ. С. Сухарева. СПб.: Академический проект, 1997.

Уильямс 2013 — Уильямс Р. Достоевский: вера, язык, повествование / Пер. с англ. Н. Пальцева. М.: Российская политическая энциклопедия (РОССПЭН), 2013.

Уэр 2012 — Уэр Т. (епископ Каллист). Православная церковь. М.: ББИ, 2012.

Федотов 2015 — Федотов Г. П. Собр. соч.: в 12 т. Т. 10: Русская религиозность. Ч. I. Христианство Киевской Руси. X–XIII вв. М.: Sam & Sam, 2015.

Фигнер 1921 — Фигнер В. Н. Запечатленный труд: в 2 т. Т. 1. М.: Задруга, 1921.

Флейшман 2016 — Флейшман Л. С. От Пушкина к Пастернаку. Избранные работы по поэтике и истории русской литературы. М.: Новое литературное обозрение, 2006. С. 732–742.

Флоренский 1993 — Флоренский П. В. Иконостас. Избранные труды по искусству СПб.: Мифрил, Русская книга, 1993.

Фрай 1987 — Фрай Н. Анатомия критики. Зарубежная эстетика и теория литературы XIX–XX вв. Трактаты, статьи, эссе. М.: Изд-во МГУ, 1987. С. 232–263.

Чудакова 1976а — Чудакова М. О. Архив М. А. Булгакова: материалы для творческой биографии писателя // Записки Отдела рукописей / Гос. б-ка СССР им. В. И. Ленина. М., 1976. Вып. 37. С. 25–151.

Чудакова 1976б — Чудакова М. О. Творческая история романа М. Булгакова «Мастер и Маргарита» // Вопросы литературы. 1976. № 1. С. 218–253.

Чудакова 1987 — Чудакова М. О. Жизнеописание Михаила Булгакова // Москва. 1987. № 3. С. 3–55.

Чудакова 1987 — Чудакова М. О. Неоконченное сочинение Михаила Булгакова // Новый мир. 1987. № 8. С. 164–201.

Шкловский 1929 — Шкловский В. Б. О теории прозы. М.: Федерация, 1929.

Шкловский 1963 — Шкловский В. Б. Лев Толстой. М.: Молодая гвардия, 1963.

Эйхенбаум 1974 — Эйхенбаум Б. М. Лев Толстой. Семидесятые годы. Л.: Художественная литература, 1974.

Эльбаум 1981 — Эльбаум Г. Анализ иудейских глав «Мастера и Маргариты» М. Булгакова. Ann Arbor, MI: Ardis, 1981.

Alexandrov 2004 — Alexandrov V. E. Limits to Interpretation: The Meanings of Anna Karenina. Madison: University of Wisconsin Press, 2004.

Bailey 2008 — Bailey H. Orthodoxy, Modernity, and Authenticity: The Reception of Ernest Renan's "Life of Jesus" in Russia. Newcastle: Cambridge Scholars Publishing, 2008.

Barnes 1989 — Barnes Ch. Boris Pasternak: A Literary Biography. Vol. 1. 1890–1928. Cambridge: Cambridge University Press, 1989.

Barnes 1998 — Barnes Ch. Boris Pasternak: A Literary Biography. Vol. 2. 1928–1960. Cambridge: Cambridge University Press, 1998.

Barratt 1987 — Barratt A. Between Two Worlds: A Critical Introduction to "The Master and Margarita". Oxford: Clarendon Press, 1987.

Barratt 1996 — Barratt A. "The Master and Margarita" in Recent Criticism: An Overview // L. Weeks (ed.). "The Master and Margarita": A Critical Companion. Evanston, Ill., 1996. P. 84–97.

Basker 2001 — Basker M. The Silver Age // The Routledge Companion to Russian Literature / Ed. by N. Cornwell. London: Routledge, 2001.

Bayley 1968 — Bayley J. Tolstoy and the Novel. New York: Viking, 1968.

Bayley 1968 — Bayley J. Tolstoy's Legacy: "Dr. Zhivago" // J. Bayley. Tolstoy and the Novel. New York: Viking, 1968.

Belknap 1967 — Belknap R. L. The Structure of The Brothers Karamazov. The Hague: Mouton, 1992.

Bercken 2011 — Bercken W. van den. Christian Fiction and Religious Realism. London: Anthem, 2011.

Bergman 1990 — Bergman J. The Image of Jesus in the Russian Revolutionary Movement: The Case of Russian Marxism // International Review of Social History. 1990. Vol. 35. P. 220–248.

Bethea 1989 — Bethea D. M. The Shape of Apocalypse in Modern Russian Fiction. Princeton, NJ: Princeton University Press, 1989.

Blackmur 1956 — Blackmur R. P. A Rage of Goodness: "The Idiot" of Dostoevsky // The Critical Performance: An Anthology of American and British Literary Criticism of Our Century / Ed. by S. E. Hyman. New York: Random House, 1956. P. 235–257.

Bodin 1976 — Bodin P.-A. Nine Poems from Doktor Živago: A Study of Christian Motifs in Boris Pasternak's Poetry. Stockholm: Almqvist & Wiksell, 1976.

Bodin 1990 — Bodin P.-A. Boris Pasternak and the Christian Tradition // Forum for Modern Language Studies. 1990. Vol. 26, № 4. P. 382–401.

Bonnell 1997 — Bonnell V. Iconography of Power: Soviet Political Posters under Lenin and Stalin. Berkeley: University of California Press, 1997.

Børtnes 1978 — Børtnes J. The Function of Hagiography in Dostoevskii's Novels // Scando-Slavica. 1978. Vol. 24. P. 27–33.

Busch 1987 — Busch R. L. Humor in the Major Novels of F. M. Dostoevsky. Columbus, OH: Slavica, 1987.

Cassedy 2005 — Cassedy S. Dostoevsky's Religion. Stanford, CA: Stanford University Press, 2005.

Clowes 1995 — Clowes E. W. (ed.). "Doctor Zhivago": A Critical Companion. Evanston, IL: Northwestern University Press, 1995.

Crossan 1976 — Crossan D. Raid on the Articulate: Comic Eschatology in Jesus and Borges. New York: Harper and Row, 1976.

Crossan 1991 — Crossan J. D. The Historical Jesus: The Life of a Mediterranean Jewish Peasant. San Francisco: Harper, 1991.

Curtis 1987 — Curtis J. A. E. Bulgakov's Last Decade: The Writer as Hero. Cambridge: Cambridge University Press, 1987.

Curtis 1992 — Curtis J. A. E. Manuscripts Don't Burn: Mikhail Bulgakov; A Life in Letters and Diaries. Woodstock, NY: Overlook Press, 1992.

Dalton 1979 — Dalton E. Introduction // Dostoevsky F. "The Possessed" / Transl. by C. Garnett. New York: Barnes and Noble, 2005. P. xiii–xxxxv.

Dalton 2005 — Dalton E. Unconscious Structure in The Idiot: A Study in Literature and Psychoanalysis. Princeton, NJ: Princeton University Press, 1979.

Davie 1965 — The Poems of Doctor Zhivago, translated with commentary by Donald Davie. New York: Barnes and Noble, 1965.

De Lange 1986 — De Lange N. Judaism. Oxford: Oxford University Press, 1986.

DeSherbinin 1997 — DeSherbinin J. Chekhov and Christianity: The Critical Evolution // Chekhov Then and Now: The Reception of Chekhov in World Culture / Ed. by J. D. Clayton. New York: Lang, 1997. P. 285–99.

Doyle 2000 — Doyle P. Iurii Dombrovskii: Freedom under Totalitarianism. Amsterdam: Harwood Academic, 2000.

Egeberg 1997 — Egeberg E. How Should We Then Read "The Idiot"? // Celebrating Creativity: Essays in Honor of Jostein Bortnes / Ed. by K. A. Grimstad, I. Lunde. Bergen, University of Bergen, Department of Russian Studies, 1997.

Ericson 1991 — Ericson E. E. The Apocalyptic Vision of Mikhail Bulgakov's "The Master and Margarita". Lewiston, NY: Edwin Mellen, 1991.

Erlich 1969 — Erlich V. Gogol. New Haven, CT: Yale University Press, 1969.

Evdokimova, Golstein 2005 — Evdokimova S., Golstein V. Pushkiniana as an Encyclopedia of Contemporary Literary Criticism // The Pushkin Handbook / Ed. by D. M. Bethea. Madison: University of Wisconsin Press, 2005. P. 618–619.

Fiene 1979 — Fiene D. Vasily Shukshin's "Kalina krasnaia" // V. Shukshin. Snowball Berry Red and Other Stories / Ed. by D. Fiene. Ann Arbor, MI: Ardis, 1979. P. 200–212.

Finke 1995 — Finke M. C. Metapoesis: The Russian Tradition from Pushkin to Chekhov. Durham, NC: Duke University Press, 1995.

Flath 1993 — Flath C. A. Fear of Faith: The Hidden Religious Message of "Notes from Underground" // Slavic and East European Journal. 1993. Vol. 37, № 4. P. 510–529.

Frank 1976 — Frank J. Dostoevsky: The Seeds of Revolt, 1821–1849. Princeton, NJ: Princeton University Press, 1976.

Frank 1986 — Frank J. Dostoevsky: The Stir of Liberation, 1860–1865. Princeton, NJ: Princeton University Press, 1986.

Frank 1995 — Frank J. Dostoevsky: The Miraculous Years, 1865–1871. Princeton, NJ: Princeton University Press, 1995.

Frank 2002 — Frank J. The Mantle of the Prophet, 1871–1881. Princeton, NJ: Princeton University Press, 2002.

Frank 1981 — Frank M. K. The Mystery of the Master's Final Destination // Canadian-American Slavic Studies 15. 1981 (Summer — Fall). № 2–3. P. 287–294.

Frede 2010 — Frede V. S. Materialism and the Radical Intelligentsia: The 1860s // A History of Russian Philosophy, 1830–1930: Faith, Reason, and the Defense of Human Dignity / Ed. by G. M. Hamburg, R. A. Poole. Cambridge: Cambridge University Press, 2010.

Freeze 2002 — Freeze G. L. From Stalinism to Stagnation: 1953–1985 // Russia: A History / Ed. by G. L. Freeze. Oxford: Oxford University Press, 2002. P. 347–382.

Fry 1965 — Fry C. Comedy // Comedy: Meaning and Form / Ed. by R. W. Corrigan. San Francisco: Chandler, 1965.

Gatrall 2014 — Gatrall J. J. A. The Real and the Sacred: Picturing Jesus in Nineteenth-Century Fiction. Ann Arbor: University of Michigan Press, 2014.

Givens 2000 — Givens J. Prodigal Son: Vasilii Shukshin in Soviet Russian Culture. Evanston, IL: Northwestern University Press, 2000.

Givens 2009 — Givens J. The Fiction of Fact and the Fact of Fiction: Hayden White and "War and Peace" // Tolstoy Studies Journal. 2009. Vol. 21. P. 16–33.

Givens 2011 — Givens J. A Narrow Escape into Faith? Dostoevsky's "Idiot" and the Christology of Comedy // Russian Review. 2011. Vol. 70, № 1. P. 95–117.

Gregg 1988 — Gregg R. A. Two Adams and Eve in the Crystal Palace: Dostoevsky, the Bible and *We* // Zamyatin's "We": A Collection of Critical Essays / Ed. by G. Kern. Ann Arbor, MI: Ardis, 1988 (Idem // Slavic Review. 1965. № 4. P. 680–687).

Grier 2003 — Grier Ph. T. The Russian Idea and the West // Russia and Western Civilization: Cultural and Historical Encounters / Ed. by R. Bova. Armonk, NY: M. E. Sharpe, 2003.

Gustafson 1986 — Gustafson R. Leo Tolstoy: Resident and Stranger. Princeton, NJ: Princeton University Press, 1986.

Gustafson 2009 — Gustafson R. Introduction to *Resurrection*, by Leo Tolstoy / Transl. by L. Maude. Oxford: Oxford University Press, 2009.

Haber 1985 — Haber E. C. The Lamp with the Green Shade: Mikhail Bulgakov and His Father // Russian Review. 1985. Vol. 44, № 4. P. 333–350.

Haber 1999 — Haber E. C. The Mythic Bulgakov: "The Master and Margarita" and Arthur Drews's "The Christ Myth" // Slavic and East European Journal. 1999. Vol. 43, № 2. P. 347–360.

Hamburg, Poole 2010 — Hamburg G. M., Poole R. A. (eds.). A History of Russian Philosophy. Cambridge: Cambridge University Press, 2010.

Hayward 1958 — Hayward M. Pasternak's *Doctor Zhivago* // Encounter. 1958. № 5. P. 38–48.

Hingley 1977 — Hingley R. The Undiscovered Dostoevsky. Westport, CT: Greenwood Press, 1977.

Hoisington 1981 — Hoisington, S. Fairy-Tale Elements in Bulgakov's "The Master and Margarita" // Slavic and East European Journal. 1981. Vol. 25, № 2. P. 44–55.

Holquist 1977 — Holquist M. Dostoevsky and the Novel. Princeton, NJ: Princeton University Press, 1977.

Holtrop, Slechte 2007 — Holtrop P. N., Slechte C. H. Foreign Churches along the Nevski Prospekt: An Introduction // Foreign Churches in St. Petersburg and Their Archives: 1703–1917 / Ed. by P. N. Holtrop, C. H. Slechte. Leiden: Brill, 2007.

Hyers 1981 — Hyers C. The Comic Vision and the Christian Faith: A Celebration of Life and Laughter. New York: Pilgrim Press, 1981.

Johnson 1991 — Johnson L. A. The Face of the Other in *Idiot* // Slavic Review. 1991 (Winter). Vol. 50, № 4. P. 867–878.

Johnson 1999 — Johnson L. T. The Writings of the New Testament: An Interpretation. Minneapolis, MN: Fortress Press, 1999. P. 145.

Jones 2005 — Jones M. Dostoevsky and the Dynamics of Religious Experience. London: Anthem, 2005.

Kasack 1999 — Kasack W. Christus in der russischen Literatur: Ein Gang durch die Literaturgeschichte von ihren Anfangen bis zum Ende des 20. Jahrhunderts. Munich: Otto Sagner, 1999.

Kerr 1967 — Kerr W. Tragedy and Comedy. New York: Simon and Schuster, 1967.

Knapp 1998 — Knapp L. (ed.). Dostoevsky's "The Idiot": A Critical Companion. Evanston, IL: Northwestern University Press, 1998.

Kokobobo 2008 — Kokobobo A. Authoring Jesus: Novelistic Echoes in Tolstoy's Harmonization and Translation of the Four Gospels // Tolstoy Studies Journal. 2008. Vol. 20. P. 1–13.

Kolesnikoff 1998 — Kolesnikoff N. Biblical Motifs in Chingiz Aitmatov's *The Place of the Skull* // Canadian Slavonic Papers. 1998. Vol. 40, № 1–2. P. 17–26.

Kolstø 1991 — Kolstø P. Leo Tolstoy: A Church Critic Influenced by Orthodox Thought // Church, Nation and State in Russia and Ukraine / Ed. by G. Hosking. London: Macmillan, 1991. P. 48–166.

Kostalevsky 1997 — Kostalevsky M. Dostoevsky and Soloviev: The Art of Integral Vision. New Haven, CT: Yale University Press, 1997.

Kreiger 1962 — Kreiger M. Dostoevsky's *Idiot*: The Curse of Saintliness // Dostoevsky: A Collection of Critical Essays / Ed. by R. Wellek. Englewood Cliffs, NJ: Prentice-Hall, 1962. P. 39–52.

Krugovoy 1991 — Krugovoy G. The Gnostic Novel of Mikhail Bulgakov: Sources and Exegesis. Lanham, MD: University Press of America, 1991.

Lantz 2004 — Lantz K. The Dostoevsky Encyclopedia. Westport, CT: Greenwood, 2004.

Lawrence 1962 — Lawrence. D. H. Preface to Dostoevsky's "The Grand Inquisitor" // Dostoevsky: A Collection of Critical Essays / Ed. by R. Wellek. Englewood Cliffs, NJ: Prentice-Hall, 1962.

Likhachev 1998 — Likhachev D. S. Religion: Russian Orthodoxy // Transl. by N. Rzhevsky, Rama Sohonee // The Cambridge Companion to Modern Russian Culture / Ed. by N. Rzhevsky. Cambridge: Cambridge University Press, 1998. P. 38–56.

Maccoby 1986 — Maccoby H. The Mythmaker: Paul and the Invention of Christianity. New York: Harper and Row, 1986.

Malenko, Gebhard 1961 — Malenko Z., Gebhard J. J. The Artistic Use of Portraits in Dostoevskij's "Idiot" // Slavic and East European Journal. 1961 (Autumn). Vol. 5, № 3. P. 243–254.

Mallac 1981 — Mallac G. de. Boris Pasternak: His Life and Art. Norman: University of Oklahoma Press, 1981.

Mandelker 1993 — Mandelker A. Framing Anna Karenina: Tolstoy, the Woman Question, and the Victorian Novel. Columbus: Ohio State University Press, 1993.

Matlaw 1959 — Matlaw R. E. A Visit with Pasternak // Nation. 1959. September 12. P. 134–135.

Matual 1992 — Matual D. Tolstoy's Translation of the Gospels: A Critical Study. Lewiston, NY: Edwin Mellen Press, 1992.

McLean 1977 — McLean H. Nikolai Leskov: The Man and His Art. Cambridge, MA: Harvard University Press, 1977.

McLean 2002 — McLean H. "Resurrection" // The Cambridge Companion to Tolstoy / Ed. by D. T. Orwin. Cambridge: Cambridge University Press, 2002. P. 96–99.

Medzhibovskaya 2008 — Medzhibovskaya I. Tolstoy and the Religious Culture of His Time: A Biography of a Long Conversion, 1845–1887. Lanham, MD: Lexington Books, 2008.

Meerson 1992 — Meerson O. Old Testament Lamentation in the Underground Man's Monologue: A Refutation of the Existentialist Reading of "Notes from the Underground" // Slavic and East European Journal. 1992. Vol. 36, № 3. P. 317–322.

Meerson 1998 — Meerson O. Dostoevsky's Taboos. Dresden: Dresden University Press, 1998.

Meerson 1995 — Meerson O. Ivolgin and Holbein: Non-Christ Risen vs. Christ Non-Risen // Slavic and East European Journal. 1995. Vol. 39, № 2. P. 200–213.

Michelson 2010 — Michelson P. L. Slavophile Religious Thought and the Dilemma of Russian Modernity, 1830–1860 // Modern Intellectual History. 2010. Vol. 7, № 2. P. 239–267.

Miller 1981 — Miller R. F. Dostoevsky and "The Idiot": Author, Narrator, and Reader. Cambridge, MA: Harvard University Press, 1981.

Miller 1992 — Miller R. F. "The Brothers Karamazov": Worlds of the Novel. New York: Twayne Publishers, 1992.

Miller 2007 — Miller R. F. Dostoevsky's Unfinished Journey. New Haven, CT: Yale University Press, 2007.

Milne 1990 — Milne L. Mikhail Bulgakov: A Critical Biography. Cambridge: Cambridge University Press, 1990.

Morson 2007 — Morson G. S. "Anna Karenina" in Our Time: Seeing More Wisely. New Haven, CT: Yale University Press, 2007.

Mozur 1995 — Mozur J. P. Jr. Parables from the Past: The Prose Fiction of Chingiz Aitmatov. Pittsburgh, PA: University of Pittsburgh Press, 1989. P. 140–143.

Murav 1992 — Murav H. Holy Foolishness: Dostoevsky's Novels and the Poetics of Cultural Critique. Stanford, CA: Stanford University Press, 1992.

Oravecz 2014 — Oravecz J. M. God As Love: The Concept and Spiritual Aspects of Agape in Modern Russian Religious Thought. Grand Rapids, MI: Eerdmans, 2014.

Orwin 1993 — Orwin D. T. Tolstoy's Art and Thought, 1847–1880. Princeton, NJ: Princeton University Press, 1993.

Orwin 2006 — Orwin D. T. Introduction to *Resurrection*, by Leo Tolstoy / Transl. by L. Maude. New York: Barnes and Noble, 2006.

Parthé 1992 — Parthé K. Russian Village Prose: The Radiant Past. Princeton, NJ: Princeton University Press, 1992.

Pasternak 1964 — Pasternak J. Patior // The London Magazine. 1964. Vol. 4, № 6. P. 44.

Peace 1971 — Peace R. Dostoevsky: An Examination of the Major Novels. Cambridge: Cambridge University Press, 1971.

Peace 1982 — Dostoevsky and the "Golden Age" // Dostoevsky Studies. 1982. Vol. 3. P. 62–79.

Pearce 1970 — Pearce R. Stages of the Clown: Perspectives on Modern Fiction from Dostoyevsky to Beckett. Carbondale: Southern Illinois University Press, 1970.

Porter 1989 — Porter R. Four Contemporary Russian Writers. Oxford: Berg, 1989.

Proffer 1984 — Proffer E. Bulgakov: Life and Work. Ann Arbor, MI: Ardis, 1984.

Proffer 1995 — Proffer E. Commentary to "The Master and Margarita", by Mikhail Bulgakov / Transl. by D. Burgin and K. Tiernan O'Connor. New York: Vintage International, 1995. P. 337–360.

Proffer 1996 — Proffer E. Bulgakov's "The Master and Margarita": Genre and Motif // L. Weeks (ed.). L. Weeks (ed.). "The Master and Margarita": A Critical Companion. Evanston, Ill., 1996. P. 98–112.

Rice 1985 — Rice J. L. Dostoevsky and the Healing Art: An Essay in Literary and Medical History. Ann Arbor, MI: Ardis, 1985.

Rice 2006 — Rice J. L. Dostoevsky's Endgame: The Projected Sequel to "The Brothers Karamazov" // Russian History / Histoire Russe 33. 2006. № 1. P. 45–62.

Rosenshield 1991 — Rosenshield G. Chaos, Apocalypse, the Laws of Nature: Autonomy and "Unity" in Dostoevskii's *Idiot* // Slavic Review. 1991 (Winter). Vol. 50, № 4. P. 879–889.

Rosenshield 1997 — Rosenshield G. "The Master and Margarita" and the Poetics of Aporia: A Polemical Article // Slavic Review. 1997 (Summer). Vol. 56, № 2. P. 187–211.

Rosenshield 2002 — Rosenshield G. Afterword // Dostoyevsky F. The Idiot / Transl. by H. and O. Carlisle. New York: Signet, 2002.

Rosenthal 1980 — Rosenthal B. G. Eschatology and the Appeal of Revolution: Merezhkovsky, Bely, Blok // California Slavic Studies. 1980. № 11. P. 105–139.

Rowland, Rowland 1967 — Rowland M. F., Rowland P. Pasternak's "Doctor Zhivago". Carbondale: Southern Illinois University Press, 1967.

Ruge 1958 — Ruge G. A Visit to Pasternak. Encounter. 1958. № 3. P. 22–25.

Rzhevsky 1971 — Rzhevsky L. Pilate's Sin: Cryptography in Bulgakov's Novel, *The Master and Margarita* // Canadian Slavonic Papers. 1971 (Spring). Vol. 13, № 1. P. 1–19.

Schapiro 1982 — Schapiro L. Turgenev: His Life and Times. Cambridge, MA: Harvard University Press, 1982.

Schweitzer 1981 — Schweitzer A. The Quest of the Historical Jesus: A Critical Study of Its Progress from Reimarus to Wrede / Transl. by W. Montgomery. London: SCM Press, 1981.

Scott 1969 — Scott N. A., Jr. The Bias of Comedy and the Narrow Escape into Faith // Holy Laughter: Essays on Religion in the Comic Perspective / Ed. by M. C. Hyers. New York: Seabury Press, 1969. P. 45–74.

Simmons 1962 — Simmons E. J. Chekhov: A Biography. Chicago: University of Chicago Press, 1962.

Slattery 1985 — Slattery D. P. Idols and Icons: Comic Transformation in Dostoevsky's "The Possessed" // Dostoevsky Studies. 1985. Vol. 6. P. 35–50.

Slonim 1962 — Slonim M. From Chekhov to the Revolution: Russian Literature 1900–1917. New York: Oxford University Press, 1962.

Spencer 1995 — Spencer J. "Soaked in 'The Meaning of Love' and 'The Kreutzer Sonata'": The Nature of Love in "Doctor Zhivago" // Doctor Zhivago: A Critical Companion / Ed. by E. W. Clowes. Evanston, IL: Northwestern University Press, 1995. P. 76–88.

Stavis 2016 — Stavis J. Double Thoughts on the Single Tax: Tolstoy, Henry George, and the Meaning(s) of Progress // Tolstoy Studies Journal. 2016. Vol. 28. P. 75–93.

Steinberg 2002 — Steinberg M. D. Proletarian Imagination: Self, Modernity, and the Sacred in Russia: 1910–1925. Ithaca, NY: Cornell University Press, 2002.

Stites 1989 — Stites R. Revolutionary Dreams: Utopian Vision and Experimental Life in the Russian Revolution. Oxford: Oxford University Press, 1989.

Straus 1998 — Straus N. P. Flights from "The Idiot's Womanhood" // L. Knapp (ed.). Dostoevsky's "The Idiot": A Critical Companion. Northwestern UP, 1998. P. 112–113.

Strauss 1993 — Strauss D. F. Life of Jesus Critically Examined / Transl. by G. Eliot. New York: Gloger Family Books, 1993.

Struve 1971 — Struve G. Russian Literature under Lenin and Stalin: 1917–1953. Norman: University of Oklahoma Press, 1971.

Terras 1990 — Terras V. "The Idiot": An Interpretation. Boston: Twayne Publishers, 1990.

Terras 1998 — Terras V. Reading Dostoevsky. Madison: University of Wisconsin Press, 1998.

Terras 2002 — Terras V. A Christian Revolution in Russian Literary Criticism // Slavic and East European Journal. 2002 (Winter). Vol. 46, № 4. P. 769–776.

Velikanova 1996 — Velikanova O. Making of an Idol: On Uses of Lenin. Göttingen: Muster-Schmidt, 1996.

Vickery 1959 — Vickery W. Symbolism Aside: "Doktor Živago" // Slavic and East European Journal. 1959 (Winter). Vol. 3, № 4. P. 343–348.

Wasiolek 1964 — Wasiolek E. Dostoevsky: The Major Fiction. Cambridge: MIT Press, 1964.

Wasiolek 1978 — Wasiolek E. Tolstoy's Major Fiction. Chicago: University of Chicago Press, 1978.

Weeks 1996 — Weeks L. "What I Have Written, I Have Written" // L. Weeks (ed.). The Master and Margarita. "The Master and Margarita": A Critical Companion. Evanston, IL: Northwestern University Press, 1996 P. 3–67.

Wilson 1998 — Wilson A. N. Paul: The Mind of the Apostle. New York: W. W. Norton, 1998.

Wilson 1965 — Wilson E. Legend and Symbol in *Doctor Zhivago* // E. Wilson. The Bit between My Teeth: A Literary Chronicle of 1950–1965. New York: Farrar, Straus & Giroux, 1965. P. 420–446.

Wright 1978 — Wright A. C. Mikhail Bulgakov: Life and Interpretations. Toronto: University of Toronto Press, 1978.

Yarmolinsky 1961 — Yarmolinsky A. Turgenev: The Man, His Art and His Age. New York: Collier, 1961.

Young 2004 — Young S. Dostoevsky's "The Idiot" and the Ethical Foundations of Narrative: Reading, Narrating, Scripting. London: Anthem, 2004.

Young 2012 — Young G. M. The Russian Cosmists: The Esoteric Futurism of Nikolai Fedorov and His Followers. Oxford: Oxford University Press, 2012.

Zernov 1994 — Zernov N. The Russians and Their Church. Crestwood, NY: St. Vladimir's Seminary Press, 1994. P. 166.

Ziolkowski 1972 — Ziolkowski Th. Fictional Transfigurations of Jesus. Princeton, NJ: Princeton University Press, 1972.

Ziolkowski 1988 — Ziolkowski M. Hagiography and Modern Russian Literature. Princeton, NJ: Princeton University Press, 1988.

Ziolkowski 1991 — Ziolkowski E. J. The Sanctification of Don Quixote: From Hidalgo to Priest. University Park: Pennsylvania State University Press, 1991.

Ziolkowski 1992 — Ziolkowski M. Pilate and Pilatism in Recent Russian Literature // New Directions in Soviet Literature: Selected Papers from the Fourth World Congress for Soviet and East European Studies, Harrogate, 1990 / Ed. by Sh. D. Graham. New York: St. Martin's Press, 1992. P. 164–181.

Предметно-именной указатель

Абрамов Ф. А. 302
  Деревянные кони 302
Аввакум 12
  Житие протоиерея Аввакума, им самим написанное 12
агапе 20, 21, 28, 115, 116, 118, 125, 135, 137, 139, 142, 143, 151, 152, 168, 170, 179, 216, 217, 286–289, 291, 293–295, 297
Айтматов Ч. Т. 28, 298, 299, 304, 305, 307–311
  Плаха 28, 298, 304, 307
Аквинат 234, 237–241; см. Фома Аквинский
Александр I 12
Александр II 187, 193
Александр III 60, 193
Антонович М. А. 34
антропософия 190
апофатизм 9, 17–21, 25, 71, 74, 78, 80, 81, 86, 87, 90, 94, 104, 121, 126, 130, 157, 159, 166, 182, 229, 248, 252, 253, 258 (апофатика 7, 78, 79, 86)
  Булгаков и апофатизм 19, 216, 223, 228–230, 234, 236, 241, 251–253, 255, 257–260

Достоевский и апофатизм 19, 21, 25, 65, 66, 68, 71, 74, 77–82, 85–90, 94, 101, 104, 120, 121, 126, 216
  Пастернак и апофатизм 19, 28, 216, 277, 278, 281, 295, 296
  Толстой и апофатизм 19, 20, 26, 129, 130, 135, 144, 153, 155, 157, 159, 164, 166, 177, 182, 184, 216
арианство 47
Бабель И. Э. 206–209, 294
  Иисусов грех 208
  Конармия 206, 208, 209
  Пан Аполек 207, 208
  Песня 208
  Сашка Христос 208
Баллу А. 158
Барт Р. 312
  Смерть автора 312
Бедный Д. 220, 221 (Придворов Ефим Алексеевич 220)
  Новый завет без изъяна от евангелиста Демьяна 220
Безбожник, журнал 210, 219–221, 226, 263

Предметно-именной указатель

Белинский В. Г. 30–34, 42, 53, 55, 193
  Письмо к Гоголю 31
Белый Андрей 27, 190–192, 194
  Христос воскрес 27
Беньян Дж. 12
  Путь паломника 12
Бердяев Н. А. 51, 52, 141, 268, 295
  и человечность 51, 52, 141, 295
  Экзистенциальная диалектика божественного и человеческого 51
Блок А. А. 27, 184, 186, 190–195, 266
  Двенадцать 27, 184, 185, 192, 194, 195
  Скифы 190
Богданов А. А. 195
богоискатели 79, 196
богостроительство 196, 199
богочеловечество 51
божественная (божеская) любовь 20, 21, 26, 89, 129, 130, 135–139, 141–148, 150–155, 159, 168, 217, 257–260, 291, 294, 295, 314
Бродский И. А. 300
Брюсов В. Я. 188–190
  Грядущие гунны 190
  Ключи тайн 189
  О искусстве 189
Буденный С. М. 206
Булгаков А. И. 221, 222
Булгаков М. А. 7, 15, 16, 19, 27, 28, 53, 130, 202, 213–216, 218–226, 229, 231–237, 240, 242–247, 249–255, 258–260, 262, 263, 286, 298–300, 305–307, 311, 317, 318
  и апофатизм 19, 216, 223, 228–230, 234, 236, 241, 251–253, 255, 257–260
  Белая гвардия 222
  Жизнь господина де Мольера 300
  Мастер и Маргарита 7, 15, 27, 202, 215, 217–227, 231, 232, 236, 237, 241, 258, 260, 298–300, 304, 307, 318
  Театральный роман 300
Булгаков С. Н. 51, 52, 120,
Булгакова Е. С. 221, 225
Бухарин Н. И. 199
Василенко С. 316
  Дурочка 316
Водолазкин Е. 317
  Лавр 317
Вольтер Франсуа-Мари Аруэ 31
Ге Н. Н. 266
Герцен А. И. 31–33, 35, 42, 53, 54, 62, 197
  Былое и Думы 31–33
  С того берега 54
Гиппиус З. Н. 196
Гладков Ф. В. 211
  Цемент 211
Гоголь Н. В. 12, 31, 35, 38–40
  Вечера на хуторе близ Диканьки 38
  Выбранные места из переписки с друзьями 12, 38, 39
  Мертвые души 39, 232
Гончаров И. А. 39–41
  Обломов 39–41
Горький М. 195, 198, 199, 211
Даниэль Ю. М. 316
  Говорит Москва 304

Дарвин Ч. 67
Державин Г. Р. 16
   Христос 16
Джордж Г. 165, 168, 180, 182–184
Диккенс Ч. 12, 96, 102
   Рождественская песнь 12
Добролюбов Н. А. 34, 35, 41
   Что такое обломовщина? 41
докетизм 47
Домбровский Ю. О. 28, 298, 299, 304–307
   Факультет ненужных вещей 28, 298, 304, 307
Дон-Кихот 121
Достоевский Ф. М. 9–16, 19, 21, 22, 24, 25, 30, 34, 35, 38, 39, 44, 51, 53–55, 58, 61–68, 70–79, 81, 82, 87–98, 100–103, 106, 107, 110, 111, 113–115, 119, 121–123, 125–127, 129–134, 153, 164, 185, 187, 188, 216, 217, 219, 247, 263, 273, 286, 297, 316–318
   и апофатизм 19, 21, 25, 65, 66, 68, 71, 74, 77–82, 85–90, 94, 101, 104, 120, 121, 126, 216
   Бесы 25 64, 66–68, 72, 74, 75, 79, 86, 89, 91, 92, 127
   Братья Карамазовы 11, 12, 25, 33, 64, 66, 78, 79, 86–88, 131, 219, 259
   Записки из мертвого дома 75
   Записки из подполья 13, 25, 75
   Идиот 21, 24, 25, 61, 77, 90, 91–94, 96, 97, 101, 103–105, 110, 113, 114, 116, 119, 126, 127, 289, 318

Преступление и наказание 78, 84
Сон смешного человека 95, 96
духоборы 187
Дягилев С. П. 44
Екатерина II 31
Ерофеев В. В. 28, 298, 299, 311–314
   Москва – Петушки 28, 298, 313
Желябов А. И. 193
Замятин Е. И. 202–204
   Мы 202, 203
западники 53
Засулич В. И. 193
Ивакин И. М. 133, 161
Иисус истории 23, 24, 29, 46, 54, 182, 195
иконостас 48, 49
иконы 22, 30, 43, 46, 48–51, 59, 119, 124, 136, 174, 178, 198, 199, 221, 279
Ильф (Файнзильберг) И. А. 210
   Золотой теленок 210
Ириней святой 50
историческая школа библейской критики (историко-критическая школа) 7, 12, 23, 24, 47, 54, 55, 220, 243, 270
Каменев Л. Б. 199
Кант И. 225, 227, 237–239, 240
Катков М. Н. 34, 264
Кони А. Ф. 165, 167
Константинопольский собор (381 г. н. э.) 47
космисты 200
Красин Л. Б. 199, 200
Кросби Э. 183

Кучерская М. 316
  Современный патерик. Чтение для впавших в уныние 316
Ленин В. И. 27, 34, 60, 191, 195, 197–201, 211, 212, 214
Лермонтов М. Ю. 37, 38
  Герой нашего времени 37
Лесков Н. А. 12, 35, 44, 45
  Соборяне 12, 44, 45
личность 13, 15, 20, 22, 23, 31, 33, 47, 50–53, 55, 69, 70, 99, 113, 114, 119, 129, 135, 154, 157–161, 166, 177, 178, 198, 201, 203, 216, 217, 220, 223, 224, 230, 232, 236, 249, 250, 252, 253, 261, 267–270, 277, 278, 280, 281, 291, 293, 294, 299, 309, 318
Лосский В. Н. 17, 48, 50, 81, 153
  об апофатизме 17
Луначарский А. В. 195, 196, 199
Льюис К. С. 12
  Письма Баламута 12
Майков А. Н. 119
Маркс К. 165, 180, 182–184
  Капитал 182, 184
Маяковский В. В. 197–199
  Владимир Ильич! 197, 198
  Комсомольская 199
Меньшиков М. О. 43, 187
Мережковский Д. С. 187, 188, 190, 196
  О причинах упадка и о новых течениях современной русской литературы 187
Мефистофель 203, 241
Милль, Дж. С. 67

Мильтон Дж. 12
  Потерянный рай 12
молокане 187
монофизитство 48
несторианство 47
Нечаев С. Г. 66
Никейский собор 47
Николаева О. 316
  Мене, текел, фарес 316
новая комедия 101, 124–126
Новосёлов М. А. 161
Олеша Ю. К. 205, 206
  Зависть 205
Они, Розалия 165, 167
остранение 19, 27, 174, 175, 247, 255
Островский Н. А. 211, 212
  Как закалялась сталь 211
Павленко П. А. 212, 213
  Счастье 212
Пастернак Б. Л. 15, 16, 19, 24, 27, 28, 53, 130, 213–216, 218, 241, 261–268, 270, 273–278, 285, 286, 289–291, 293, 294, 296–298, 317, 318;
  и апофатизм 19, 28, 216, 277, 278, 281, 295, 296;
  Гамлет 263, 271, 275, 284, 285
  Гефсиманский сад 261, 271, 283, 284, 296
  Доктор Живаго 16, 201, 215, 217, 261–263, 265, 267, 268, 274, 286, 294, 295, 298, 318
  Дурные дни 271, 284, 296
  Замечания к переводам из Шекспира 275, 291

Зимняя ночь 271, 297
Магдалина I 271, 284, 296
Магдалина II 271, 284, 296
На Страстной 271, 284, 285, 297
Разлука 271
Рассвет 264, 285
Рождественская звезда 263, 271, 296, 297
Свидание 297
Сказка 271
Смятение 272
Чудо 263, 271, 286, 296
персонализм 21, 28, 51–53, 107, 110, 141, 217, 245, 261, 266, 267, 294, 295, 314
Петлюра С. В. 222
Петр Великий 31
петрашевцы 66
Петров (Катаев) Е. П. 210
Золотой теленок 210
Писарев Д. И. 34
Плеве В. К. 194
Плеханов Г. В. 34
Плещеев А. Н. 43
Просвещение 12, 31, 46
Псевдо-Дионисий Ареопагит 16, 241
Богословские представления 16
О божественных именах 16
Мистическое богословие 16
Пушкин А. С. 36–38, 74, 103, 188, 300
В. Л. Давыдову 36
Гавриилиада 36, 37
Евгений Онегин 37
Жил на свете рыцарь бедный... 103

Отцы пустынники и жены непорочны... 37
Христос воскрес, моя Ревекка... 36
Распутин В. Г. 302
Прощание с Матерой 302
Ренан Э. 13, 47, 55–58, 61–63, 158, 160, 163, 243, 244, 303
Жизнь Иисуса 13, 47, 55, 58, 61, 62, 158, 303
Рильке Р. М. 266
Русская православная Церковь 12, 36, 38, 45, 48, 50, 138, 159, 160, 165, 169, 176, 186, 199
Русский вестник, журнал 34
Русское слово, журнал 34
Рыбаков А. Н. 304
Дети Арбата 304
Сазонов Е. С. 193
Серафимович А. С. 211
Железный поток 211
символизм (русский) 27, 187–189, 267
Синявский А. Д. 300, 304
Суд идет 304
скопцы 187
Скрябин А. Н. 266
славянофилы 35, 53
Современник, журнал 34
Солженицын А. И. 301–303
Матренин двор 302
Один день Ивана Денисовича 301
Соловьев В. С. 51, 190, 268, 287, 288, 290, 291, 294
Лекции о богочеловечестве 51
Панмонголизм 190
Смысл любви 286, 287

Спенсер Г. 165, 168, 180, 182–184
Сталин И. В. 27, 28, 191, 199–201, 210–216, 218, 298, 299
Тейлор Ч. 14, 55
теозис 50–53, 121, 159, 177
Толстой Л. Н. 10, 11, 14–16, 19–21, 24–26, 35, 38, 39, 43–45, 51, 61–63, 129–137, 140–142, 144–184, 186–188, 202, 216, 217, 219, 263, 266, 286, 287, 309–311, 317, 318
  и апофатизм 19, 20, 26, 129, 130, 135, 144, 153, 155, 157, 159, 164, 166, 177, 182, 184, 216
  Анна Каренина 20, 26, 44, 45, 134, 135, 142–154
  В чем моя вера 131, 134, 160, 163
  Война и мир 14, 26, 45, 129, 134–142, 144, 147, 149, 154, 163, 167, 174, 295
  Воскресение 21, 26, 45, 130, 132, 135, 155, 165–167, 169, 178, 182–184
  Зараженное семейство 62
  Исповедь 35, 134, 155–158, 160
  Краткое изложение Евангелия 132, 133, 158, 177, 180
  Крейцерова соната 286
  Критика догматического богословия 160
  Севастополь в мае 130
  Соединение и перевод четырех Евангелий 133, 160, 179, 180
Трифонов Ю. В. 304
  Исчезновение 304

Троцкий Л. Д. 195, 199
  Литература и революция 195
Тургенев И. С. 10, 42, 43, 187
  Дворянское гнездо 42
  Дым 42
  Накануне 42
  Новь 42
  Отцы и дети 42
  Рудин 41, 42
Тютчев Ф. И. 89, 188
  Silentium 89, 188
Улицкая Л. 316
  Даниэль Штайн, переводчик 316
Фадеев А. И. 211
  Разгром 211
Фауст 203, 241, 255
Федоров Н. Ф. 199, 268
  Философия общего дела 268
Фейербах Л. 55
  Сущность христианства 55
Фигнер В. Н. 193
Фома Аквинский 7, 225, 227, 234, 237–241
  Сумма теологии 241
Фонвизина Н. Д. 64, 65, 71
Фурманов Д. А. 211
  Чапаев 211
Фурье Ш. 67
Хаксли О. 105
Халкидонский собор 47
хлысты 187
Христос веры 7, 19, 23, 24, 29, 46, 184, 252, 297
Хрущев Н. С. 299, 301
Чернышевский Н. Г. 34, 35, 58, 59, 61
  Что делать? 58–60

Чертков В. Г. 161
Чехов А. П. 32, 33, 35, 43, 44, 100, 165, 166, 181
Мужики 32
Чижова Е. 316
Лавра 316
Швейцер А. 47, 56
Шевкунов Тихон 317
Несвятые святые и другие рассказы 317
Шишкин М. 317
Венерин волос 317
Шолохов М. А. 211
Тихий Дон 211
Штайнер Р. 190

Штраус Д. Ф. 13, 47, 54, 55, 67, 158, 160, 225, 243, 310
Жизнь Иисуса 13, 47, 54, 55
Шукшин В. М. 302, 303
Верую! 302
Калина красная 303
Эренбург И. Г. 209
Необычайные приключения Хулио Хуренито и его учеников 209
эрос 20, 21, 28, 115, 116, 118, 137, 139, 142, 143, 151, 152, 168–170, 173, 179, 216, 217, 256, 259, 262, 286, 287, 289, 291–295, 297
Эфесский собор 47

Джиллиан Портер

**ЭКОНОМИКА ЧУВСТВ:
РУССКАЯ ЛИТЕРАТУРА
ЭПОХИ НИКОЛАЯ I**
(Политическая экономия
и литература)

СПб.: Academic Studies Press /
Библиороссика, 2021.
218 с. : илл.

Перевод О. Поборцевой

ISBN 978-1-6446931-8-6
(Academic Studies Press)

ISBN 978-5-6043579-6-5
(Библиороссика)

Выход: август 2021
Переплет, формат 60×90 1/16

В книге предлагается новая трактовка сюжетов о раздутой или ущемленной амбиции, характерных для русской литературной традиции XIX века. Дж. Портер сравнивает историю понятия «амбиция» в постнаполеоновской Франции и в России после восстания декабристов и делает вывод, что русская литература эпохи Николая I (1825–1855) зиждется именно на различиях в понимании этой экономической страсти в России и за рубежом. Автор предлагает читателю задуматься о степени соответствия в целом одних и тех же понятий, чувств и форм в «исконном» и «заимствованном» вариантах. Исторические материалы, использованные в книге, дают новое, неожиданное понимание поступков персонажей Пушкина, Булгарина, Гоголя, Достоевского, — того, что заставляет их выслуживаться, мошенничать, транжирить или, наоборот, копить деньги. Междисциплинарный подход Портер будет интересен и исследователям русской литературы, и компаративистам, и всем, кто интересуется русской литературой первой половины XIX века в историческом контексте.

Джиллиан Портер — профессор Колорадского университета в Боулдере. Ее исследования посвящены связям между экономической историей и культурным производством в России с конца XVIII века.

Радислав Лапушин

РОСА НА ТРАВЕ: СЛОВО У ЧЕХОВА

СПб.: Academic Studies Press / Библиороссика, 2021. 192 с.

Перевод автора

ISBN 978-1-6446955-3-1 (Academic Studies Press)

ISBN 978-5-6045354-6-2 (Библиороссика)

Выход: февраль 2021
Переплет, формат 60×90 1/16

Эта книга — о слове Чехова, прозрачном и неуловимом, колеблющемся между оттенками значений, между прямым и переносным смыслом. Следуя за словом — как в масштабе отдельного предложения и абзаца, так и в масштабе произведения в целом — Р. Лапушин показывает, как оно реализует свой поэтический потенциал, создавая при этом разветвленную систему образов и мотивов. Такой подход позволяет переосмыслить хорошо знакомые произведения, открывая путь для множества спорящих друг с другом и дополняющих друг друга прочтений.

Радислав Лапушин — профессор Университета Северной Каролины в Чапел-Хилл, специалист по русской литературе. Автор двух книг о Чехове, нескольких стихотворных сборников и многочисленных статей, а также составитель (совместно с Кэрол Аполлонио) сборника о письмах Чехова.

Содержание

Слова благодарности 7

Введение. Образ Христа и русская литература 11

Глава 1. Век неверия
Христос в русской литературе XIX века 30

Глава 2. Христос вне истины
*Отрицательная христология в «Бесах»
и «Братьях Карамазовых»* 64

Глава 3. Ускользание в веру
«Идиот» Ф. М. Достоевского и комическая христология 91

Глава 4. «Любите ненавидящих вас...»
Путь к христологии Толстого 129

Глава 5. «Неужели это вера?»
«Воскресение» Л. Н. Толстого 155

Глава 6. Век веры
Христос в русской литературе XX века 185

Глава 7. «Имейте в виду, что Иисус существовал»
Образ Христа у М. А. Булгакова 219

Глава 8. Подчеркнуто человеческий, намеренно провинциальный...
Христос Б. Л. Пастернака 261

Заключение. Образы Христа эпохи постмодерна 298

Источники 320
Библиография 324
Предметно-именной указатель 340

Научное издание

Джон Гивенс
ОБРАЗ ХРИСТА В РУССКОЙ ЛИТЕРАТУРЕ
Достоевский, Толстой, Булгаков, Пастернак

Директор издательства *И. В. Немировский*
Заведующий редакцией *М. Вальдеррама*

Ответственный редактор *И. Знаешева*
Дизайн *И. Граве*
Редактор *Ю. Исакова*
Корректоры *А. Нотик, А. Филимонова*
Верстка *Е. Падалки*

Подписано в печать 27.09.2021.
Формат издания 60 × 90 $^1/_{16}$. Усл. печ. л. 22,0.
Тираж 500 экз.

Academic Studies Press
1577 Beacon Street, Brookline, MA 02446 USA
https://www.academicstudiespress.com

ООО «Библиороссика».
190005, Санкт-Петербург, 7-я Красноармейская ул., д. 25а

Эксклюзивные дистрибьюторы:
ООО «Караван»
ООО «КНИЖНЫЙ КЛУБ 36.6»
http://www.club366.ru
Тел./факс: 8(495)9264544
email: club366@club366.ru

Книги издательства можно купить
в интернет-магазине: www.bibliorossicapress.com
e-mail: sales@bibliorossicapress.ru

Знак информационной продукции согласно
Федеральному закону от 29.12.2010 № 436-ФЗ

Milton Keynes UK
Ingram Content Group UK Ltd.
UKHW021623080524
442414UK00006B/57